和本図譜

江戸を究める

設立七〇周年記念出版

日本近世文学会……【編】

Wahon Illustrated

文学通信

『和本図譜　江戸を究める』目次

第一部　ビブリオグラフ和本

外ノ巻　*outside*

内ノ巻 *inside*

第二部　研究のバックヤード

はじめに――間口は広く、奥行きは果てしなく

●木越俊介

日本近世文学会は二〇二一年をもって設立七十周年を迎えました。当学会は近世、つまり江戸時代の文学研究を志すコミュニティーとして、年二回の学会開催と機関誌『近世文藝』を刊行しています。

本書はこの節目の年を記念して広報企画委員会を中心に企画されたものです。

江戸時代を知るには同時代の本を手に取って読んでみるのが一番の近道です。ですが、多くの人にとって和本は歴史のかなたにある遠いものに感じられるのが現状でしょう。遠いようで実は近い、それこそが和本なのですが、近づくにはやはり大きなハードルが立ちはだかっていることもまた疑いようのない事実です。そこでわたしたちは研究に邁進《まいしん》するー方、いわば「和本リテラシー」を高める活動をここ何年にもわたって実践してきました。

その柱のひとつには、各地の小学校・中学校・高校などにおいてくずし字講習を行う出前授業の開催があります。そしてもうひとつが和本そのものに親しむ場を共有するとりくみで、本書の第一部「ビブリオグラフ和本」はこの活動の一環として編まれています。

ところでこの名称はビブリオグラフィー（bibliography）の誤用にあらず、ビブリオ＋グラフ誌（biblio + graph）という造語です。ややなつかしい響きさえするグラフ誌――誌面の中心に写真（photograph）を配しレイアウトされたものの呼称ですが、目指すは従来にない新たな視点・着眼点による、写真で魅せる和本のグラフ誌。あえて著名な本や作

者、ジャンルなどによる区分は避け、研究・分析対象としての資料・作品という側面は封印しました。研究者が奥の手を使った四十八のお題からなる和本のいろはが総天然色で繰り広げられます。

つづく第二部では研究の奥深さをのぞいていただくため、研究者と論文に光を当てることにしました。『近世文藝』は最新号を除けば電子ジャーナルとして誰しもアクセスが可能な上、ダウンロードして読むことができます。とはいえ、一般に学術論文は専門用語が多く、あまたの先行する研究の蓄積の上に成り立っているものなので、一読いきなり理解することは決して容易ではありません。そこで研究・論文のエッセンスを鮮度はそのままに抽出するため、研究者が研究者にインタビューを試み、それをレポートしてもらうことにしました。題して「研究のバックヤード」。これは『近世文藝』百号（二〇一四年七月）掲載の「想い出の論文」という、さまざまな世代の研究者が自他の百号までの掲載論文を振り返る特別企画エッセイを拡張したもので、本書では対象とする論文の範囲をぐっと広げ、掲載誌は問わないことにしました。期待にたがわず、各レポーターが研究者の頭の中の面白さや論文に秘められた知をひもとく格好の水先案内の役を果たしてくれています。

本好きの人、知的好奇心のある人、研究に興味のある人。そんなあなたがパラパラ眺めてもじっくり読んでも知的に楽しめる『和本図譜』。間口は広く奥行きは果てしなくを合い言葉に、近世文学会の日々の営みをまるごと詰め込んだ一冊となっています。

本書を通して江戸時代の和本を身近に感じ、研究することの醍醐味に触れていただけたなら、底なし沼のオアシスはすぐそこです。ぜひはじめの一歩を踏み出してみてください。

日本近世文学会とは

昭和26年12月、日本近世文学研究を促進しその発展に資することを目的として設立されました。研究発表大会の開催、機関誌『近世文藝』の発行（年2回）のほか、くずし字の読み方や和本を知ってもらうための「出前授業」を実施しています。また平成17年度から、若年研究者（40歳以下）に、『近世文藝』登載の論考を対象として、「日本近世文学会賞」を授与しています。

公式サイト

http://www.kinseibungakukai.com/

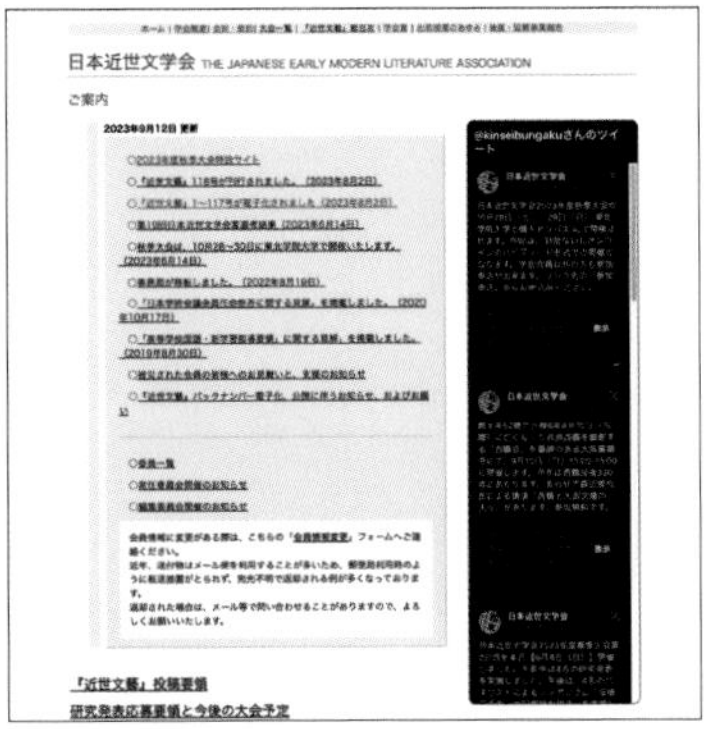

機関誌『近世文藝』

『近世文藝』総目次

http://www.kinseibungakukai.com/doc/kinseibungei.html

『近世文藝』本文

〔バックナンバーを無料でPDF公開しています〕

https://www.jstage.jst.go.jp/browse/kinseibungei/-char/ja

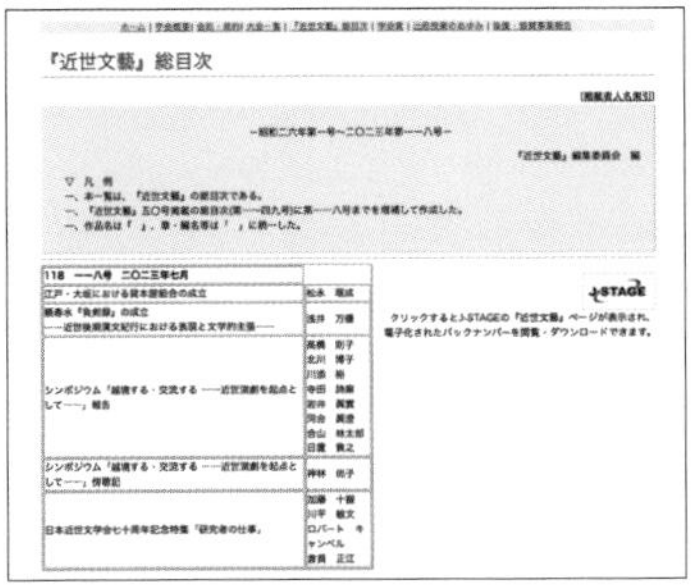

出前授業

日本近世文学会では、くずし字の読み方や和本を知っていただく一助として、学会員を講師とした出前授業を実施しています。主たる対象は小学校・中学校・高校。期日・時間等はご相談下さい。講師派遣の諸費用は、原則として学会が負担します。次のアドレスまで、どうぞお気軽にお問い合わせ下さい。

広報企画委員会：E-mail:koho@kinseibungakukai.com

なお、2015年度～2019年度の「出前授業のあゆみ」は、『和本リテラシーニューズ』各号の巻末に掲載されています。

和本リテラシーニューズ一覧

〔無料でPDF公開しています〕【news1 ～ news5】

http://www.kinseibungakukai.com/doc/wabonichiran.html

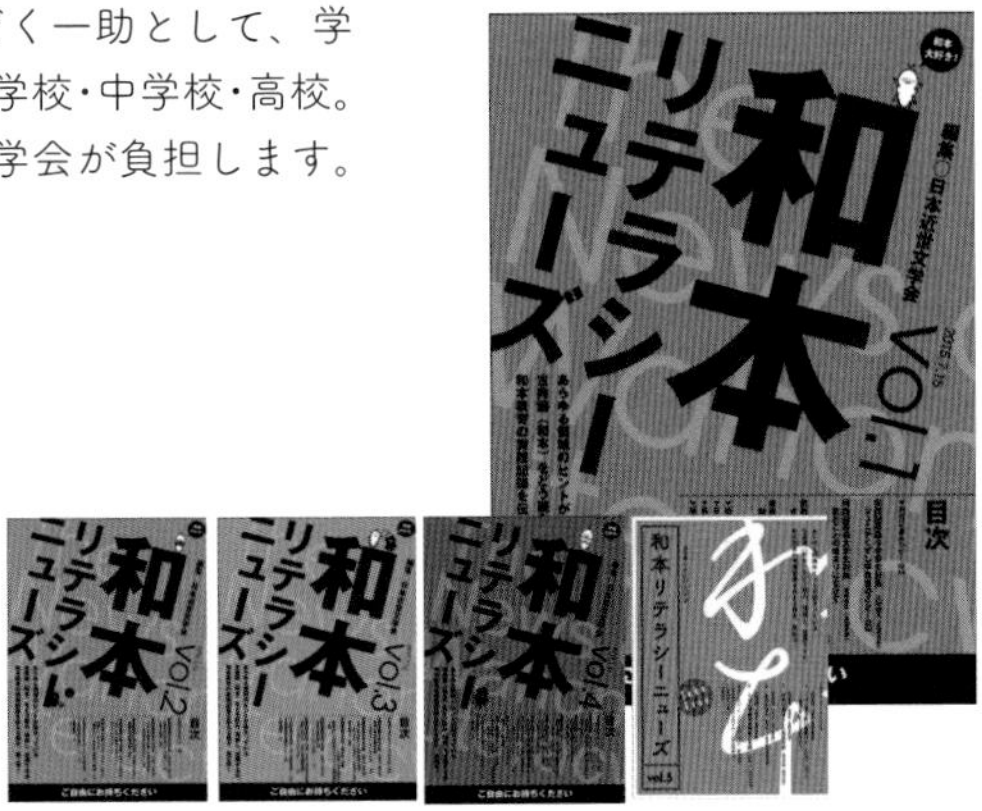

日本近世文学会賞について

http://www.kinseibungakukai.com/doc/prize.html

受賞者一覧：http://www.kinseibungakukai.com/doc/winnerlist.html

第一部

ビブリオグラフ和本

日々、研究や愛玩の対象としている和本を
〈被写体〉として捉えてみたら、
どんな表情を見せるだろうか。
研究者たちがリミッターをはずし、
独自のアングルで和本を見つめなおす。
そんな万華鏡のごとき、
とれたての和本のアルバムをどうぞ。

凡例

＊第一部中に「＊」印のついた用語は巻末の「用語集」に解説があります。

＊デジタル画像が出典の作品は巻末の「デジタル画像出典一覧」をご参照ください。

＊トリミング・切り抜きを行った作品には「◎」印を付しています（出典の冒頭に印がある場合は全作品が該当します）。

外ノ巻

装訂や文字から印刷技術にいたるまで、
和本はいまの本とことごとく異なる様相を呈している。
正面から斜めから、その意匠がもつ多彩な魅力に迫り、
和本をめぐる周辺事情にも斬り込む。

outside

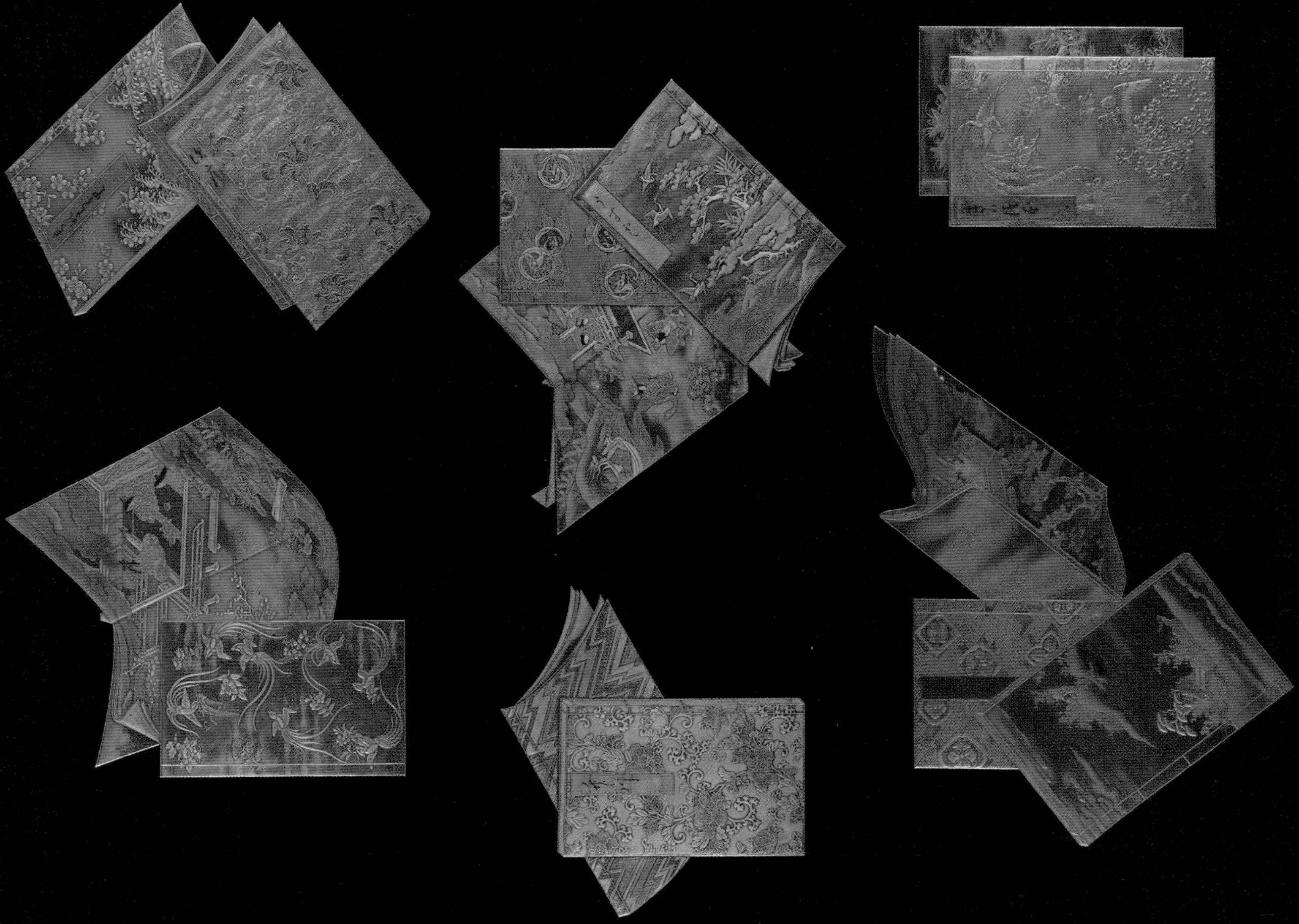

漆黒に輝く黄金の本

蒔絵《まきえ》——。漆地《うるしじ》の上に漆で文様を描き、そこに金銀の粉を蒔《ま》いて文様を飾るというものだ。奈良時代に発展した技法である。蒔絵は上流階級の人々に歓迎され、江戸時代に入ると絢爛豪華な作品が多数作られた。ここに紹介するのもその一つ。『源氏物語』五十四帖を収納するための箱に施された蒔絵である。『源氏物語』が蒔絵のモチーフになる場合、物語中の情景が描かれることが多い。しかし、ここでは『源氏物語』の本そのものが蒔絵として描かれている。よく見てみると、紅葉賀《もみじのが》の巻には紅葉、桐壺《きりつぼ》の巻には桐と鳳凰というように、巻ごとに文様が描き分けられている。「この文様にはどのような意味があるのだろう?」——そう問いかけたとき、蒔絵作者の意図を探る、もう一つの読書体験が始まる。(天野)

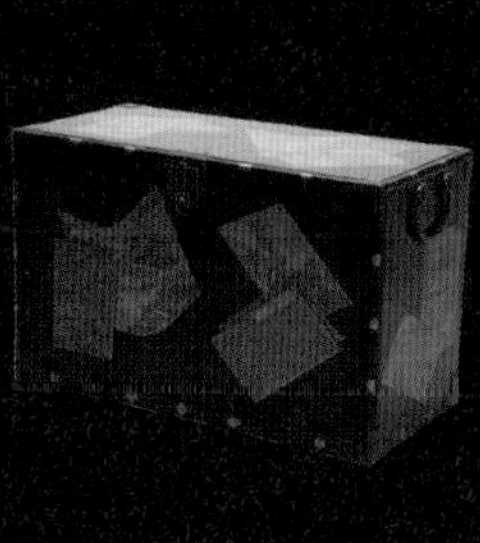

『源氏物語蒔絵箱』国文学研究資料館蔵◎

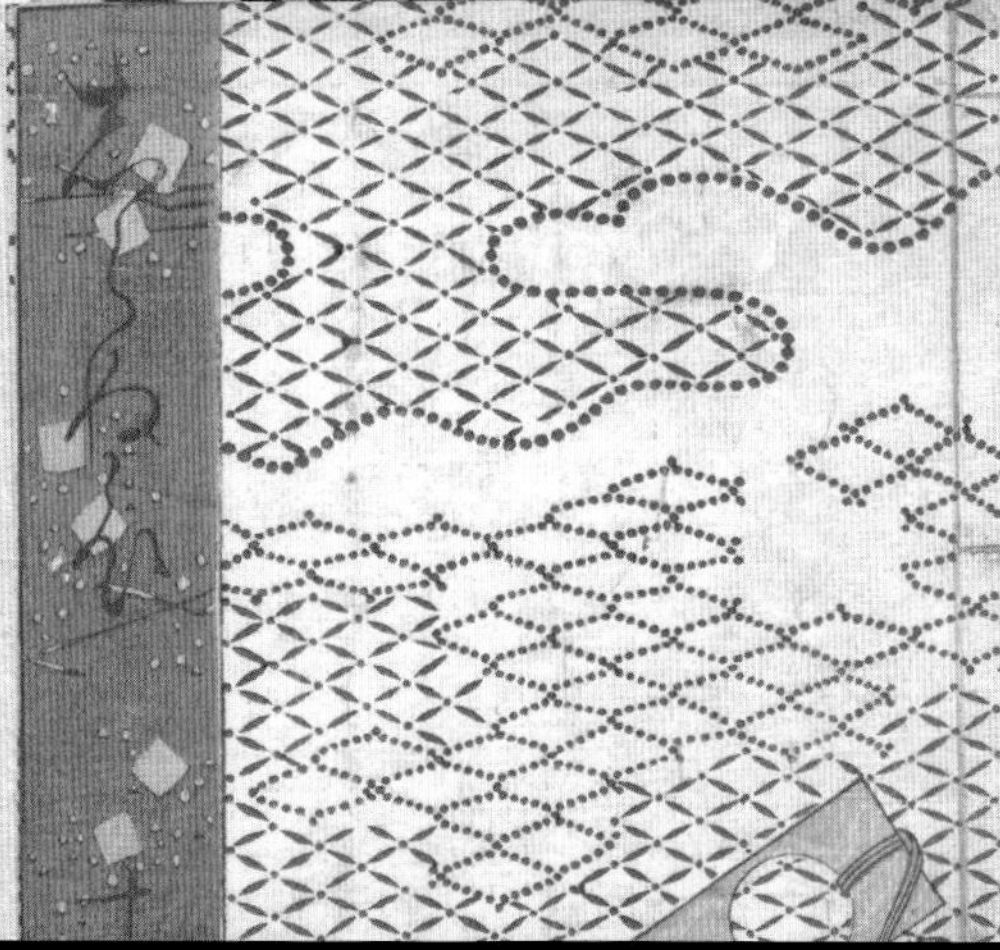

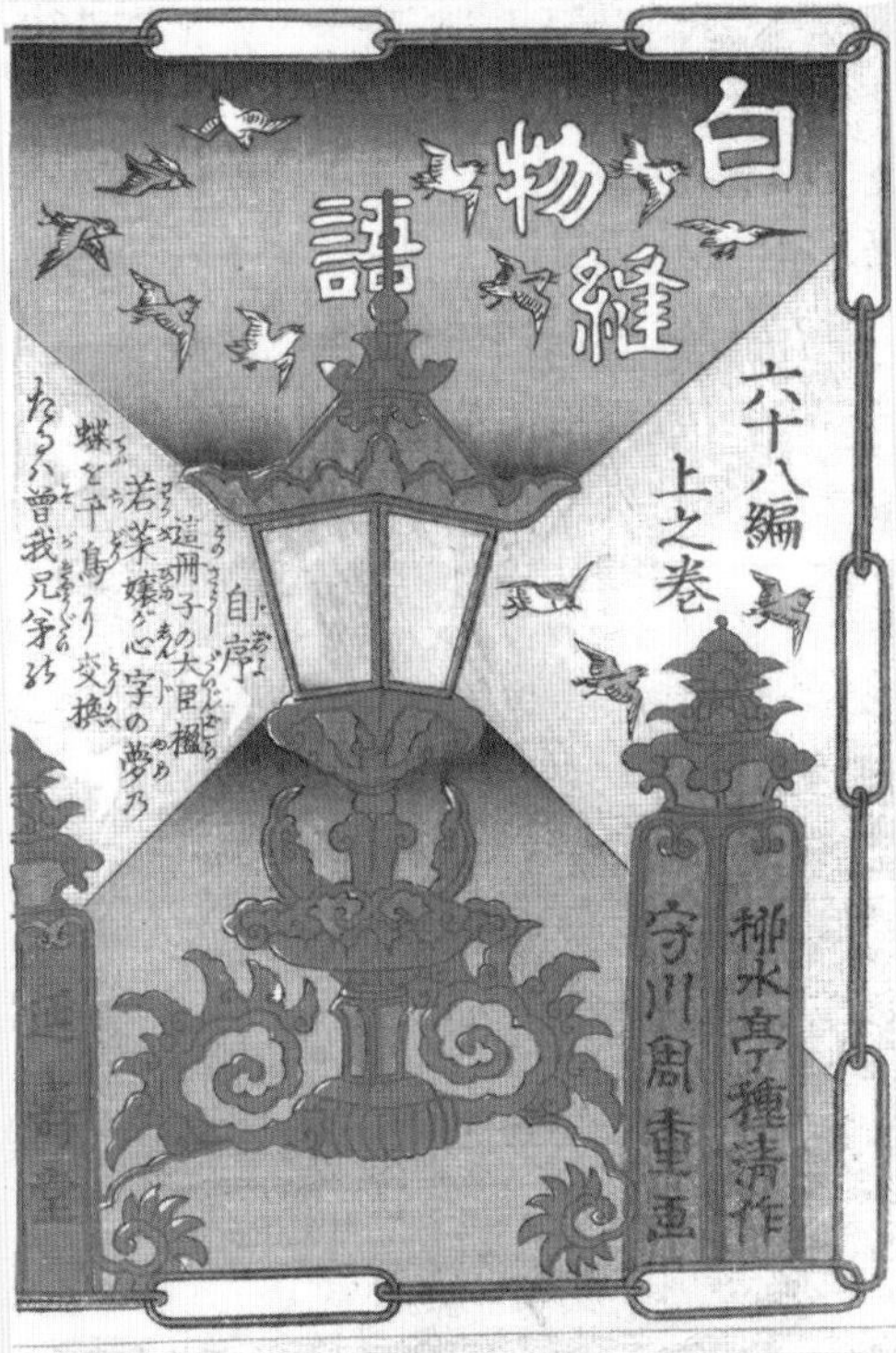
白縫物語
六十八編
上之巻
柳水亭種清作
守川周重画

愉しき、ジャケ買い。

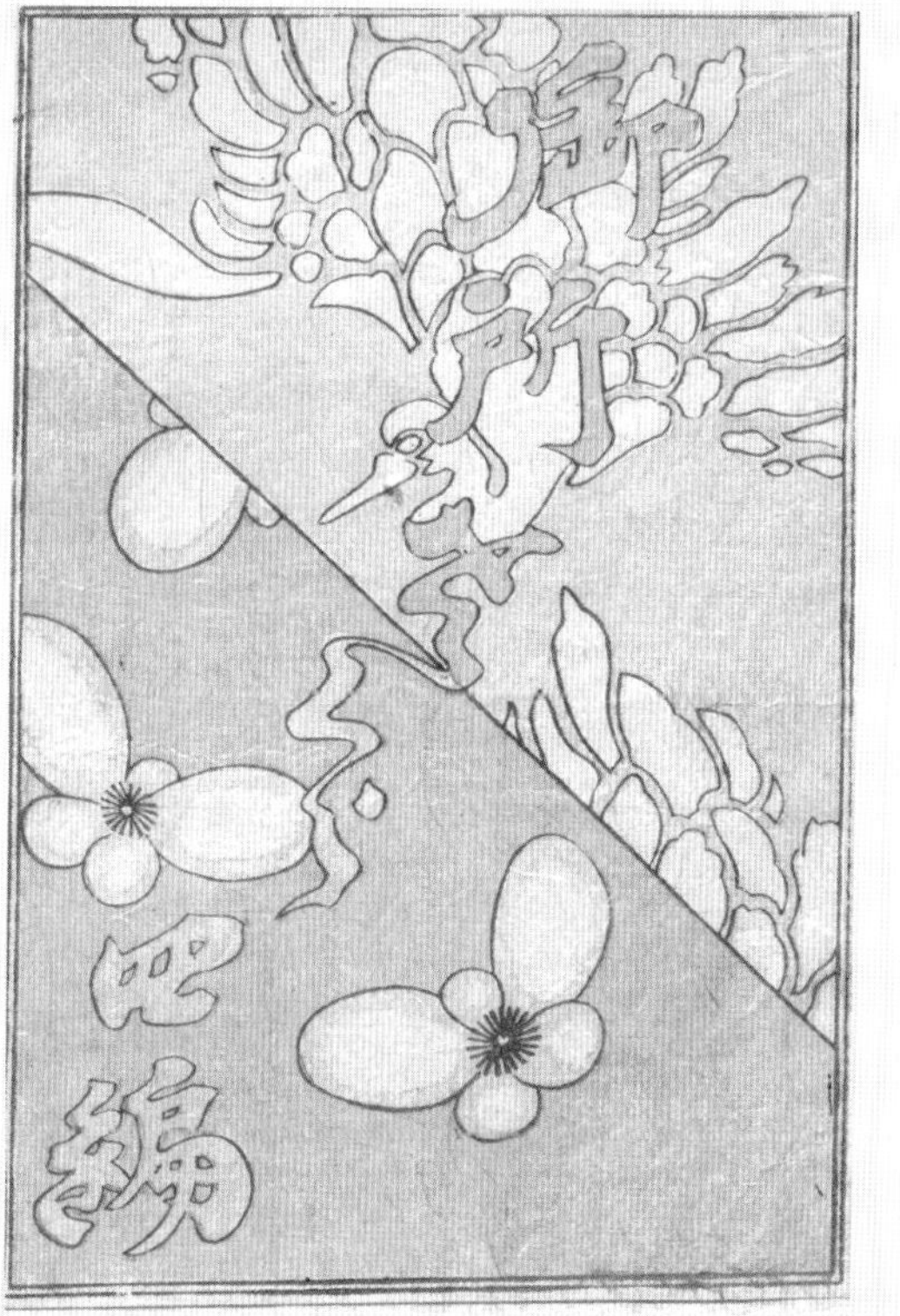

本や漫画の表紙に一目惚れする、いわゆる「ジャケ買い」の愉《たの》しみは、現代人のものだけではない。近世の娯楽本も、実にさまざまな趣向を凝らした表紙や袋*（本を包むカバーのような物）で、読者の目を惹く工夫をしている。ここに挙げた袋の画像の多くは、『白縫譚《しらぬいものがたり》』*というタイトルの合巻《ごうかん》*で、幕末から明治にかけて三十六年間、全九十編にわたり書き続けられた長編作品。毎巻異なる雰囲気の表紙も、ファンに長年愛された秘訣かもしれない。しかし娯楽本の表紙や袋は、その性格と構造上紛失しやすく、現代に残っていることは珍しい。今回紹介した画像は、袋を貼りこんだスクラップブックに収載されたもの。過去のコレクターがどなたかは存じませんが、美しい世界をとどめてくれてありがとうございます。（有澤）

『草双紙書袋表紙貼込帖』◎、右頁左下『白縫譚』ともに国文学研究資料館蔵

ザラリ、キラリ

エンボス加工によって立体的に文様を描く「型押《かたおし》」、光の反射によって文様を浮き出させる「艶出《つやだし》」――。いずれも江戸時代に広く行われた表紙加工技術である。仕上がりを見るだけではまったく異なる印象を受けるが、実はどちらも文様を彫りつけた板を用いた技法だ。具体的にいえば、表紙の表面を湿らせ、そこに板を押し当てて凹凸を作るのが型押、表紙の裏面に板を押し当て、乾いたまま上からこすって光沢を作るのが艶出である。ささやかな〝装い〟ではあるが、それだけにさりげない気品が漂う。なお、表紙に文様を付ける方法としては、他に文様を印刷したり、手描きしたりする方法があり、それぞれを組み合わせる場合もある。（天野）

右上から：『絵本金花談』『柿本朝臣人麿勘文』『耳底記』／中央上から：『偏類六書通』『狂歌渓の月』『徂徠先生答問書』／左上から：『古今畸人伝画像集』『俳諧御傘』『仙洞御添削百首』すべて国文学研究資料館蔵

Thema » 厚い

ずっしり、

度を超した分厚さ、圧倒的な存在感——。

かつて作られた極厚の和本*は、まさに元祖〝鈍器本〟というべき存在だ。もっとも、現代の極厚本と比べると、和本のそれは驚くほど軽い。そもそも和本は複数冊に分けて製本することが多く、基本的に現代の書籍よりも薄い。たとえば、あの大長編『南総《なんそう》里《さと》見《み》八犬伝《はっけんでん》』（曲亭《きょくてい》馬琴《ばきん》著）

どっしり

も、和本一冊あたりの厚みはわずか1センチほどである。しかし、商人や役人が日々の記録をまとめた帳簿や、節《せっ》用集《ようしゅう》＊・辞典などの実用書の中には、数百丁《ちょう》＊を超えても分冊せず、一冊にまとめて製本するケースが認められる。極厚の和本は明治期に入ってもしばしば作られた。（天野）

右から『訂正再版／新編字書』、同、『新編広集字書』すべて個人蔵

実寸大

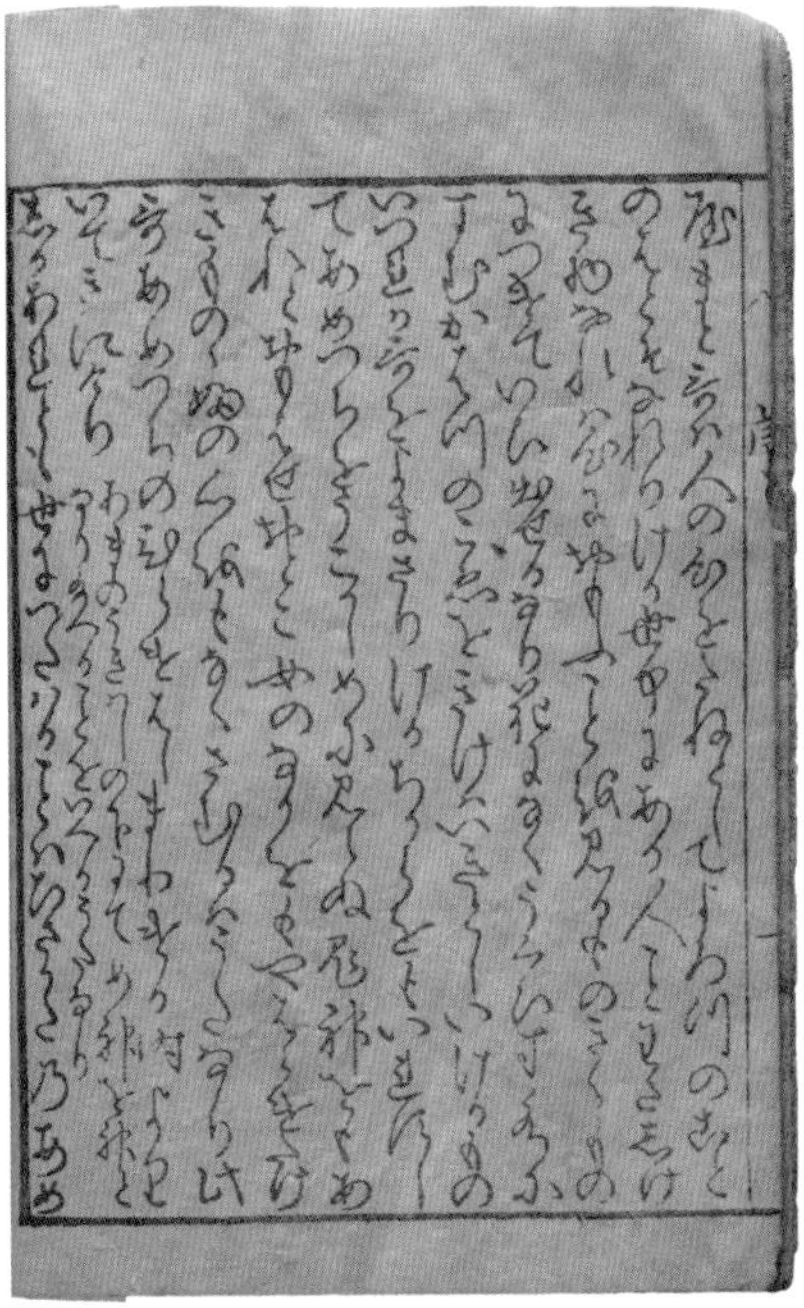

掌《てのひら》に行儀よく収まっているこの本は、縦八・五センチ×横六・三センチで仕立てられた『古今和歌集』。仮名序《かなじょ》に本文、真名序《まなじょ》までを完備し、すこぶる完成度が高い。『古今集』は勅撰《ちょくせん》和歌集の最初として、和歌の、ひいては日本文化の重要な規範として君臨し続けた。初めて出版されたのが正保《しょうほう》四年（一六四七）、それ以来多くの木版本《もくはんぼん》*が流通している中、この本は、まさか「読む」ために造られたのではあるまい。小さいながら実に精巧に作られているさま、その「小ささ」を愛でるため、人はこの本を我が手に包むのだろう。このような規格外の小さな本は「袖珍本《しゅうちんぼん》」*「特小本《とくこほん》」*などと呼ばれるが、本書は享保《きょうほう》二年（一七一七）に初版*が出された後、安永《あんえい》二年（一七七三）に版木《はんぎ》*が仕立て直され、再版*されている。吹けば飛ぶようなミニミニ『古今集』は、一定の人気を保った、価値ある商品だったのだ。（速水）

『袖中本古今和歌集』個人蔵

手のひらに、
つつまれるように。

版木から和本ができるまで

①版木表

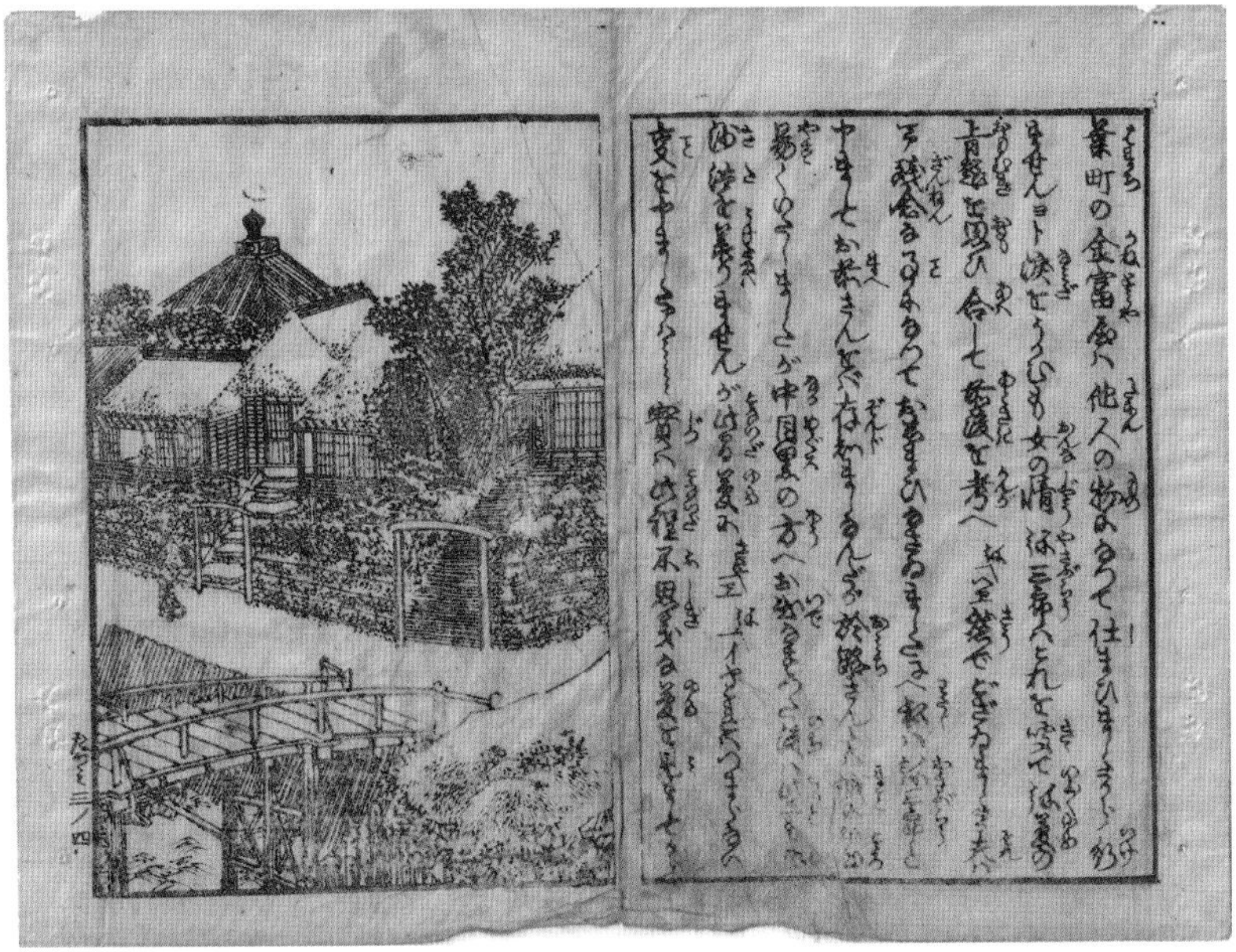

②第四丁

『春色辰巳の梅』・同版木、ともに個人蔵

江戸時代の和本*は、いかなる工程で作られていたのだろうか？　ここでは実例を見ながら説明しよう。反転した文字と絵が表裏に彫りつけられた一枚の板①は、為永春水《ためながしゅんすい》作の人情本*『春色辰巳《しゅんしょくたつみ》の梅《うめ》』巻三（天保《てんぽう》年間刊）の版木《はんぎ》*である。それぞれの面に墨を塗り、和紙をあてがい、馬楝《ばれん》でこすれば②のような二枚を印刷できる。「丁《ちょう》」*と呼ばれるこれらの紙は、一冊分すべて印刷された後、山折りに半分に折って束ねられる。束ねた丁をこよりで仮綴《かりと》じし、表紙をつけて糸で綴じると一冊の和本が完成する。以上の工程を経て、②ではバラバラだった絵も見開きの一図（③）となる。このような版木《はんぎ》による印刷を「整版《せいはん》」*、右の工程による装訂を「袋綴《ふくろとじ》」という。整版の袋綴は、江戸時代の版本《はんぼん》*（印刷された和本）の典型であり、最も多いかたちである。（松永）

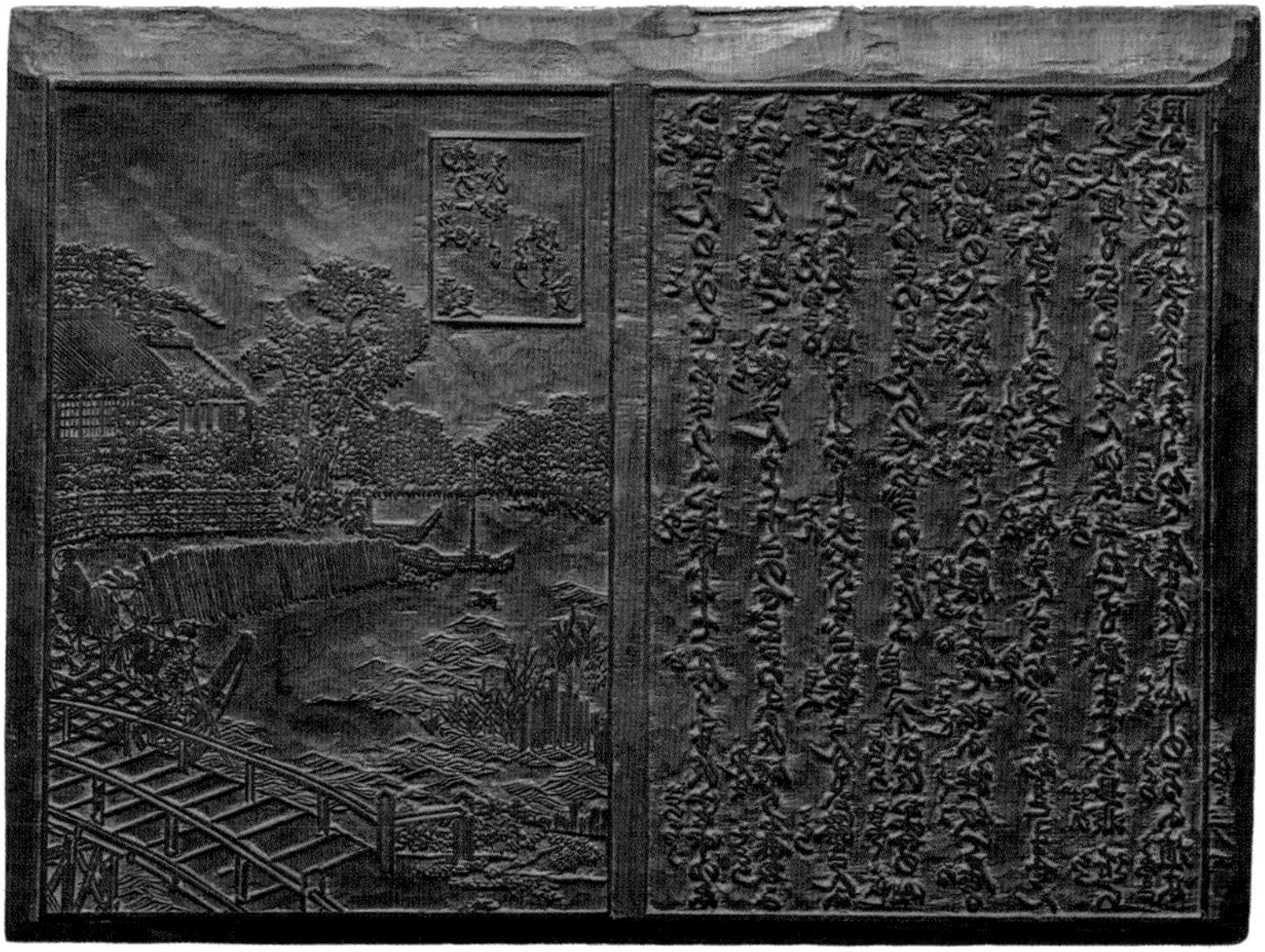
①版木裏

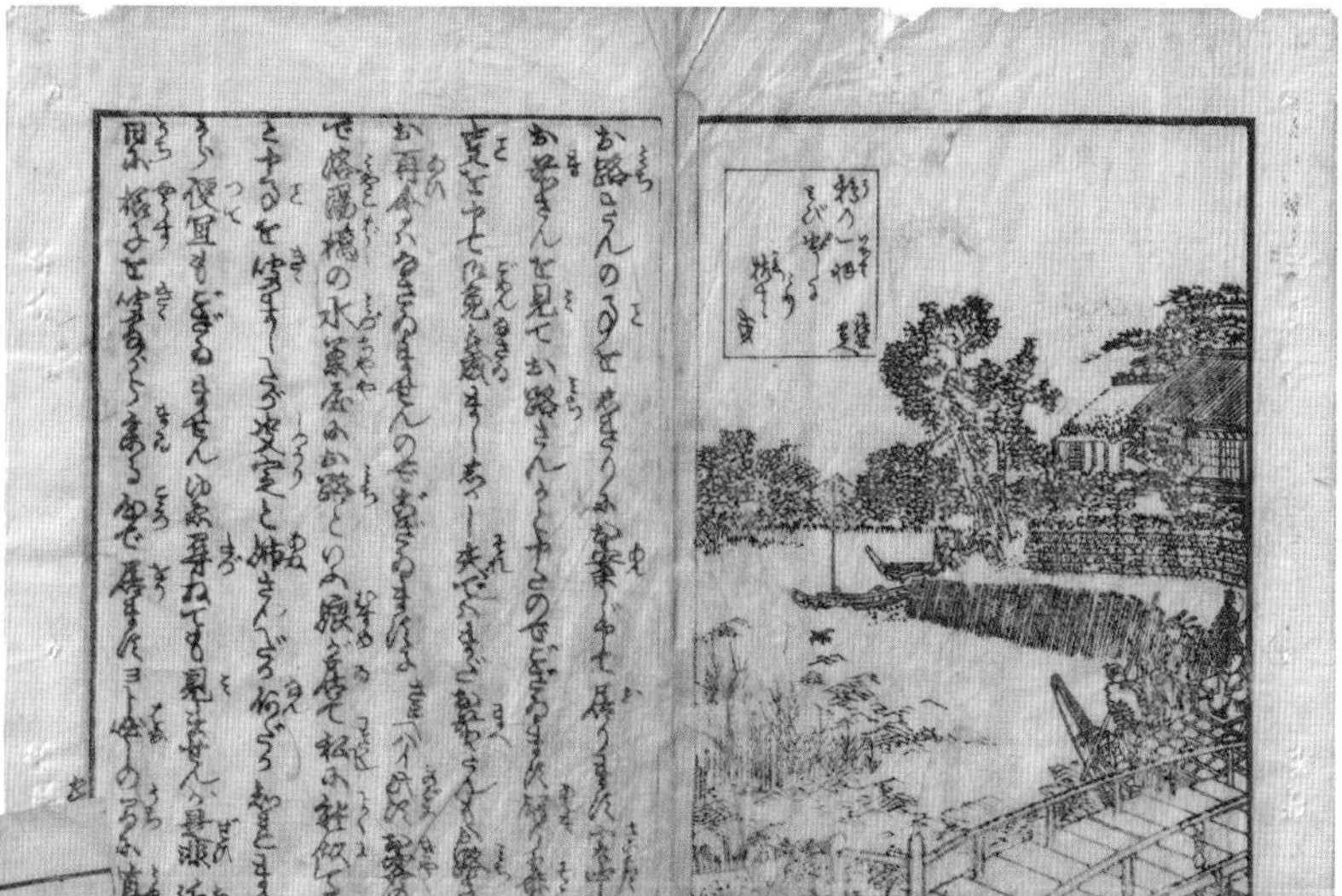
②第五丁

③実際の見開き

削って、埋める

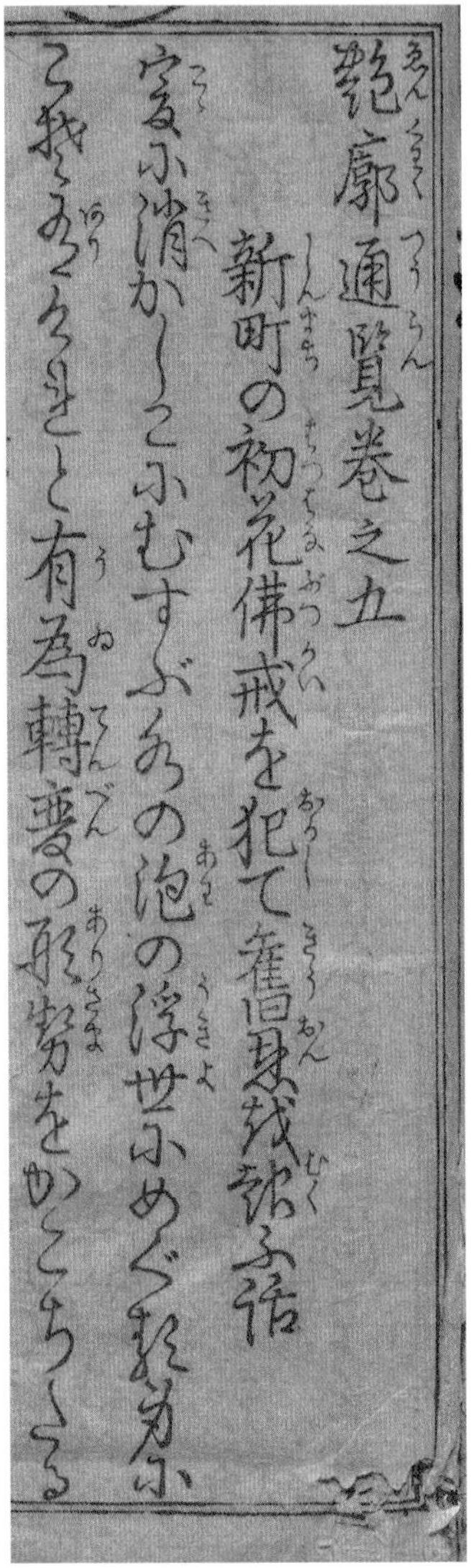
艶廓通覧巻之五
新町の初花佛戒を犯て舊恩を報ふ話

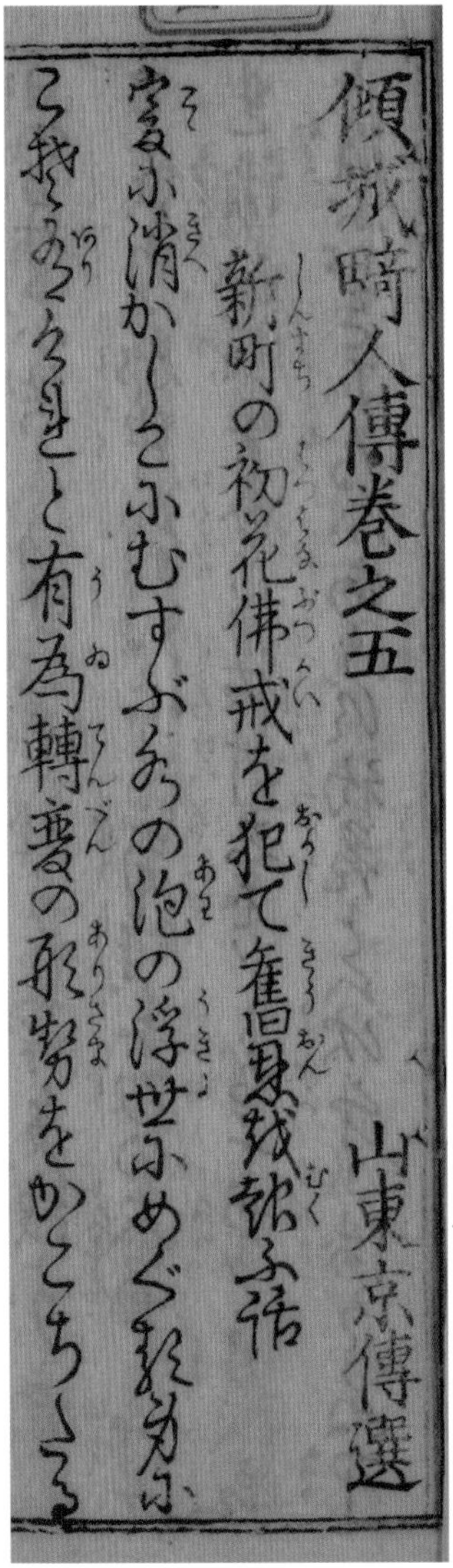
傾城畸人傳巻之五　山東京傳選
新町の初花佛戒を犯て舊恩を報ふ話

江戸時代、版木《はんぎ》*は木であるがゆえに修正も木を用いて行われた。内容を修訂*する際には版木の一部を削り、新たに木片をはめ込《い》むことがなされ、これを「入れ木《き》（埋《う》め木《き》）」*と呼ぶ。ただし、中にはおやっと思わされる例もある。右は作品とは本来無関係な山東京伝《さんとうきょうでん》の名が入れ木されているもの。左は上中下巻を合冊するにあたって、途中の巻末に記されていた作者と画工《がこう》*名を削ったもの。目を凝らすと、他の箇所と墨の濃淡が異なっていたり、入れ木した箇所の境目に不自然さが残っていたりする。勝手に名前を使われたり、（最終巻末に残っているとはいえ）消されたりすることは作者としてはおもしろくないだろう。だが当時、版権《はんけん》*は文字通り版木を有する本屋のものであり、ほめられたことではないかもしれないが、少しでも読者の興味を惹く、あるいは不要な情報を削るという合理的な判断に基づく操作ともいえる。連載漫画が単行本収録時に加筆修

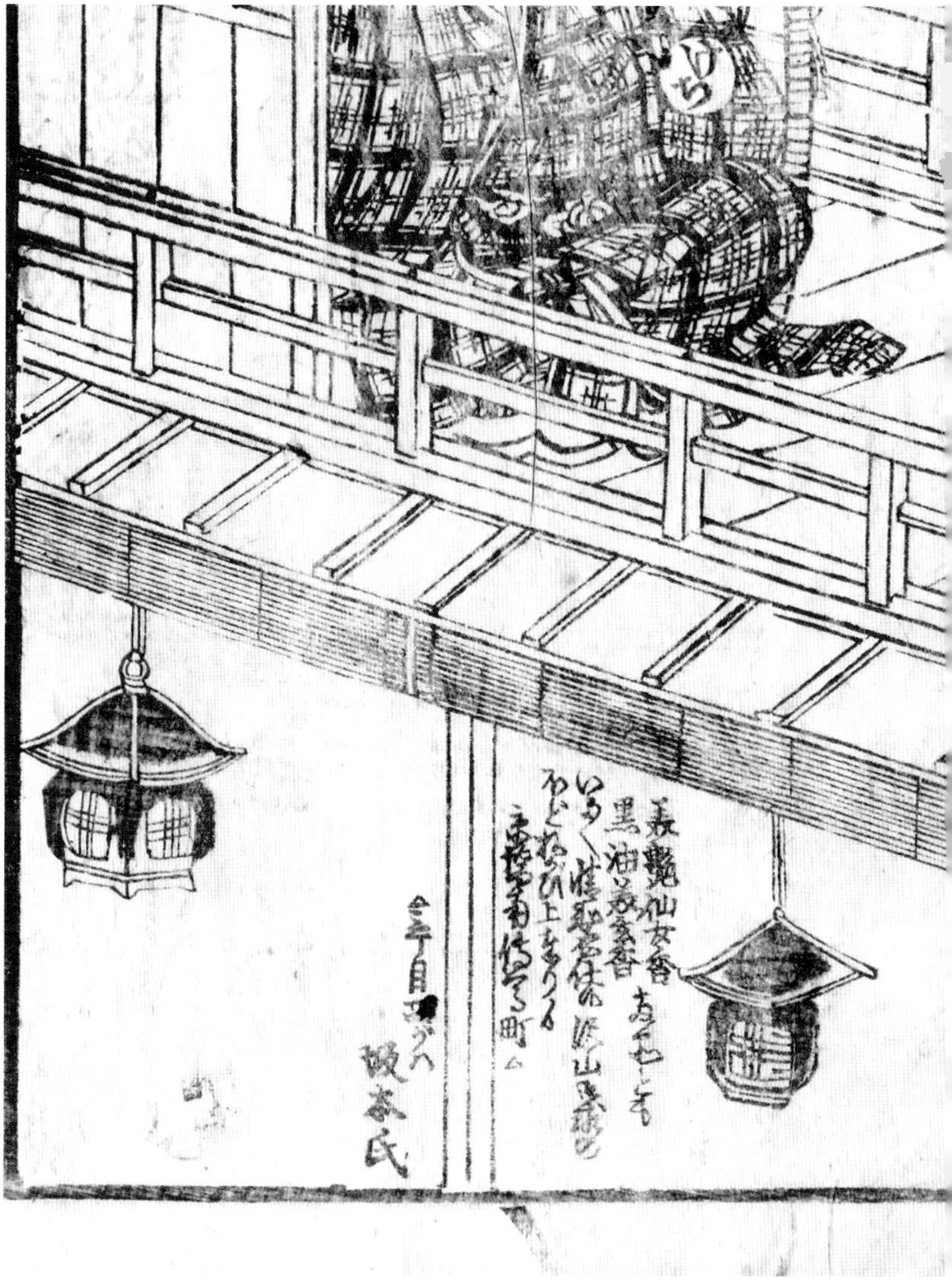

正されたり、広告欄にイラストが付されたりすることはいまでもある。江戸時代にはそういったことがあくまで版元《はんもと》＊主導で行われ、力技によるケースもままある。それこそが江戸時代式、現代との文化様式の違いがよくわかる一例である。（長田）

右から：『艶郭通覧』東京大学国文学研究室蔵◎、『傾城畸人伝』早稲田大学図書館蔵◎、『高尾一代記』個人蔵◎、左上：『店絃緒連弾』早稲田大学図書館蔵

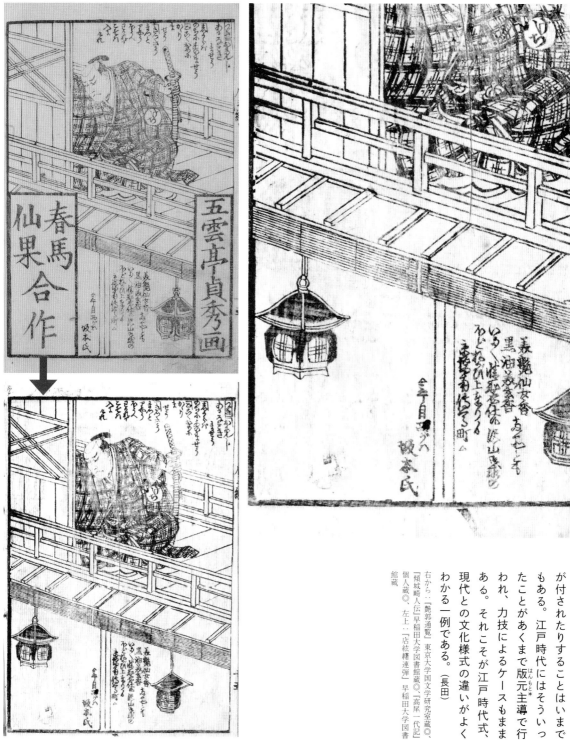

和本*の紙面は、時にシックな、時に華やかな〈飾り枠〉で彩られている。たとえば、漢詩を書くための模様入りの紙「詩箋《しせん》」や、西洋の書物からアイデアを得たデザインの飾り枠は、作品に不思議な異国情緒を添えたし、作中に登場するアイテムをモチーフにした飾り枠は、細部まで凝らされた仕掛けを読み解く楽しみを与えてくれる。式亭三馬《しきていさんば》が作品執筆の苦労を綴った『腹之内戯作種本《はらのうちげさくのたねほん》』（文化八年〔一八一一〕刊）で、「この飾り枠はもう古いが便利で使うのをやめられない」「新しいデザインを考えてもすぐに真似をされてしまうので困る」等と呟いているところを見ると、飾り枠は、当時の作者たちにとって腕の見せ所だったらしい。〈飾り枠〉は、書物自体の雰囲気を作り上げる「作品の額縁」なのである。（有澤）

◎①『桜姫筆再咲』②『志道軒往古講釋』④『重井筒娘千代能』⑧『梅のおよし女丹前』以上、東京都立中央図書館加賀文庫蔵／③『敵討天竺徳兵衛』⑤『本朝酔菩提全伝』以上、国文学研究資料館蔵／⑥『青砥藤綱摸稜案』⑦『昔話稲妻表紙』以上、神戸大学附属図書館蔵

作品を彩る、〈飾り枠〉の世界。

共通点は何でしょう？

①

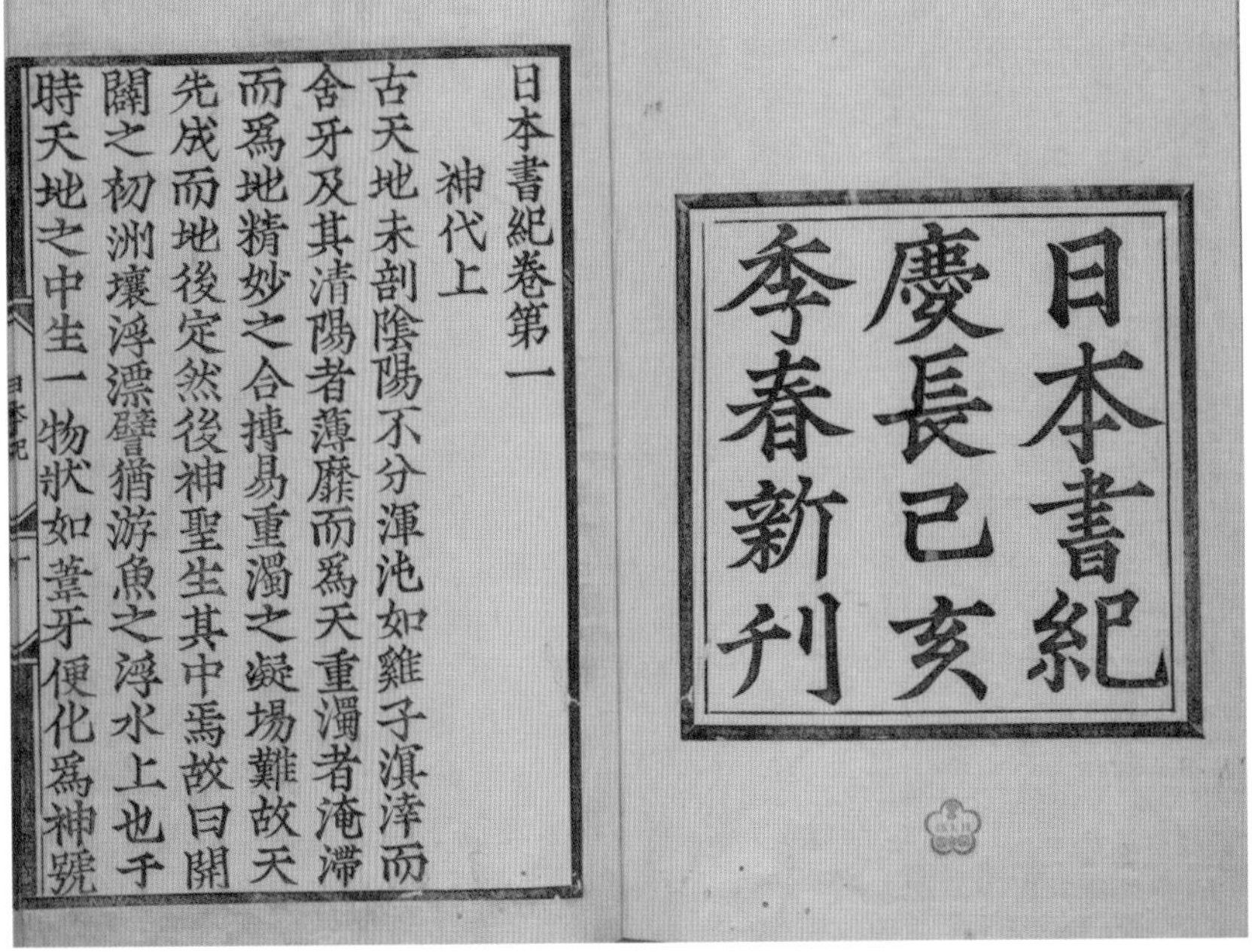
日本書紀
慶長己亥
季春新刊

日本書紀巻第一
神代上
古天地未剖陰陽不分渾沌如雞子溟涬而
含牙及其清陽者薄靡而爲天重濁者淹滯
而爲地精妙之合摶易重濁之凝場難故天
先成而地後定然後神聖生其中焉故曰開
闢之初洲壤浮漂譬猶游魚之浮水上也于
時天地之中生一物狀如葦牙便化爲神號

『日本書紀』国立国会図書館蔵

②

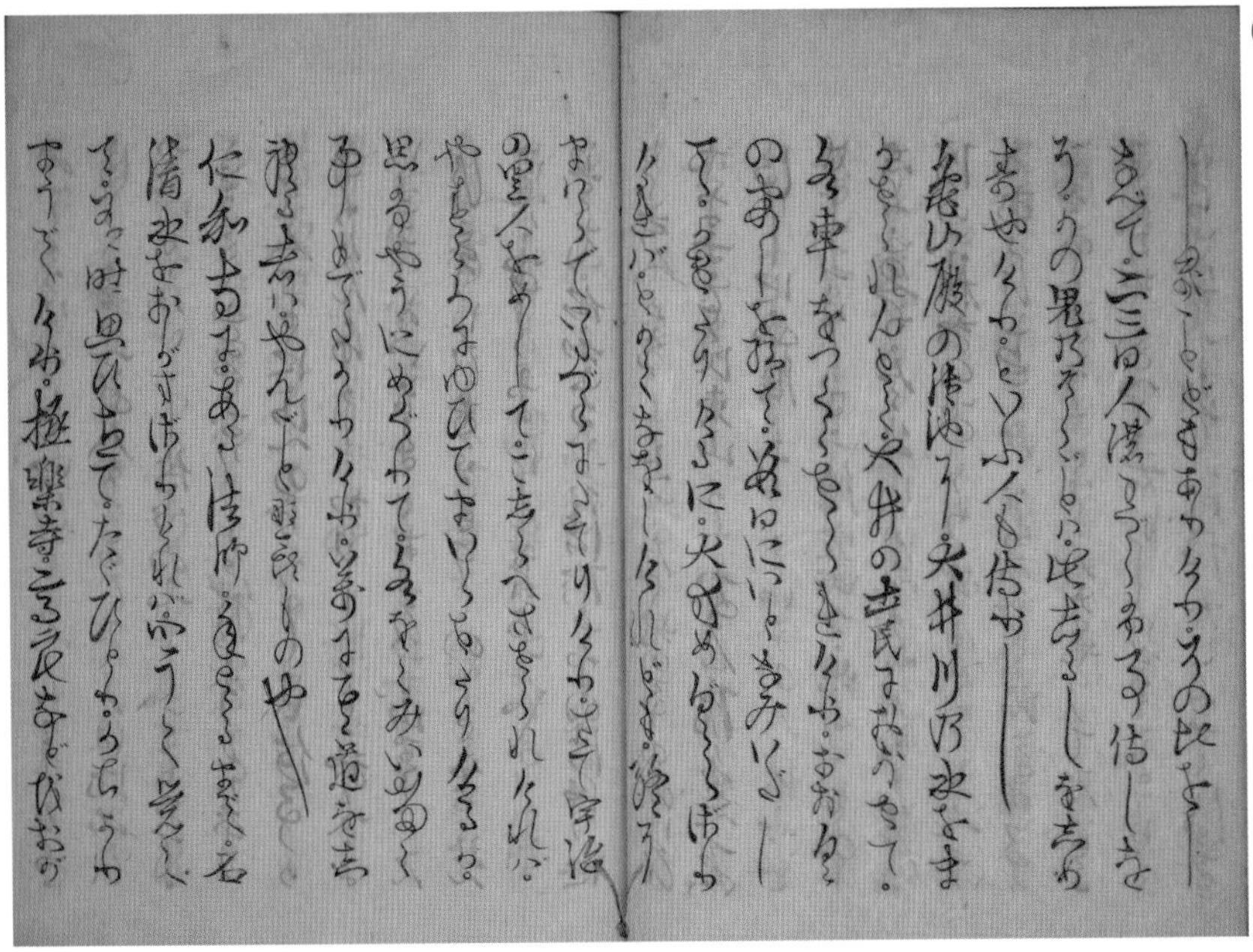

『徒然草』早稲田大学図書館蔵

①〜③の書物をよく見てほしい。漢文も和文も、行、列ともに整然と文字が並んでいる印象を受けないだろうか。また③『曽我《そが》物語《ものがたり》』の挿絵二つは別の場面であるにもかかわらず同じ牛車《ぎっしゃ》と人がいるように見える箇所がある。すでにお気づきかと思うが、①〜③とも活字《かつじ》を組んで刷られた本である。②『徒然草《つれづれぐさ》』と③『曽我物語』は、二文字以上が連綿体《れんめんたい》で彫られた活字を用いて版面《はんめん》を写本風《しゃほんふう》＊にしている。また③の挿絵には複数の木片《もくへん》を組んで一枚の絵にする絵活字を用いており、別の場面に重複する部分を見出せることがある。これらの書物は古《こ》活字版《かつじばん》＊といい、江戸時代初期に行われた。

それまで写本で享受されていた物語等が出版され、日本印刷史の画期を作ったが、商業出版が盛んになるにつれて大量印刷に適した整版《せいはん》＊に回帰した。文字列の揃い具合の他に、同じ活字を使っている箇所があること、本文を囲む枠の四辺に隙間があること等が古活字版を見極めるコツである。（長田）

③

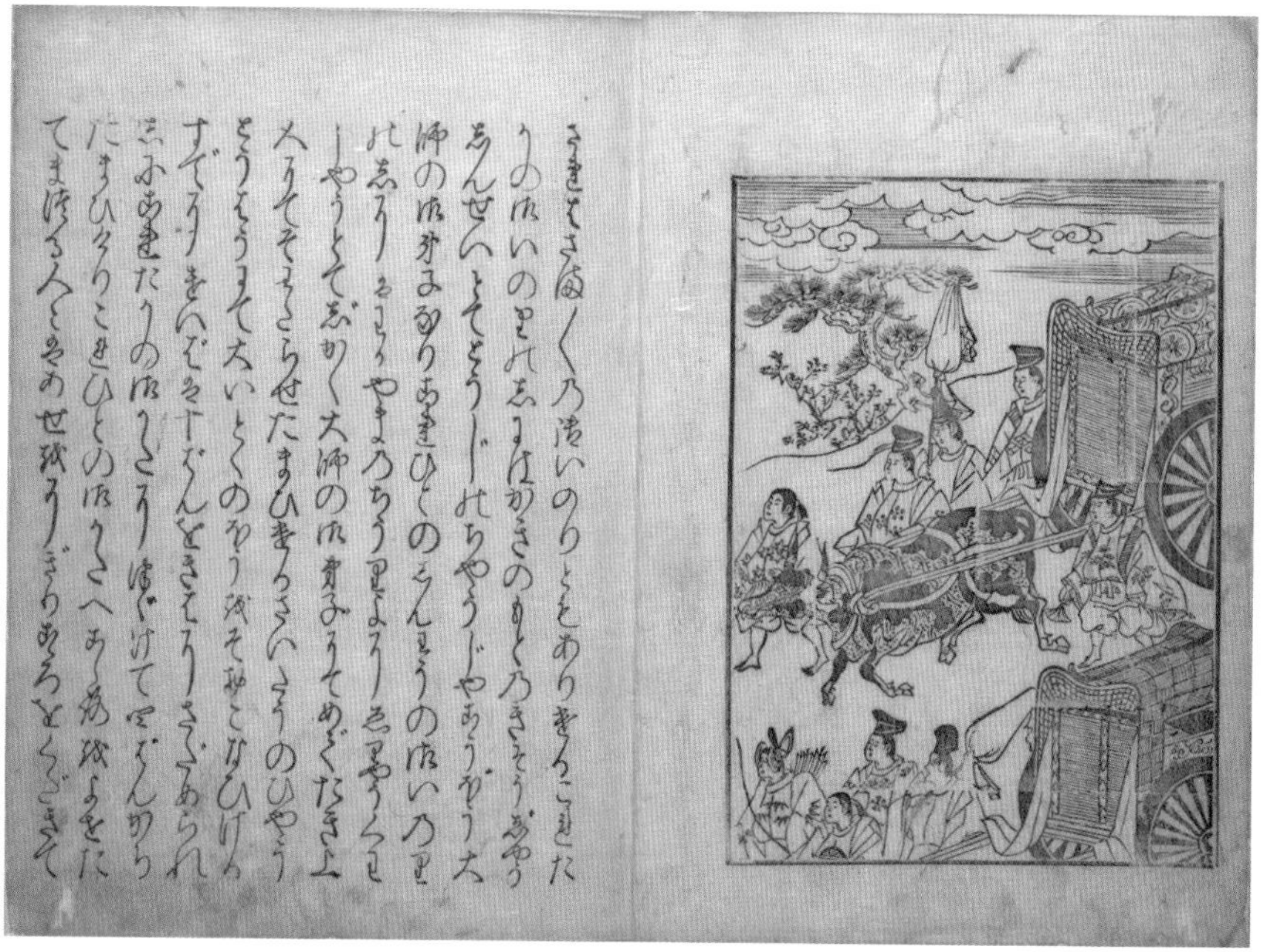

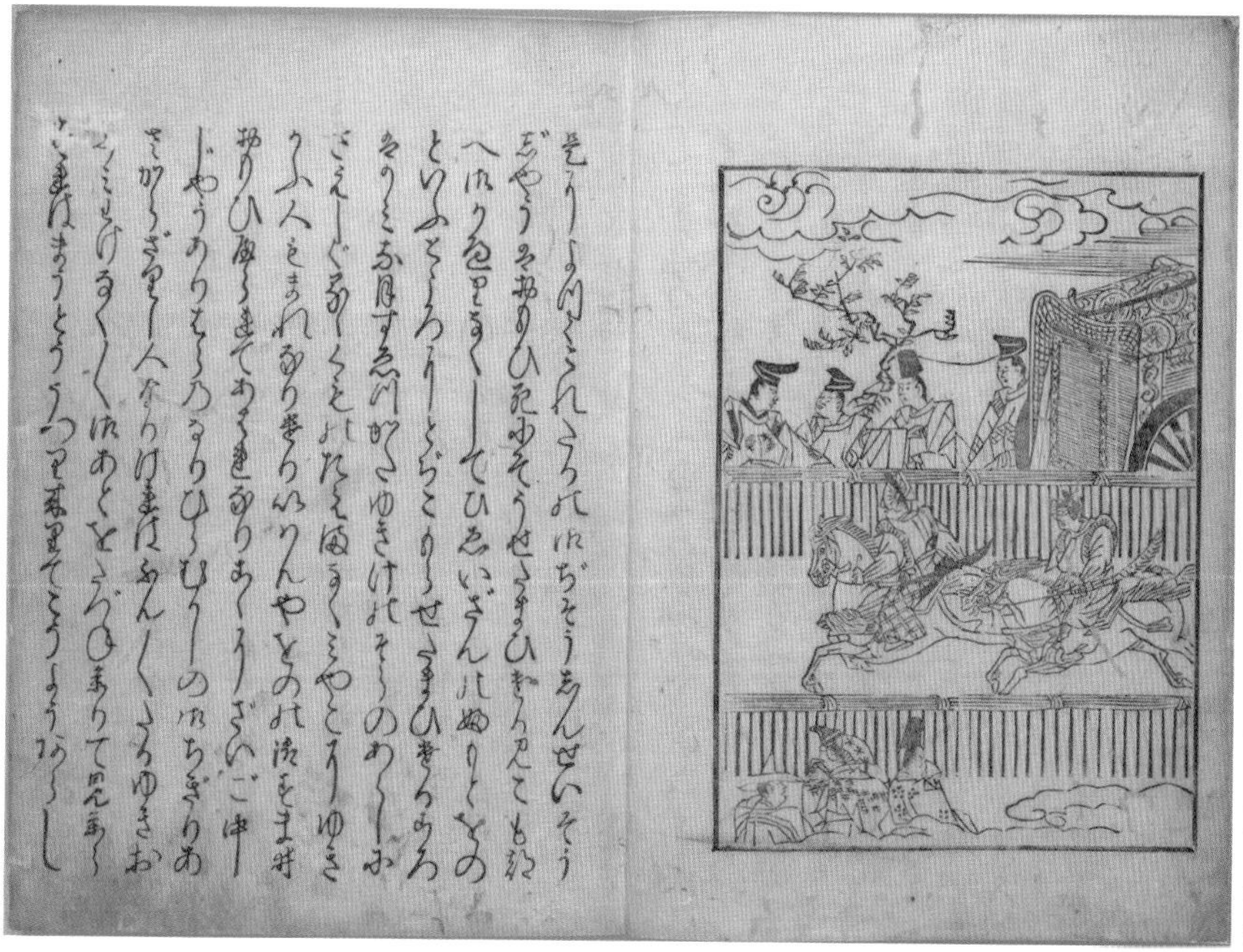

『曽我物語』国文学研究資料館蔵

印刷と手塗りのコラボレーション

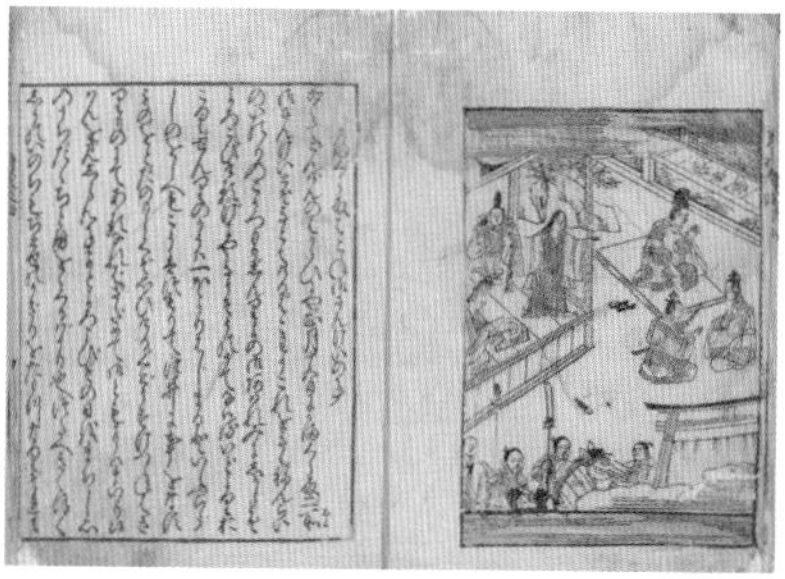

丹緑本《たんろくぼん》——。江戸時代初期に盛んに作られた本で、墨で印刷された本の挿絵に、丹、緑、黄など三、四種の色をさっと塗ったものだ。この「さっと」というのがポイントで、鷹揚な筆運びが古風で素朴な独特の味わいをもたらし、すでに江戸時代から愛好されていた。丹緑本には、刊本《かんぽん》でありながら、写本《しゃほん》*の風合いが宿っているのである（高値が付くからだろう、後人が塗ったと思われる偽物も多い）。ここに紹介するのは『曽我物語《そがものがたり》』巻四（刊行年不明）の挿絵。鎌倉殿《かまくらどの》こと源頼朝《みなもとのよりとも》（右上）が箱根権現に参詣する場面だ。曽我兄弟の兄・十郎は、ここで父の敵・工藤祐経《くどうすけつね》を目撃する。（天野）

『曽我物語』国文学研究資料館蔵◎

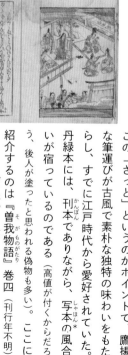

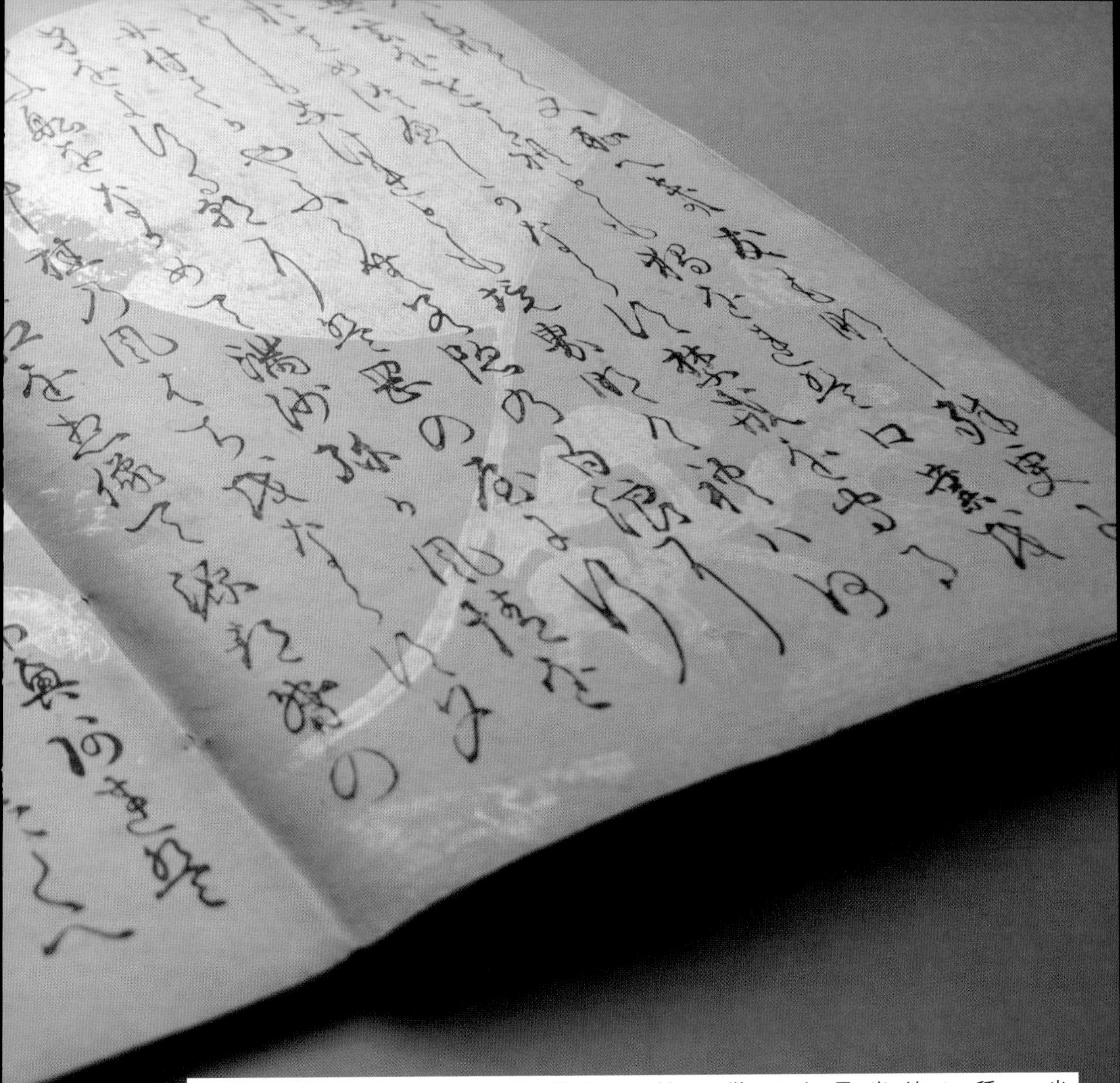

光の加減で白く輝くさまが美しい。丁《ちょう》*ごとに摺られている十一種類の文様は、雲母《うんも》石の粉を膠《にかわ》に混ぜて摺る雲母摺《きらずり》という技法によるもの。江戸時代初期に出版された嵯峨本《さがぼん》*は、本文の書風と雲母摺や色変わりの装飾的な料紙《りょうし》*を特徴とする活字印刷本*である。物語等の日本の古典文学はそれまで写本《しゃほん》*で享受されていたが、このとき初めて出版の対象となった。『方丈記《ほうじょうき》』もその中の一つ。他に『伊勢物語《いせものがたり》』『徒然草《つれづれぐさ》』や観世《かんぜ》流謡本等の嵯峨本が知られる。本書には「西《せい》荘《そう》文庫」印が捺され、伊勢松坂の豪商で蔵書家の小津桂窓《おづけいそう》（一八〇四―一八五八）旧蔵。なおかつ二代目安田善次郎《やすだぜんじろう》（一八七九―一九三六）の安田文庫を経て国文学研究資料館*蔵となった本であり、近世、近代の名だたる蔵書家によって大切にされてきた書物である。（長田）

『方丈記』国文学研究資料館蔵

日本印刷史上屈指の美白

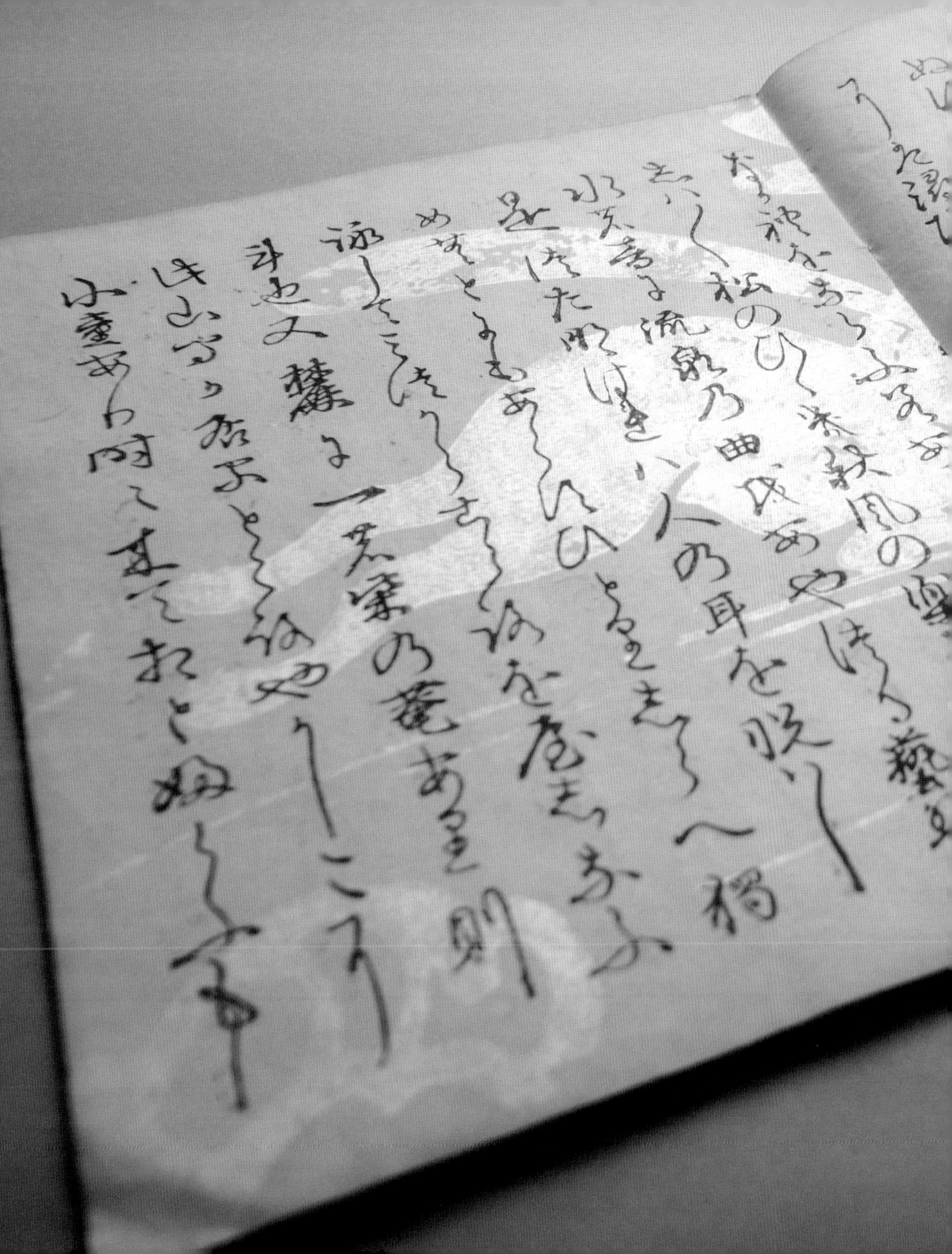

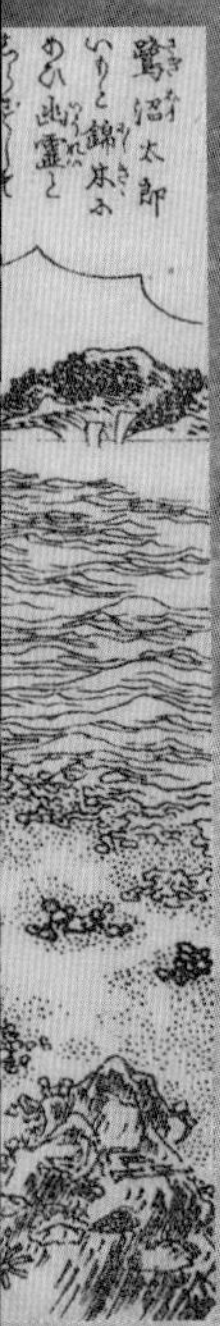
鷺沼太郎
いりと錦木ふ
あひ幽霊と

グレーゾーンに宿る超絶技巧

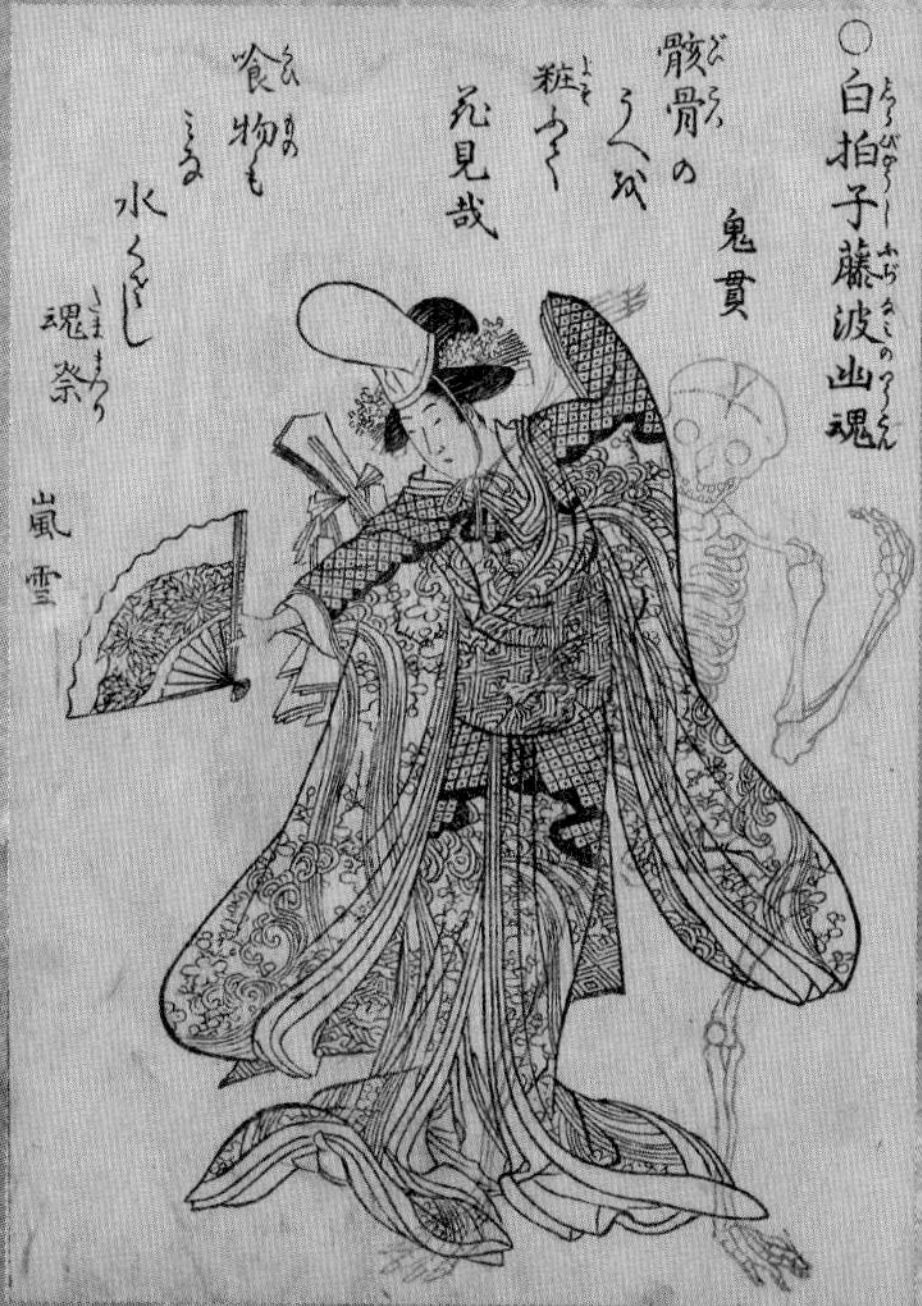

山東京伝《さんとうきょうでん》（一七六一―一八一六）作の読本《よみほん》*『善知安方忠義伝《うとうやすかたちゅうぎでん》』（文化三年〔一八〇六〕刊）の挿絵で向かい合う男女は、久々に再会した兄妹だが、実は妹・錦木は、夫を待ちながら没しており、兄が見たのは幽霊であった。錦木と彼女の住まいの幻影は、「薄墨《うすずみ》*」という印刷技法で摺られており、兄妹の再会の儚《はかな》さと、女が待った時間の長さを雄弁に描き出している。文化元年（一八〇四）、江戸で出版される絵本*に対して、彩色摺《さいしきずり》*が禁止された。出版界は、本の外側は規制の対象外という解釈のもと、表紙を錦絵《にしきえ》*のように豪華な多色摺*へと発展させる。一方で、中身にかかわる口絵*や挿絵では、黒でも色でもない薄墨を使った摺りで、雪や雨といった自然現象や、幽霊、妖怪といった異界の存在を描き出した。しかし、薄墨の工程は、後印本《こういんぼん》*では省略されてしまう場合がある。言い換えれば、薄墨は初版早印本《そういんぼん》*にある場合が多く、彫り*や摺りの技巧の素晴らしさが詰まった見どころということだ。規制をくぐり抜けた先の表現、そして儚い存在の薄墨の、「グレーな魅力」を堪能あれ。（有澤）

右・左上：『昔話稲妻表紙』神戸大学附属図書館蔵、中央：『善知安方忠義伝』専修大学図書館蔵、左下：『阿古義物語』関西大学図書館中村幸彦文庫蔵

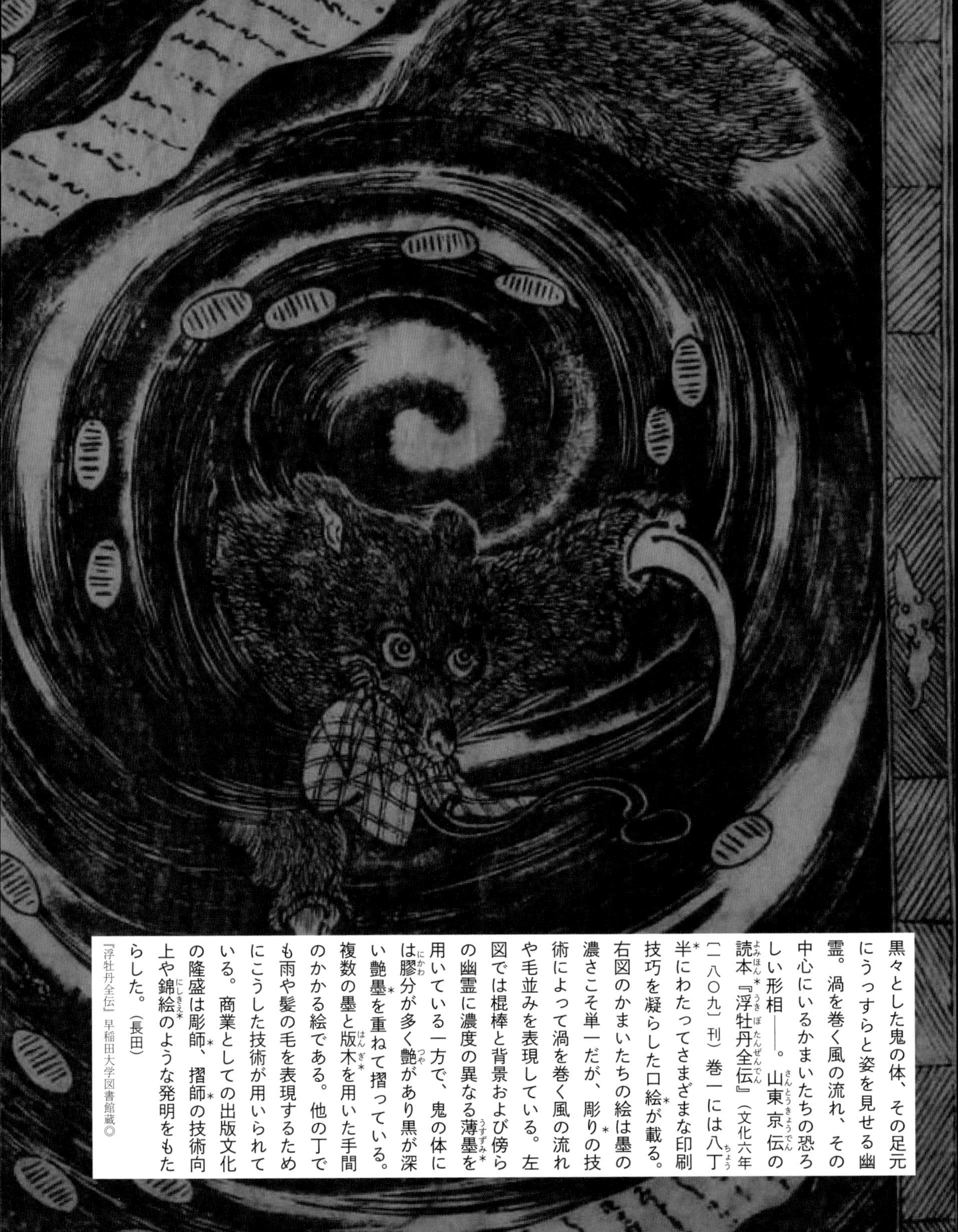

黒々とした鬼の体、その足元にうっすらと姿を見せる幽霊。渦を巻く風の流れ、その中心にいるかまいたちの恐ろしい形相——。山東京伝《さんとうきょうでん》の読本《よみほん》*『浮牡丹全伝《うきぼたんぜんでん》』（文化六年〔一八〇九〕刊）巻一には八丁《ちょう》*にわたってさまざまな印刷技巧を凝らした口絵*が載る。右図のかまいたちの絵は墨の濃さこそ単一だが、彫り*の技術によって渦を巻く風の流れや毛並みを表現している。左図では棍棒と背景および傍らの幽霊に濃度の異なる薄墨《うすずみ》*を用いている一方で、鬼の体には膠《にかわ》分が多く艶《つや》があり黒が深い艶墨*を重ねて摺っている。複数の墨と版木《はんぎ》*を用いた手間のかかる絵である。他の丁でも雨や髪の毛を表現するためにこうした技術が用いられている。商業としての出版文化の隆盛は彫師*、摺師*の技術向上や錦絵《にしきえ》*のような発明をもたらした。（長田）

『浮牡丹全伝』早稲田大学図書館蔵◎

墨を際立たせる彫りと摺り

北アメリカ中掟
増 北アメリカ
同 小軍船
和蘭ヲステンレイキ
同上
増補 イギリス
同上
同東印度 會儀役所
同上
同上
イギリス始テ火輪船ヲ用其時 船旗 蘭語ストームボート
イスパニヤ軍船
同ウハフ
同上
同客商
爪哇國咬𠺕吧旗
同上
同ペルシヤ地方
同満剌甸旗
同バタヒヤ
同ヤバラ
暹羅國旗
寧波國
同上
莫臥爾國旗
琵牛國旗
同上

幕末の人々が見た、色とりどりの「世界」。

所狭しとひるがえるこの旗たち、嘉永七年（一八五四）刊行の『万国《ばんこく》船《はく》旗《き》図《ず》譜《ふ》』掲載のものである。現代でもおなじみの旗もあれば、まったく見覚えのないものもあるが、書中では、すべての旗に国名が明記されているので、国文学研究資料館*の国書データベース*を、ぜひのぞいてみてほしい。実にカラフルな、意匠の凝らされたデザインの旗たちは見ていて飽きないのであるが、実はこの本、見《み》返《かえ》し*部分に「官許《かんきょ》」の刻印があり、幕府の名のもとに不老館《ふろうかん》という版元《はんもと》*から刊行されたものである。本書出版の前年には浦賀沖にペリーが来航、他にも諸外国が日本の港に来航し始めていた時期で、遠くに見える船に掲げられる旗を識別する必要に迫られていたらしい。（速水）

『万国船旗図譜』筑波大学附属図書館蔵◎

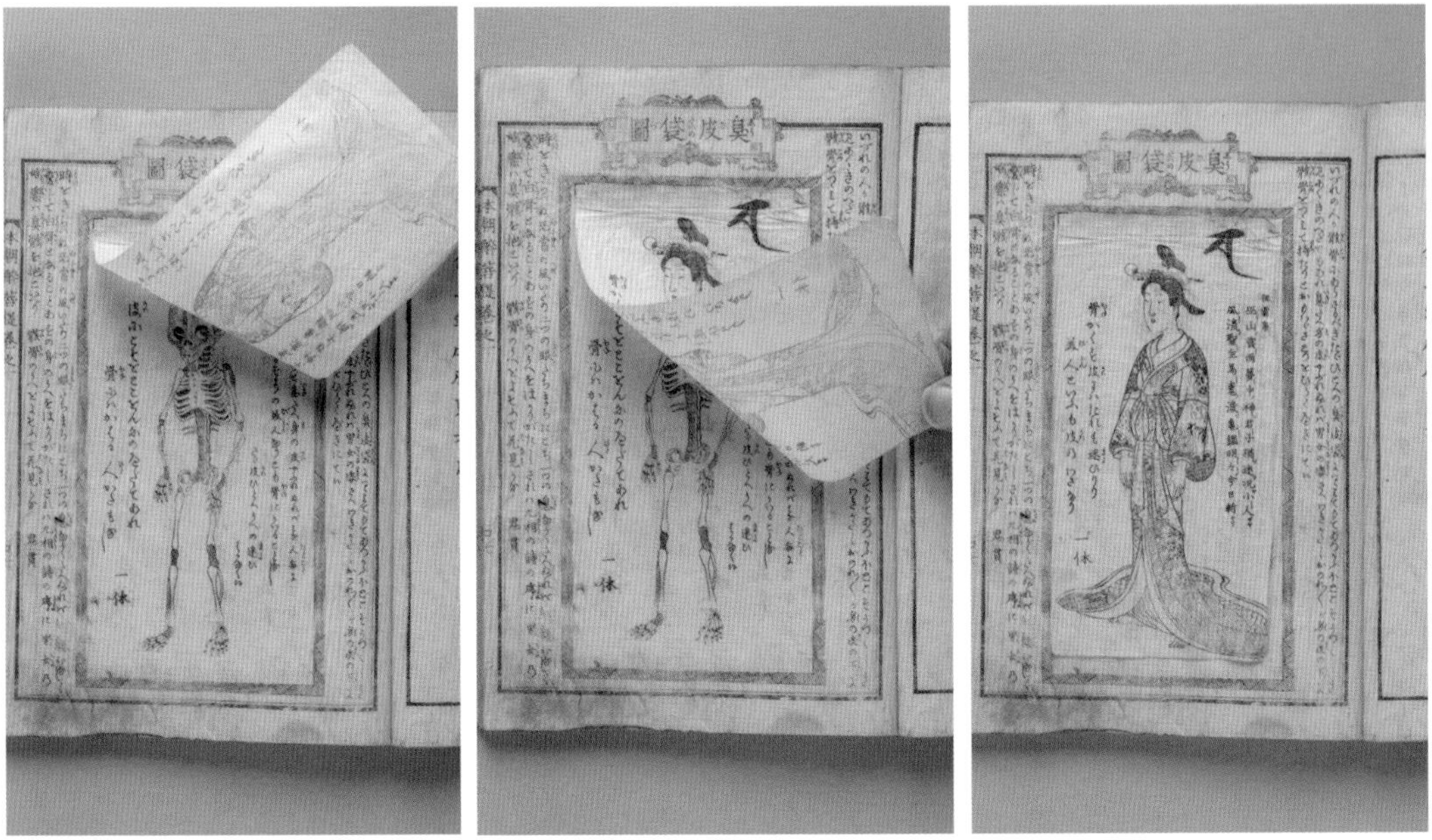

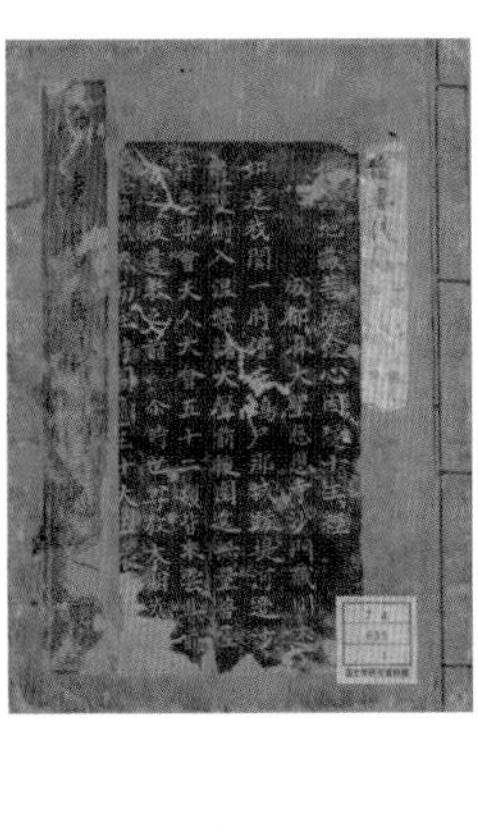

佇《たたず》む美人。その絵を捲《まく》り上げると、リアルな骸骨が立っている——。一休《いっきゅう》禅師の一代記を大枠とした山東《さんとう》京伝《きょうでん》の読本《よみほん》*『本朝酔菩提全伝《ほんちょうすいぼだいぜんでん》』（文化六年〔一八〇九〕刊）のテーマのひとつは、人は皆白骨を包む皮袋であり、死を抱えて生きているのだという仏教的無常観。野晒《のざらし》にされた人間の屍《しかばね》が時の推移に従って朽ち果ててゆく様を九段階に分け、その様を詠んだ「九相詩」の影響が色濃く見られ、女性の絵にも詩の一節と「臭皮袋図《しゅうひたいのづ》」の文字が添えられる。しかし口絵*に仕掛けたこの工夫は、徐々に朽ちゆく様を描くというよりは、その唐突さ・鮮やかさで見る人をぎょっとさせる。作中には、障子の向こうで踊り騒ぐ人々が骸骨に見えるという場面もあり、人間の生死が紙一重であることを体感的に示している。（有澤）

『本朝酔菩提全伝』国文学研究資料館蔵◎

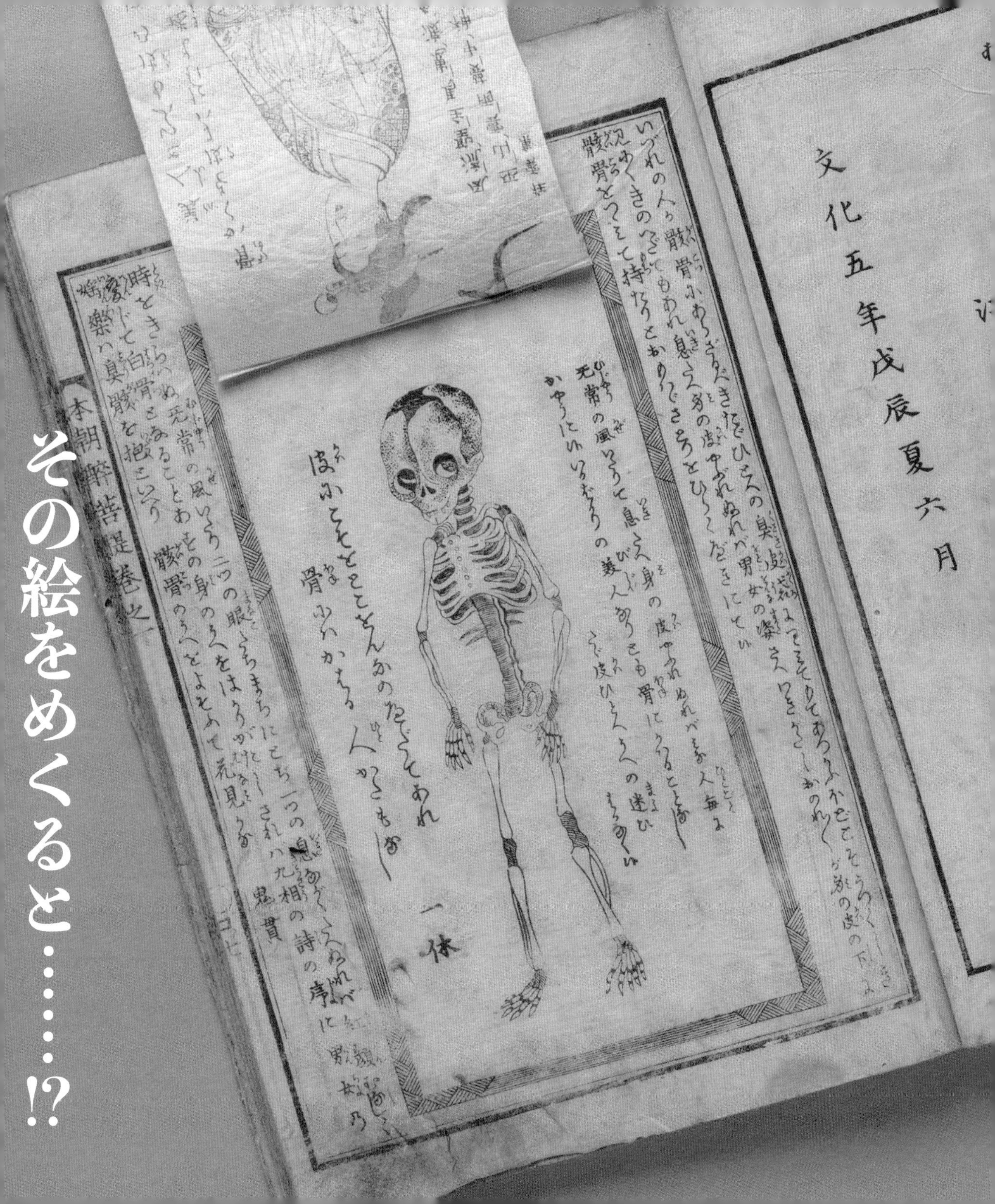

その絵をめくると……!?

冊子で味わう、一枚の芸術。

「画帖《がじょう》」と呼ばれる製本様式がある。一枚の印刷面を二つ折り見開きの状態にして、裏面を隣接する頁に貼り付けるというもの。あなたは現代のコミックなどで、せっかくのキャラクターの見開きアップが綴《と》じ代《しろ》のせいで台無しになっているシーンを見かけたことはないだろうか。絵画を鑑賞するには、現物を手にするか、一枚摺《いちまいずり》＊や冊子になった印刷物を見るのが一般的な方法だろう。しかし冊子の場合、見開きで絵を載せたくても、綴じ代付近にスペースがあいたり、絵が巻き込まれてしまうことがある。ここにちりばめたのは、すべて画帖に仕立てられた木版《もくはん》絵《え》たち。美しい色合いと構図とを、綴じ代に邪魔されることなく、見開きでじっくりと鑑賞いただきたい。（速水）

左上：『狂歌百千鳥』、ほか：『光琳画譜』ともに国文学研究資料館蔵

日光
鳳鳴閣
福象亭玉雄

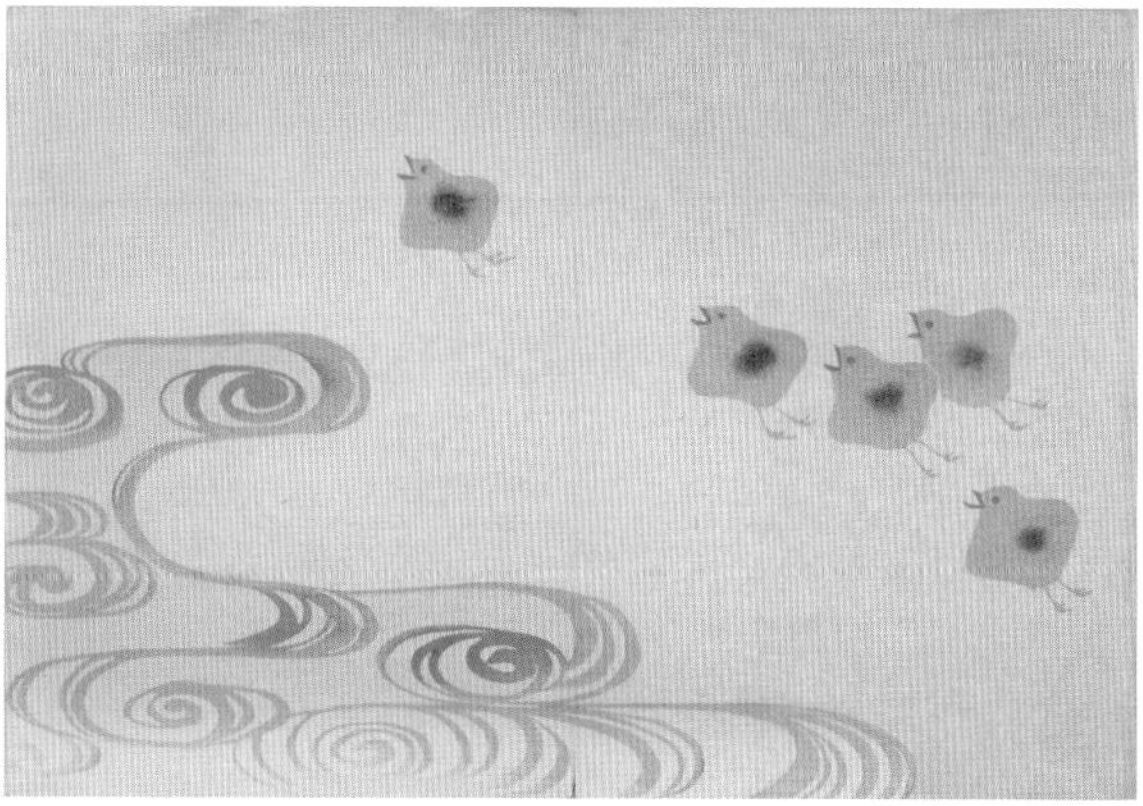

たとえ筆と墨が無くとも……!

読書はもちろん、筆記も許されない牢舎《ろうしゃ》にあって、あまたの著述をなした人がいる。平野国臣《ひらのくにおみ》（一八二八―一八六四）――。西郷隆盛とも関係の深い幕末の志士だ。国臣はちり紙を指でひねって作ったこよりと飯粒の糊を使って、一文字ずつ文字を作っていった（肖像画はその作業をしている姿）。作成したのは、和歌・漢詩・備忘録・論文などなど。総文字数は約三万余字にものぼるという。ここに紹介するのは二首の和歌である。一首目の和歌「ひめみこ（姫御子）のなみだ（涙）の露やひるまなくよはとこやみ（常闇）というべかるらん」の「姫御子」とは孝明《こうめい》天皇の妹・和宮《かずのみや》（一八四六―一八七七）のこと。和宮が幕府の要請によって将軍徳川家茂《いえもち》のもとへ降嫁された一件は、尊皇攘夷《そんのうじょうい》派の志士たちの激しい怒りを買った。多大な時間と労力を費やして作られたこより文字は、ひたすら皇室を思う国臣の執念と激情を伝えて止まない。（天野）

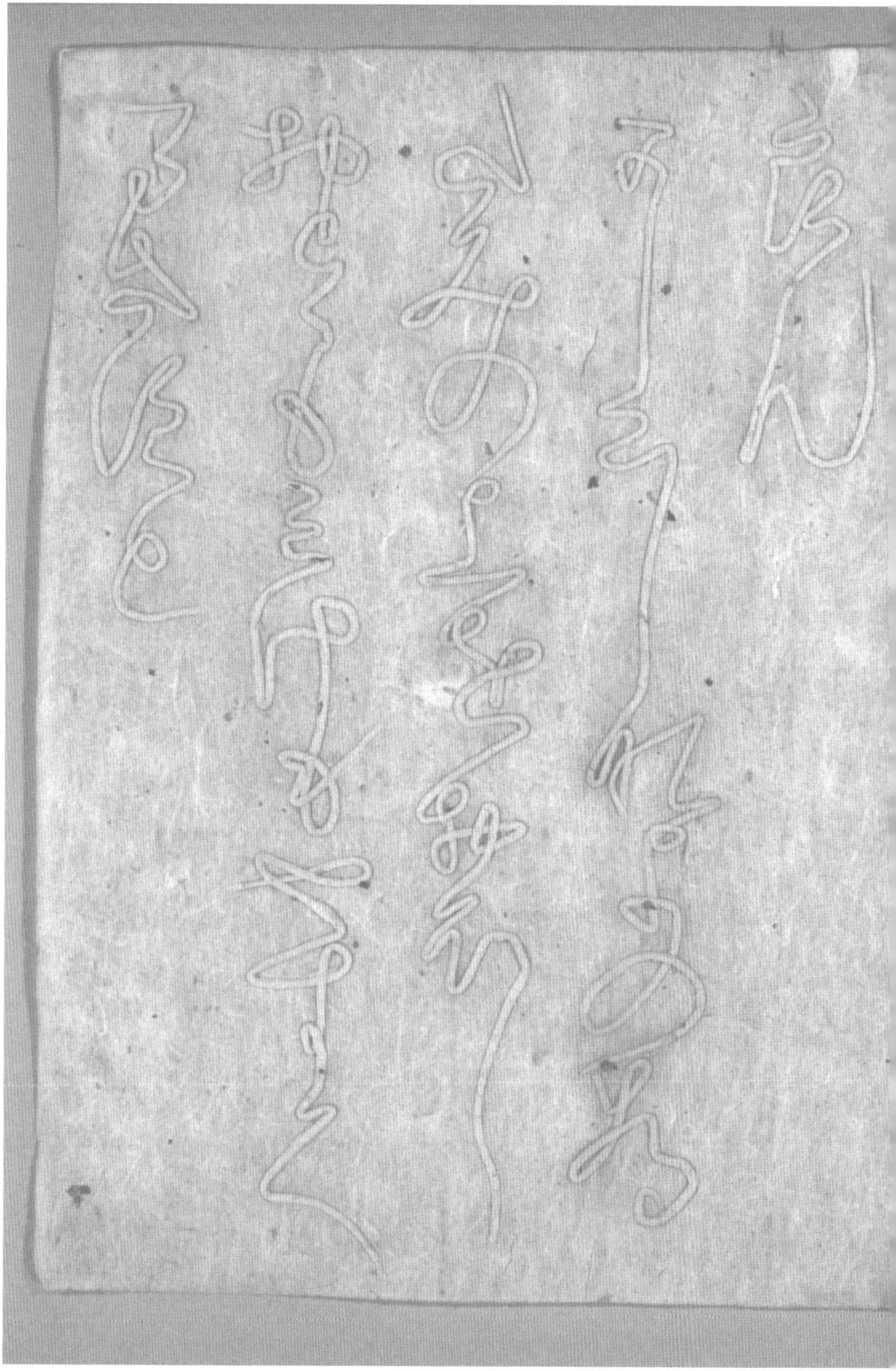

右：『平野国臣像』◎、左：『平野国臣紙撚文書』ともに京都大学附属図書館蔵

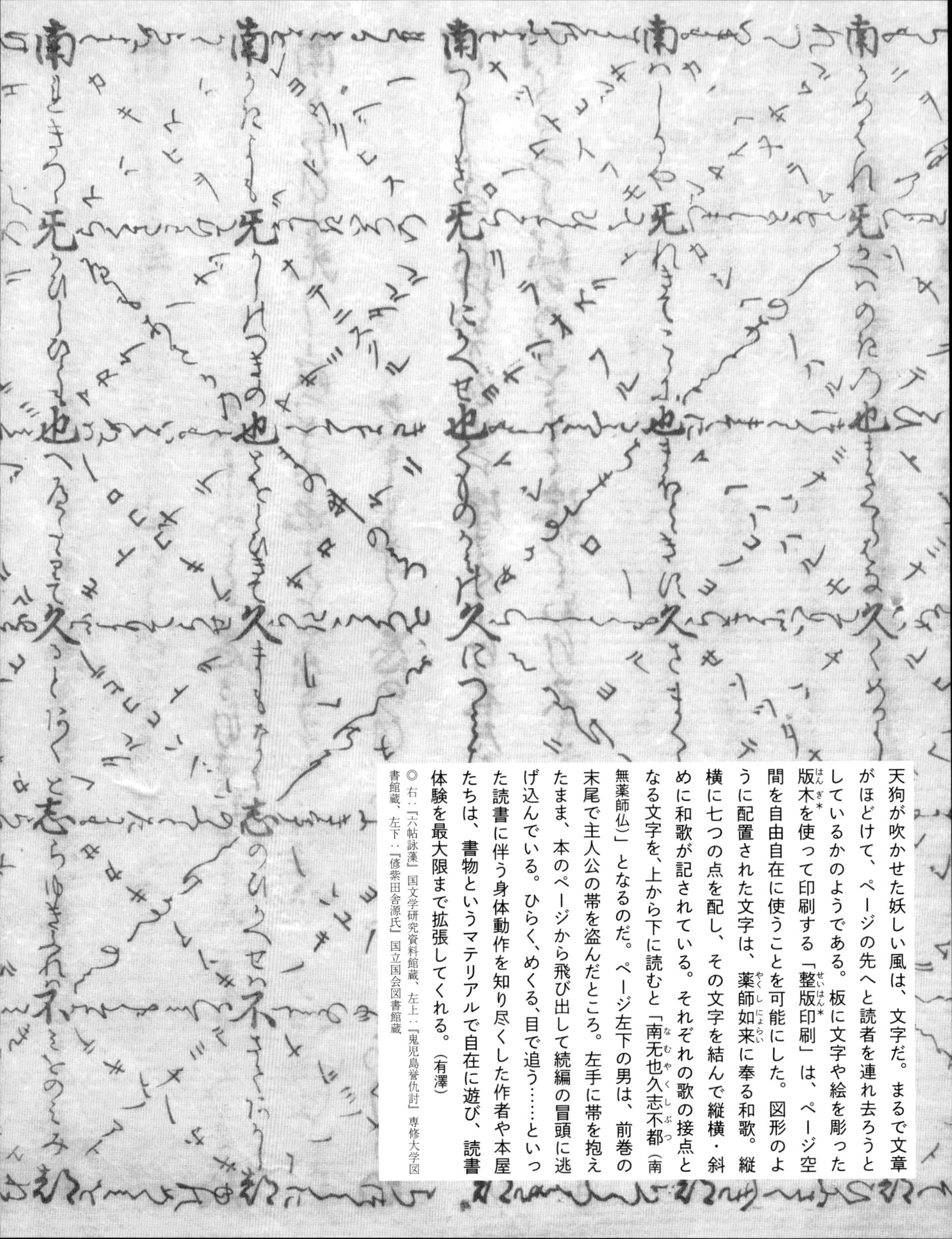

天狗が吹かせた妖しい風は、文字だ。まるで文章がほどけて、ページの先へと読者を連れ去ろうとしているかのようである。板に文字や絵を彫った版木《はんぎ》*を使って印刷する「整版《せいはん》*印刷」は、ページ空間を自由自在に使うことを可能にした。図形のように配置された文字は、薬師如来《やくしにょらい》に奉る和歌。縦横に七つの点を配し、その文字を結んで縦横・斜めに和歌が記されている。それぞれの歌の接点となる文字を、上から下に読むと「南无也久志不都《なむやくしぶつ》（南無薬師仏）」となるのだ。ページ左下の男は、前巻の末尾で主人公の帯を盗んだところ。左手に帯を抱えたまま、本のページから飛び出して続編の冒頭に逃げ込んでいる。ひらく、めくる、目で追う……といった読書に伴う身体動作を知り尽くした作者や本屋たちは、書物というマテリアルで自在に遊び、読書体験を最大限まで拡張してくれる。（有澤）

◎右：『六帖詠藻』国文学研究資料館蔵、左上：『鬼児島誉仇討』専修大学図書館蔵、左下：『偐紫田舎源氏』国立国会図書館蔵

まるでAR（拡張現実）

不自然な空白の理由《わけ》――「アウト！」は六十年後

元禄七年（一六九四）、『万宝全書《ばんぽうぜんしょ》』全十三巻が刊行された。刀剣や古《こ》銭《せん》、古筆《こひつ》＊、茶道具など、多岐にわたる美術品や骨董品の情報が盛り込まれた本書はよく売れたらしく、何度も刷り増しが行われたことが知られる。画像は初印《しょいん》＊にあたる元禄七年版と、約六十年後の宝暦五年（一七五五）の後印《こういん》、いずれも第五巻「古筆手鑑目録」の三十六丁《ちょう》＊目裏であるが、宝暦五年の方に、二行分の情報が削除された空白があることがわかる。実はこの二行、初印では、家康の手跡と秀忠の手跡は、ともに相場金五両と記されていたのである。江戸時代当時、幕府、とりわけ将軍家に関する情報の出版物掲載は厳しく制限されており、ましてやその古筆の値段を掲載するとは恐れ多くけしからぬこととされ、版元《はんもと》＊は御叱《おしかり》＊、当該部分を削除する措置が取られたのであった。もっとも、この二行を公儀《こうぎ》が知るところとなったのは、初印から約六十年後のことであったのだが……。（速水）

背景：『御成敗式目絵鈔』北海道大学附属図書館蔵◎

①元禄七年版

（家康）
（秀忠）

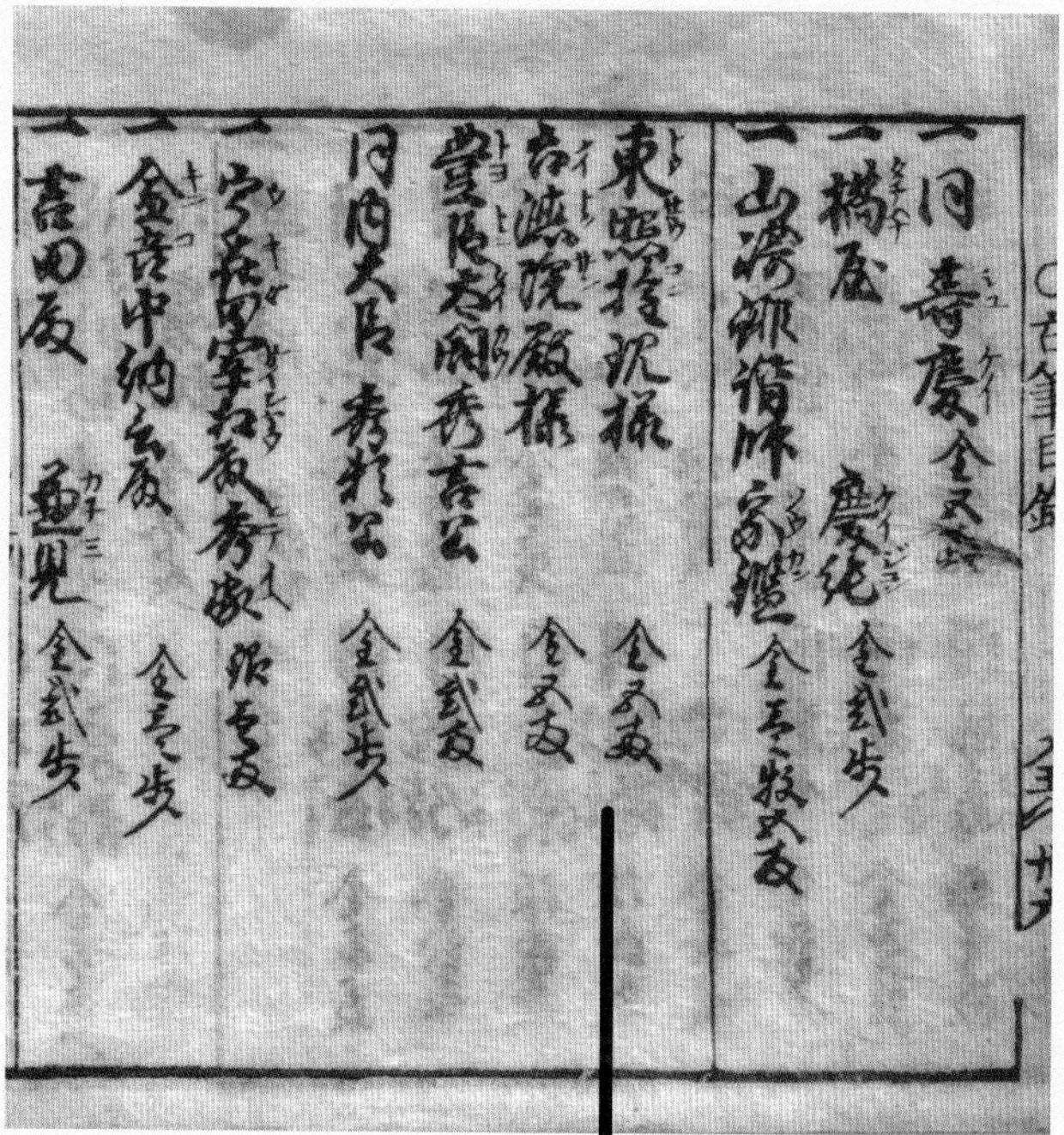

万宝全書（元禄七年版）北海道大学附属図書館蔵◎

②宝暦五年版

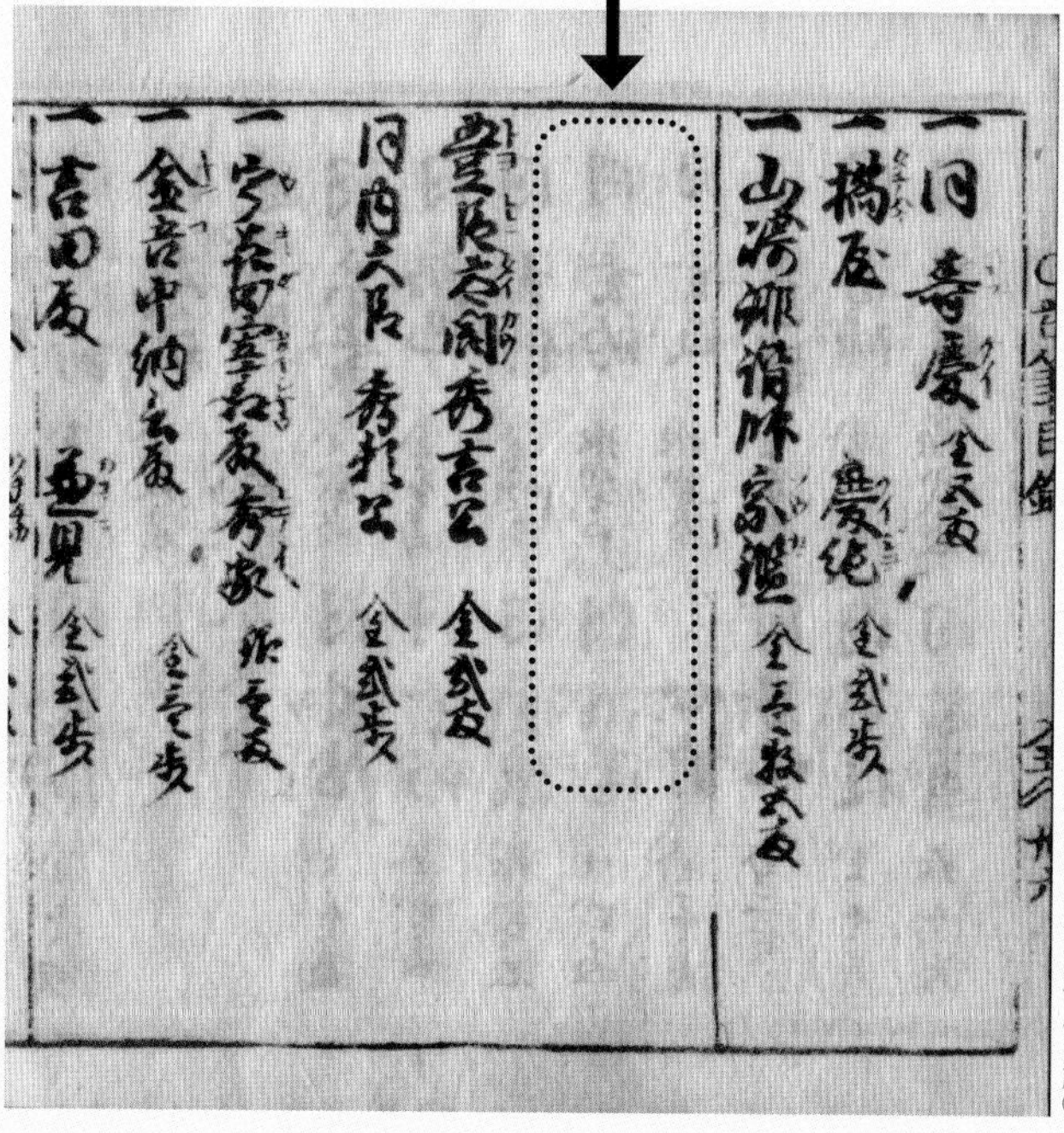

万宝全書（宝暦五年後印）個人蔵◎

Thema » 書き入れる

生々しい思考の痕跡

印刷された本にびっしりと書き入れられた細かい文字――。ここに紹介するのは、慶長十五年（一六一〇）に出版された古活字《こかつじ》版《ばん》*の『伊勢物語』第二十一段である（右側の挿絵は第二十段のもの）。相思相愛の男女が、ふとしたことで別居するという話なのだが、出て行ったのが男か女かで解釈が分かれる段だ。書き入れの主は国学者・村田春海《むらたはるみ》*（一七四六―一八一一）。賀茂《かもの》真淵《まぶち》*（一六九七―一七六九）の高弟である。春海には『伊勢物語』についてのまとまった著述はないが、書き入れを子細に見てゆくことで、春海による『伊勢物語』解釈を追体験することができる。江戸時代の学者の旧蔵書*には、こうした書き入れ本が少なくない。（天野）

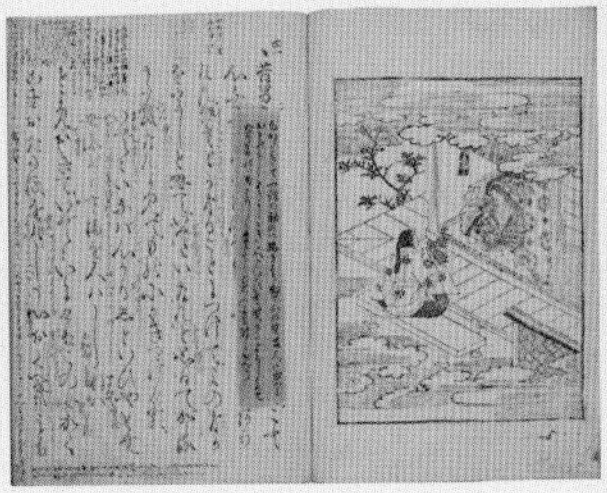

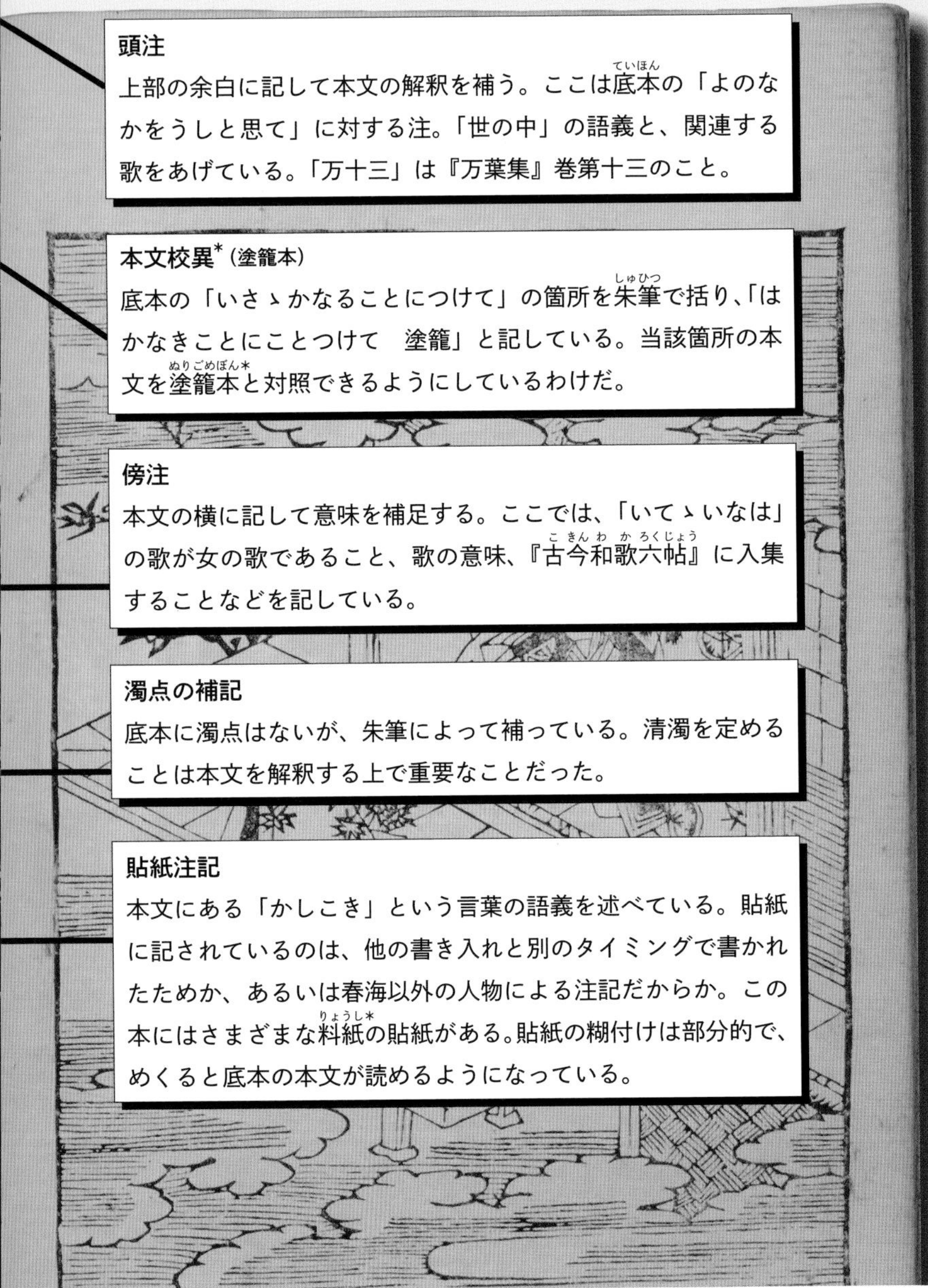

頭注

上部の余白に記して本文の解釈を補う。ここは底本《ていほん》の「よのなかをうしと思て」に対する注。「世の中」の語義と、関連する歌をあげている。「万十三」は『万葉集』巻第十三のこと。

本文校異*（塗籠本）

底本の「いさゝかなることにつけて」の箇所を朱筆《しゅひつ》で括り、「はかなきことにことつけて　塗籠」と記している。当該箇所の本文を塗籠本《ぬりごめぼん》*と対照できるようにしているわけだ。

傍注

本文の横に記して意味を補足する。ここでは、「いてゝいなは」の歌が女の歌であること、歌の意味、『古今和歌六帖《こきんわかろくじょう》』に入集することなどを記している。

濁点の補記

底本に濁点はないが、朱筆によって補っている。清濁を定めることは本文を解釈する上で重要なことだった。

貼紙注記

本文にある「かしこき」という言葉の語義を述べている。貼紙に記されているのは、他の書き入れと別のタイミングで書かれたためか、あるいは春海以外の人物による注記だからか。この本にはさまざまな料紙《りょうし》*の貼紙がある。貼紙の糊付けは部分的で、めくると底本の本文が読めるようになっている。

『伊勢物語』国立国会図書館蔵

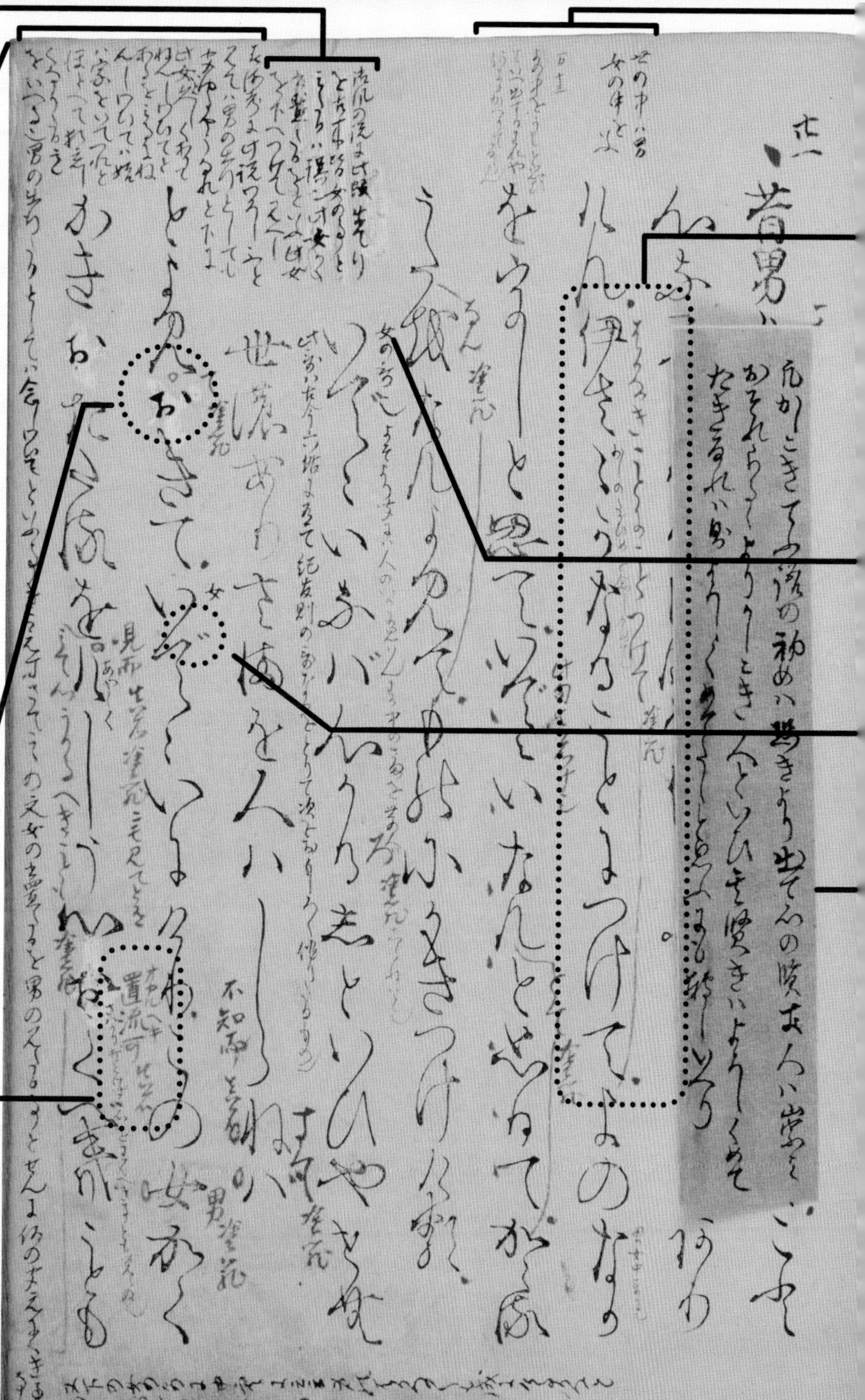

余白書き入れ（他説）
「御風の説に」以下、荷田御風《かだののりかぜ》の説をあげる。御風によると、出て行ったのは女ではなく男の方だという。

余白書き入れ（自説）
「春海考に」以下、御風の説から一字ほど上げて、御風の説に対する反論を述べる。本文に、この後、女が堪えきれずに歌を送ったという記述があることから、やはり出て行ったのは女であると主張する。当初考えていたよりも文字数が多くなったのだろう、だんだんと窮屈な書きぶりになっている。

本文改訂
底本では「を」とあったのを胡粉《ごふん》*で白塗りした上から「お」に訂正している。「置く」を「おく」と表記するのは契沖《けいちゅう》が明らかにした歴史的仮名遣い。本文訂正には、底本の表記を残したまま行う「見《み》せ消《け》ち」という方法もある。

本文校異（真名本）
底本の「おくへき」の箇所の横に朱筆で「置流可（オカルヘキ）　真名」と記す。当該箇所の本文を真名本《まなぼん》*と対照できるようにしている。

余白書き入れ（自説の続き）
自説を書くスペースがとうとうなくなってしまったために、下部の余白に横倒しで記している。

微妙だけど確かに違う この復元を見よ

②

内閣秘伝字府（正徳二年版）個人蔵◎

①

内閣秘伝字府（寛文四年版）個人蔵◎

ここで、図版①と②に注目いただきたい。①は寛文四年（一六六四）に京都の版元《はんもと》＊・栗山宇兵衛《くりやまうへえ》から、②は正徳二年（一七一二）に江戸の版元・万屋清兵衛《よろずやせいべえ》から出されたものである。一見、同じように見える両書だが、「はね」や「はらい」、あるいは解説文などをよく見ると、微妙に印刷面が違ってることにお気づきいただけるだろう。売れ筋の出版物は、何度も印刷されることから原版《げんばん》となる版木《はんぎ》＊が傷み、そのような場合はしばしば精巧な復刻版が作られた。さらには、この高い技術に支えられた再現力を利用し、本物そっくりの海賊版（当時は重版《じゅうはん》＊といった）が作られることもあり、元版《もとはん》を所有する版元を悩ませていたのである。（速水）

①

内閣秘伝字府（寛文四年版） 個人蔵◎

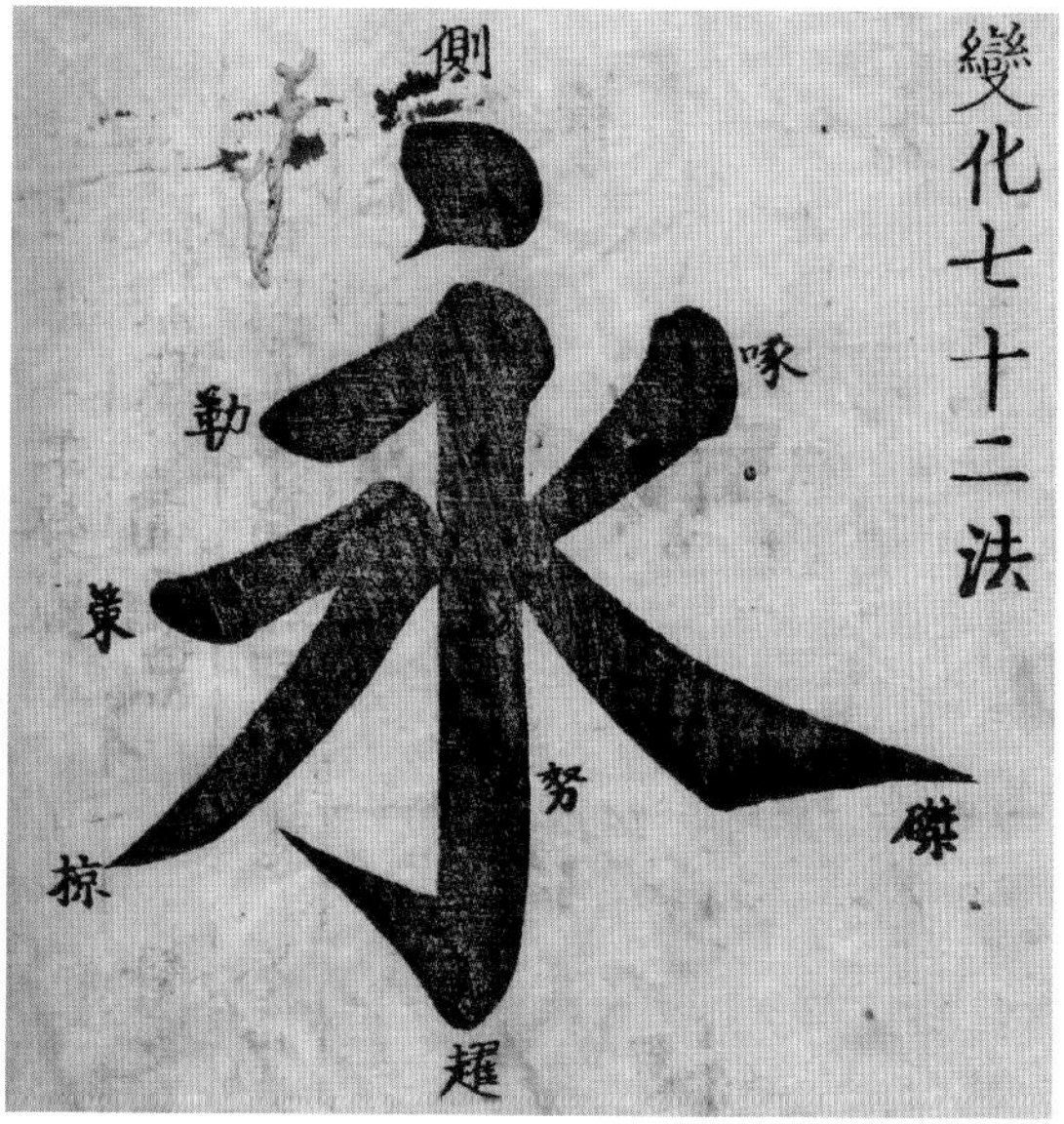

②

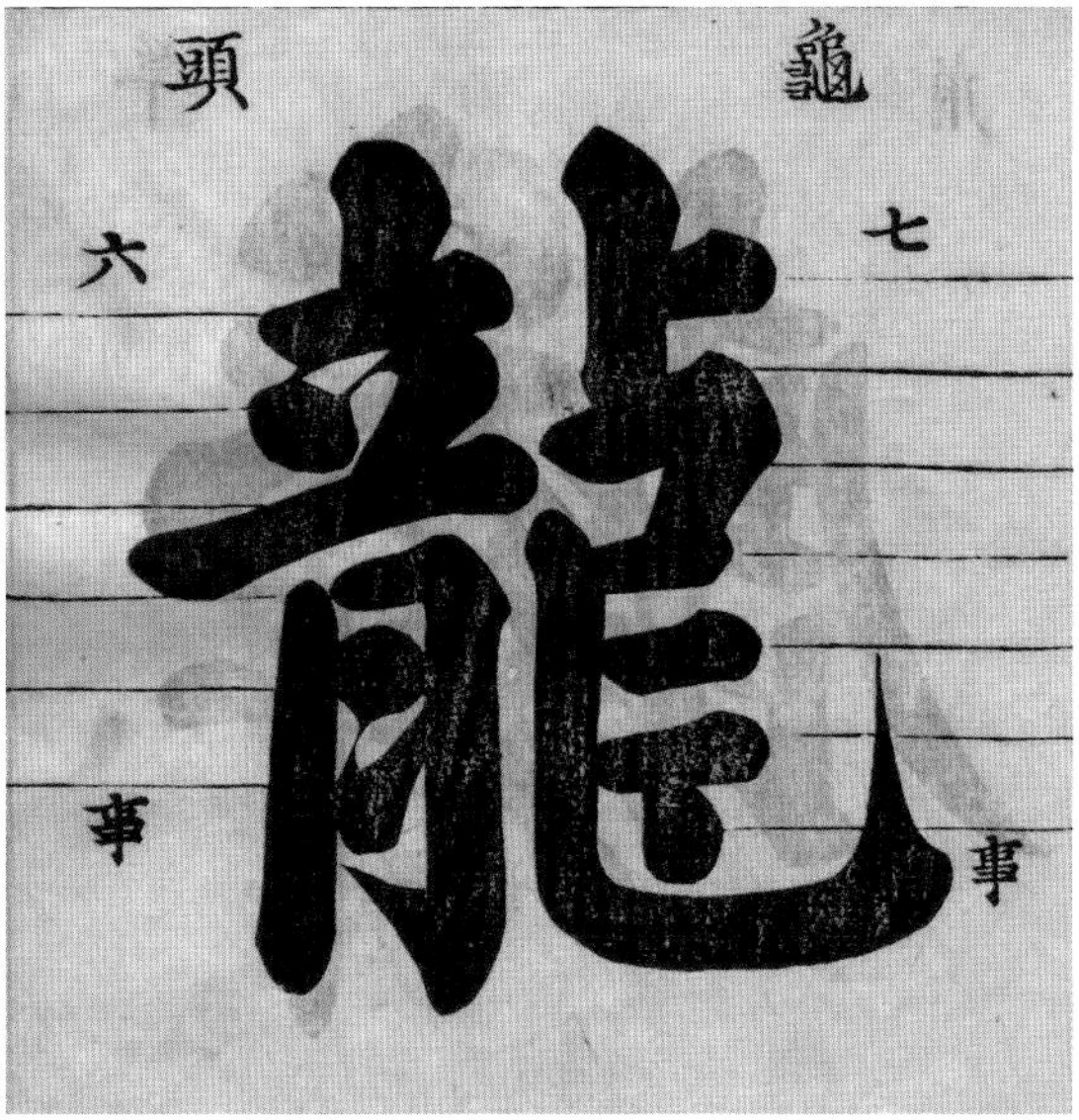

内閣秘伝字府（正徳二年版） 個人蔵◎

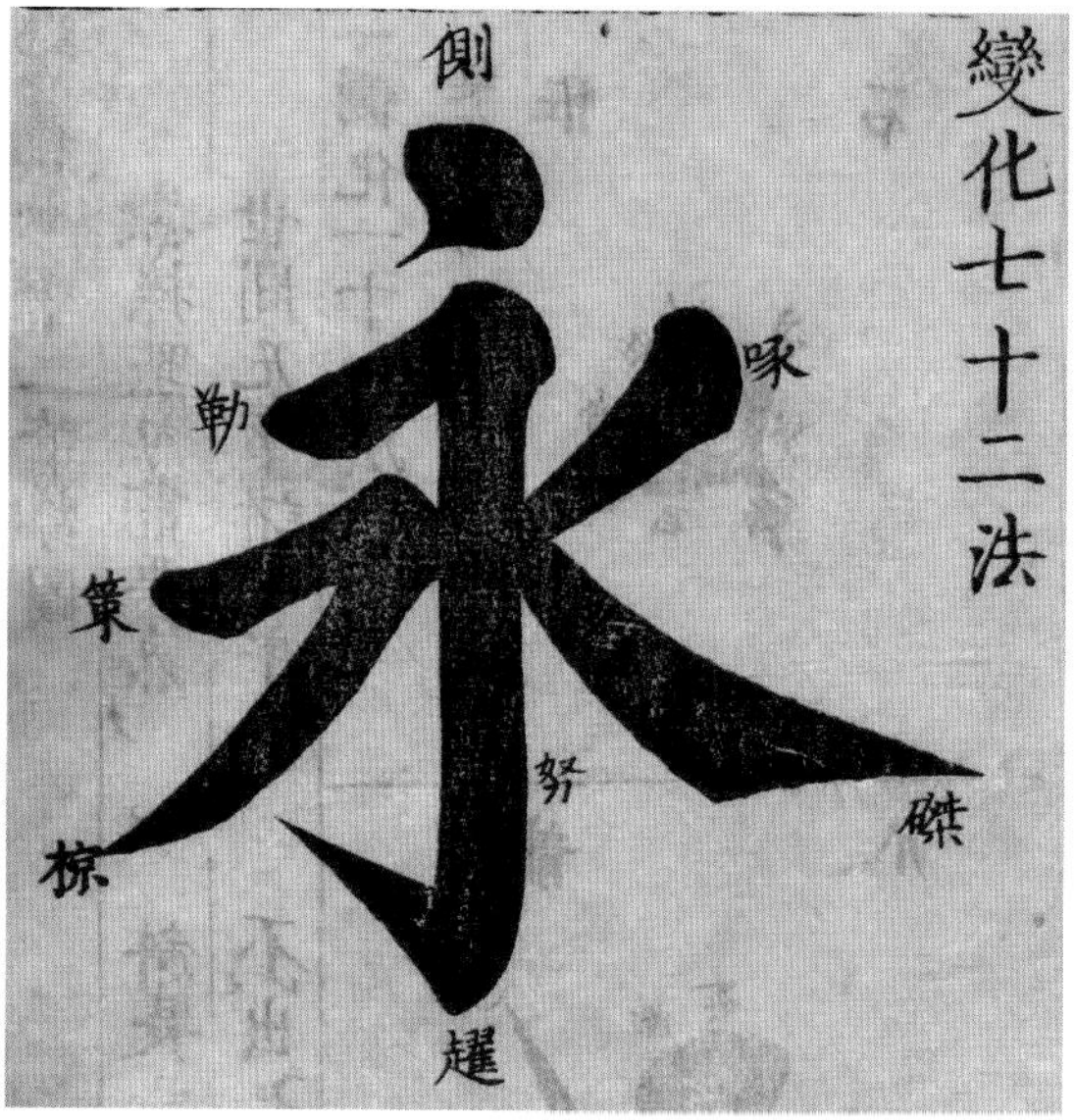

①

②

①『改算記大成』

元禄六年版

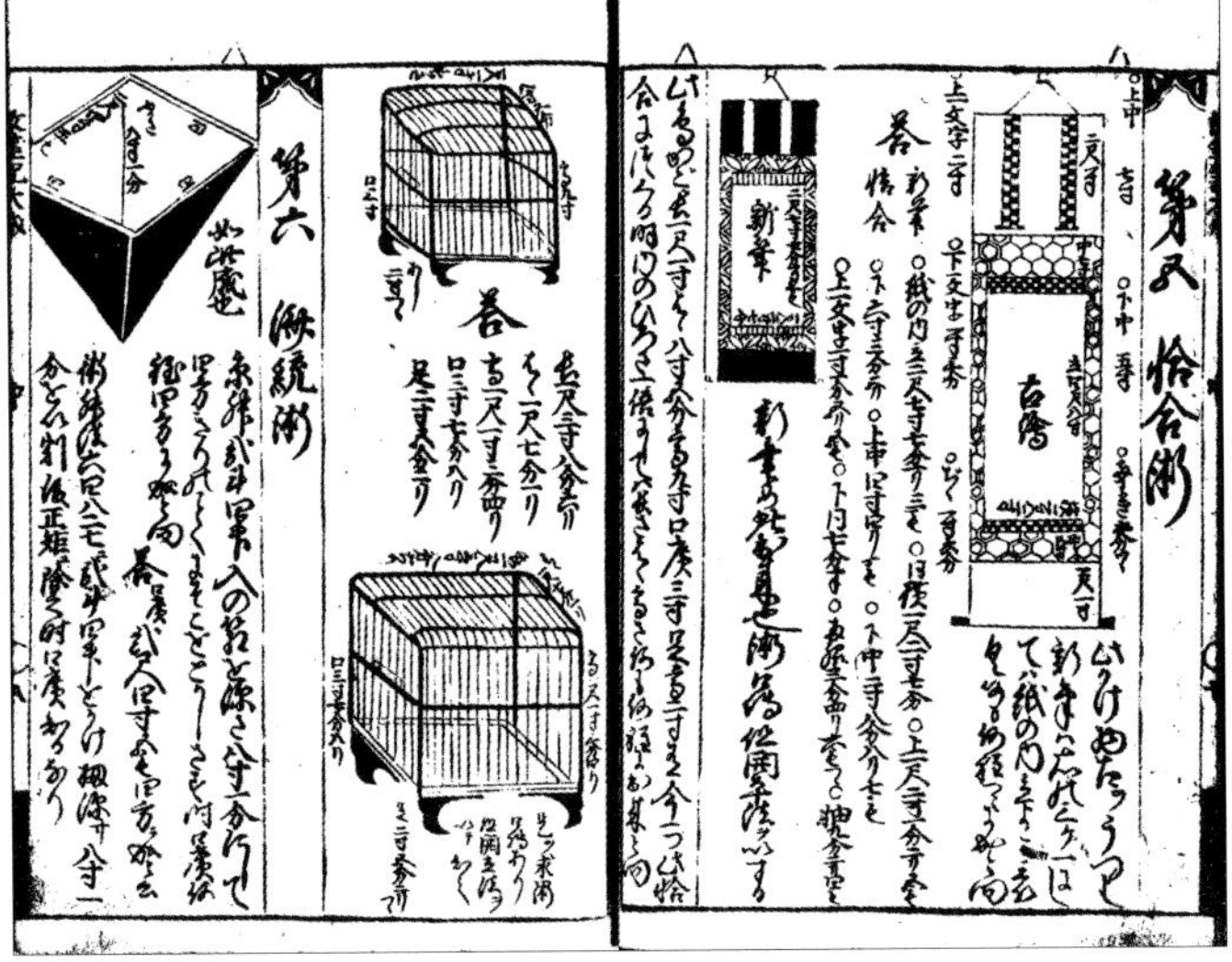

元禄十三年版

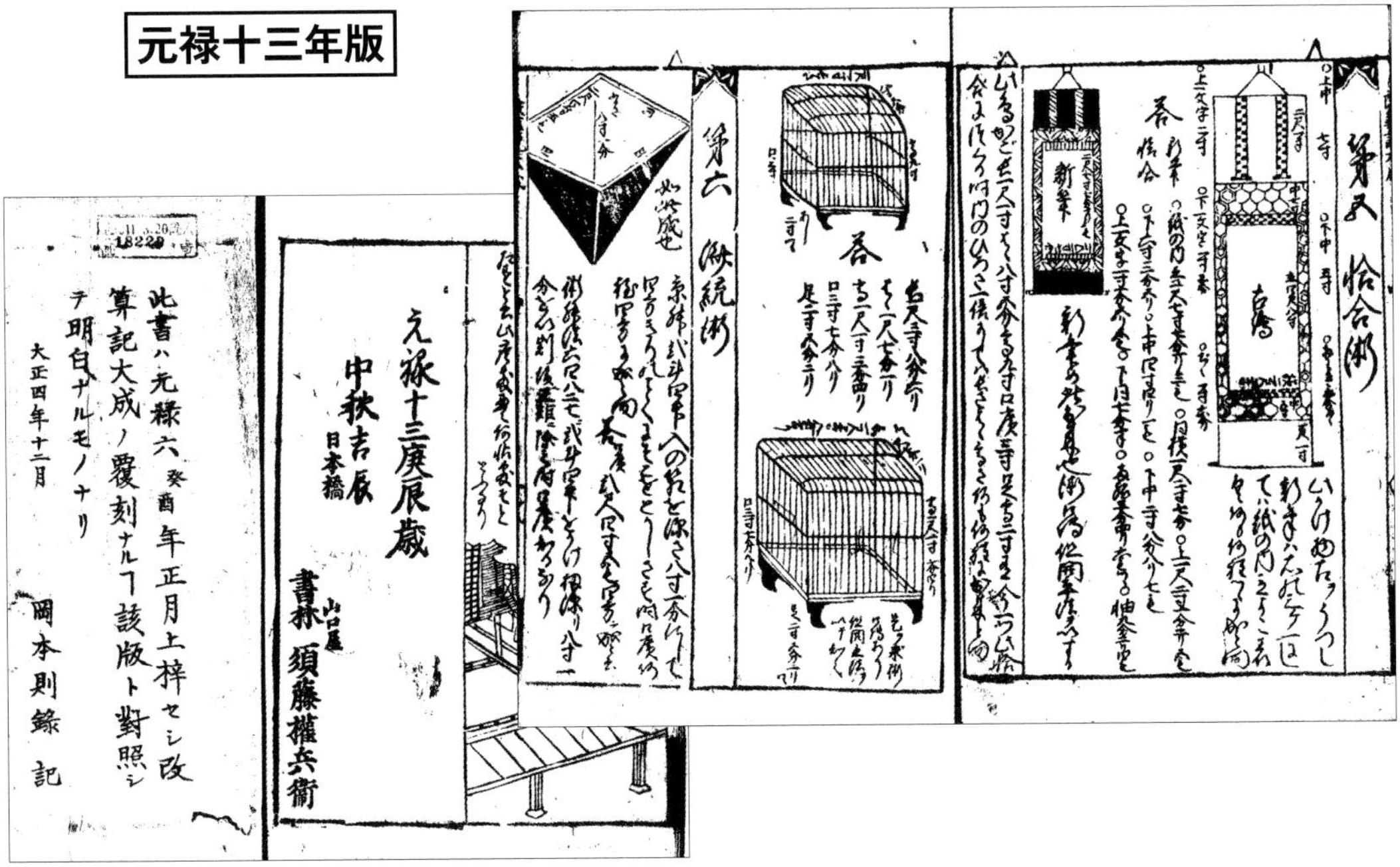

違いに気づいた学者たち

②『伊勢物語』

木下甚右衛門版

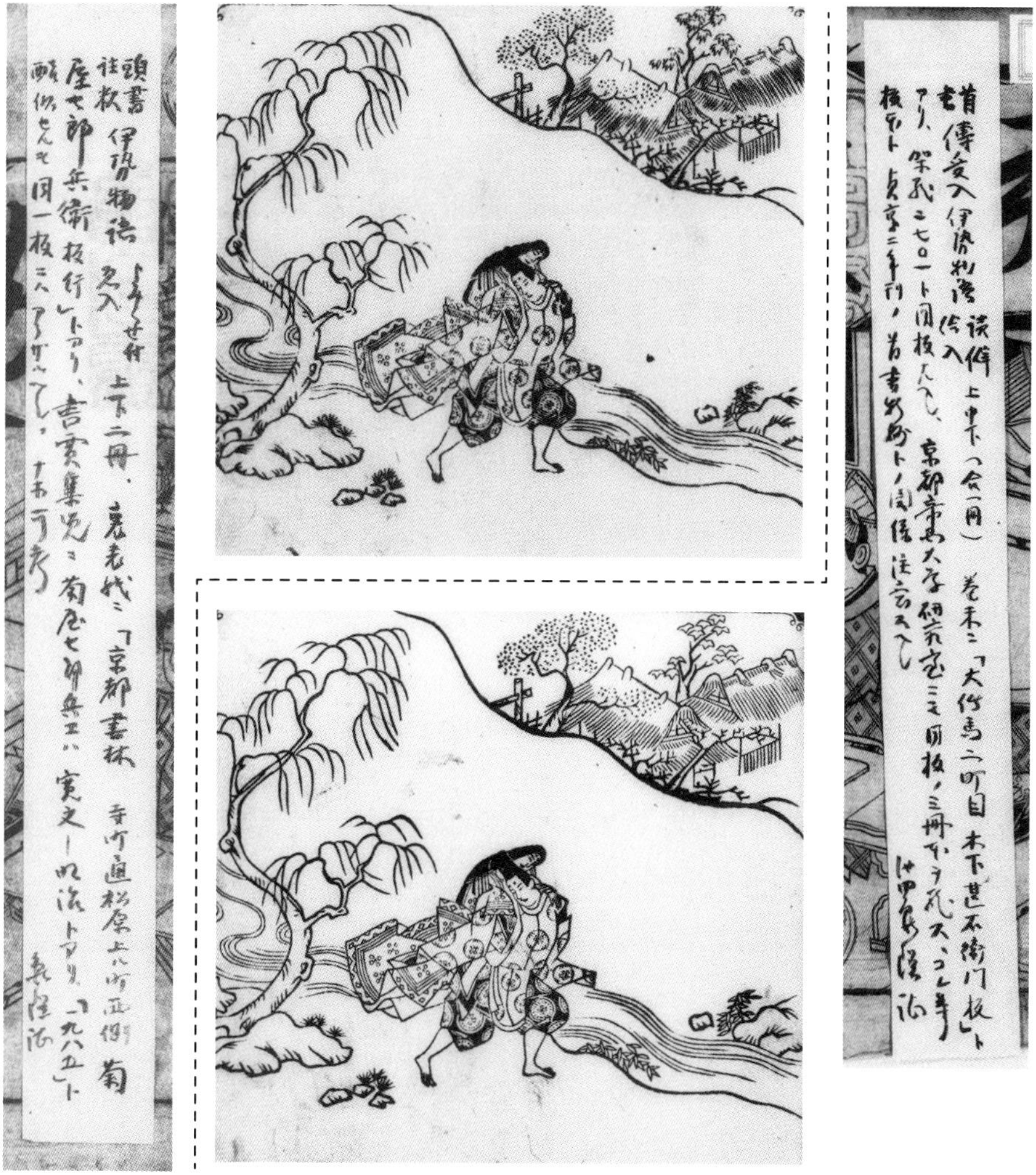

菊屋七郎兵衛版

前頁で紹介した、隣り合わせにして突き合わせでもしなければ《違う》ということにさえ気づけない、そっくりな本が、特に近世前期にはしばしば作られた。そんな《違い》に気づく学者の慧眼《けいがん》ぶりを今日に伝えるメモが和本*に残されていることがある。まず①は東北大学附属図書館所蔵の和算書*『改算《かいさん》記大成《きたいせい》』二点。帝国学士院の会員であった岡本則録《おかもとのりぶみ》の旧蔵書*であるが、「元禄十三年」と年記がある方の本が、「此書ハ元禄六癸酉年正月上梓*セシ改算記ノ覆刻*ナル事該版ト対照シテ明白ナルモノナリ」、つまり覆製されたものと見抜いている。②は東京都立中央図書館所蔵『伊勢物語』二点。両書とも、古典文学研究の泰斗・池田亀鑑《いけだきかん》（一八九六—一九五六）の旧蔵書である。ほとんど同じように映る両書を、「酷似セんモ同一板ニハアラザルヘシ」と版面の《違い》を見極めている。刊年の異なる当該書を複数所蔵していたからこそなせる技でもあるだろう。（速水）

①『改算記大成』（上：岡本刊067／下：岡本刊079）東北大学附属図書館蔵、②『伊勢物語』（右：首書／伝授入／伊勢物語／読併絵入／左：頭書注釈／伊勢物語／よみくせ付ゑ入）東京都立中央図書館特別買上文庫蔵◎

古典籍に捺された所蔵者たちの痕跡

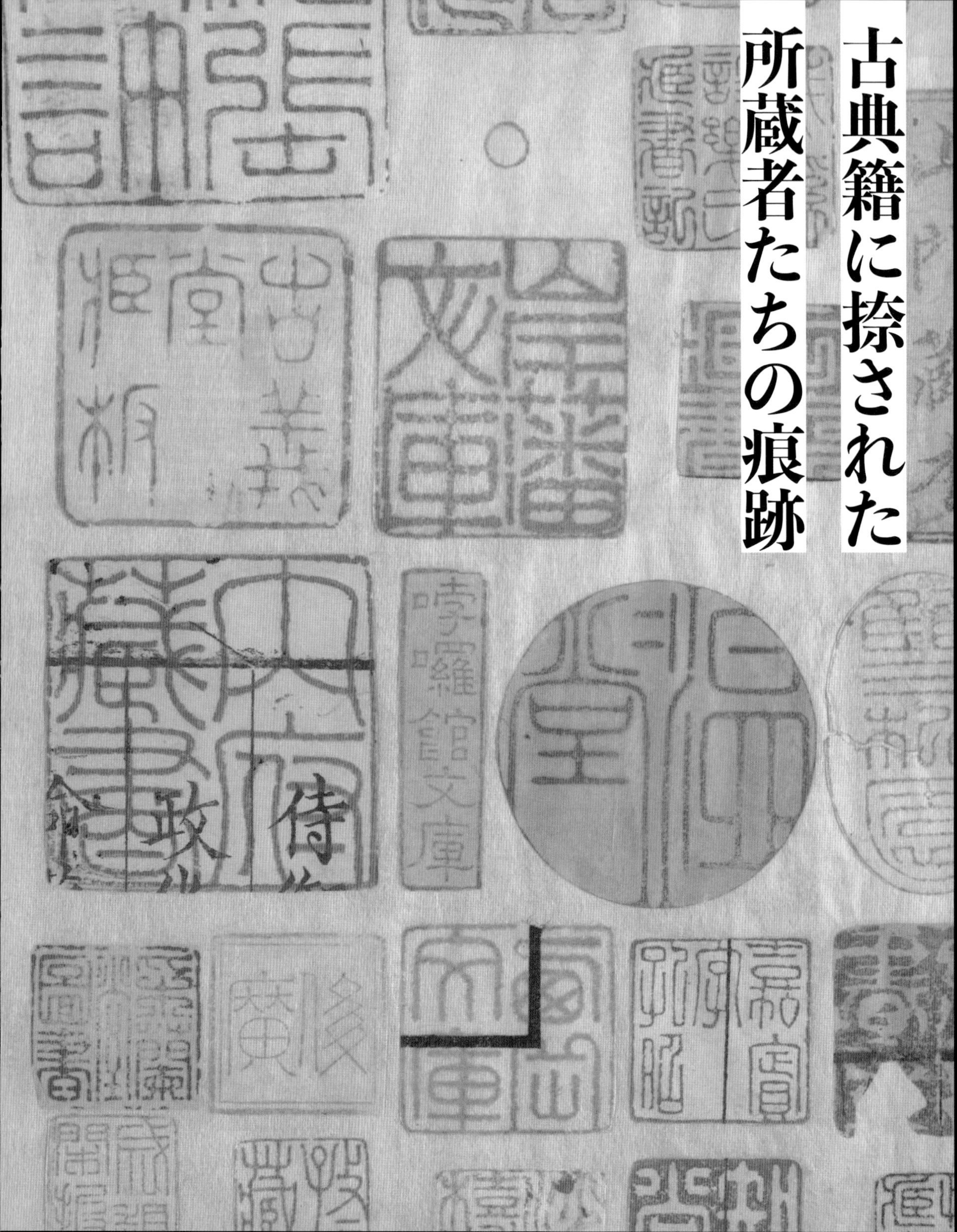

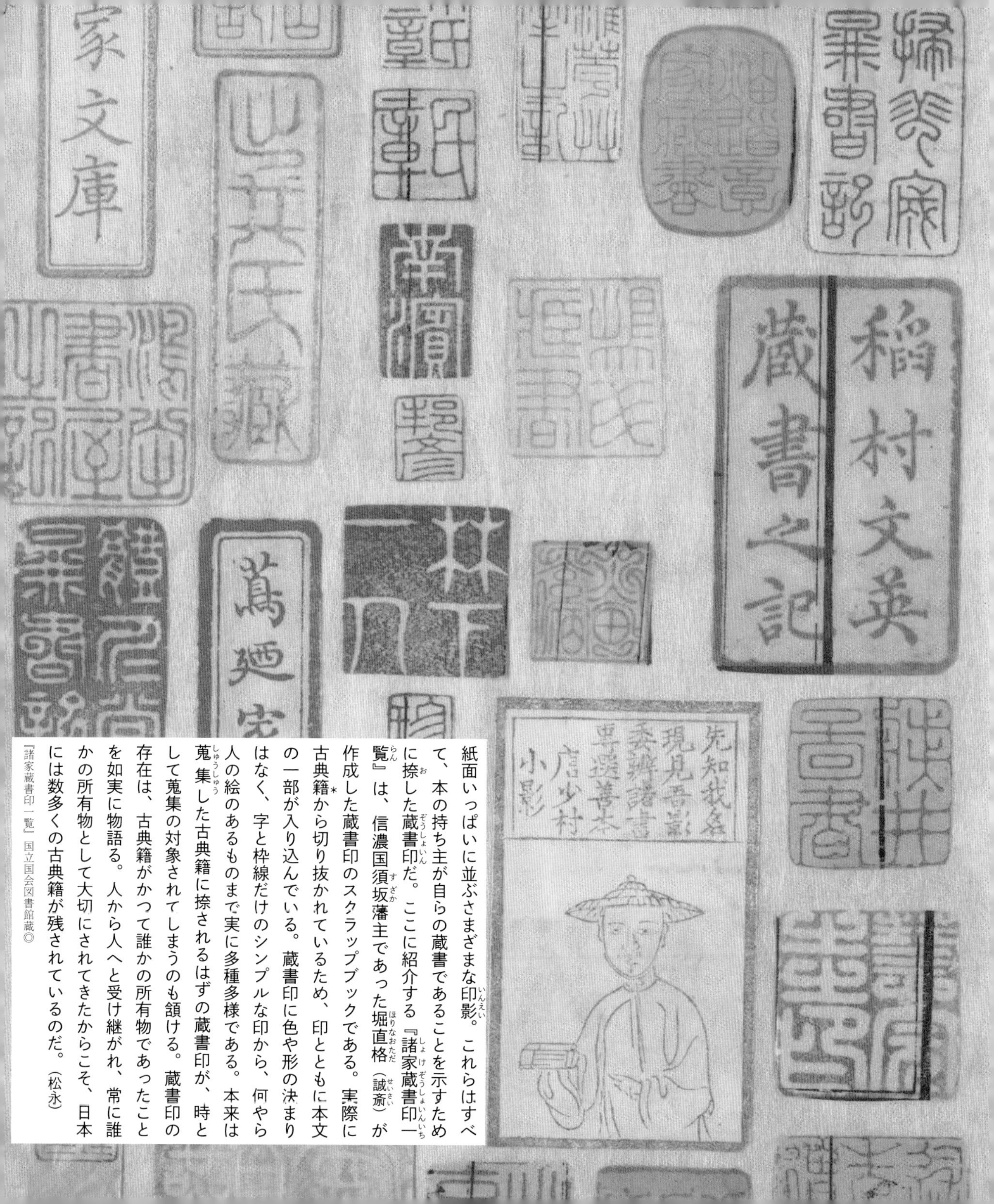

紙面いっぱいに並ぶさまざまな印影《いんえい》。これらはすべて、本の持ち主が自らの蔵書であることを示すために捺《お》した蔵書印《ぞうしょいん》だ。ここに紹介する『諸家蔵書印一覧《しょけぞうしょいんいちらん》』は、信濃国須坂《すざか》藩主であった堀直格《ほりなおただ》（誠斎《せいさい》）が作成した蔵書印のスクラップブックである。実際に古典籍*から切り抜かれているため、印とともに本文の一部が入り込んでいる。蔵書印に色や形の決まりはなく、字と枠線だけのシンプルな印から、何やら人の絵のあるものまで実に多種多様である。本来は蒐集《しゅうしゅう》した古典籍に捺されるはずの蔵書印が、時として蒐集の対象されてしまうのも頷ける。蔵書印の存在は、古典籍がかつて誰かの所有物であったことを如実に物語る。人から人へと受け継がれ、常に誰かの所有物として大切にされてきたからこそ、日本には数多くの古典籍が残されているのだ。（松永）

『諸家蔵書印一覧』国立国会図書館蔵◎

文豪の、江戸と地続きの読書生活

個人の蔵書がいわゆる貴重書以外の本も含めて散逸《さんいつ》せずに保存されることは、一つの体系として書物群を捉える上で望ましい。世の中の情報化が進んでも図書館の主たる役割は書物の保存である。上は、東京大学総合図書館鷗外《おうがい》文庫蔵の『金瓶梅《きんぺいばい》』。『ヰタ・セクスアリス』で文淵《ぶんえん》先生（依田学海《よだがっかい》がモデル）が机の下からのぞかせ、主人公に「油断がならない」という感想を抱かせた書物。ただし「鷗外蔵書」印は森鷗外の蔵書印ではなく、寄贈の際に図書館で捺《お》されたもの。一方下は、「貸本屋の常得意」であった『ヰタ』の主人公が「馬琴《ばきん》の金瓶梅」と呼んでいた曲亭馬琴《きょくていばきん》の合巻《ごうかん》*『新編金瓶《しんぺんきんぺい》梅《ばい》』。『金瓶梅』等、複数の中国白話《はくわ》小説*を利用して著されている（こちらは鷗外文庫本ではない）。典拠となった中国文学や、享受者としての明治の文学者、流通を担った貸本屋《かしほんや》*等も、近世文学研究の対象である。（長田）

背景：『鷗外森林太郎』国立国会図書館蔵◎

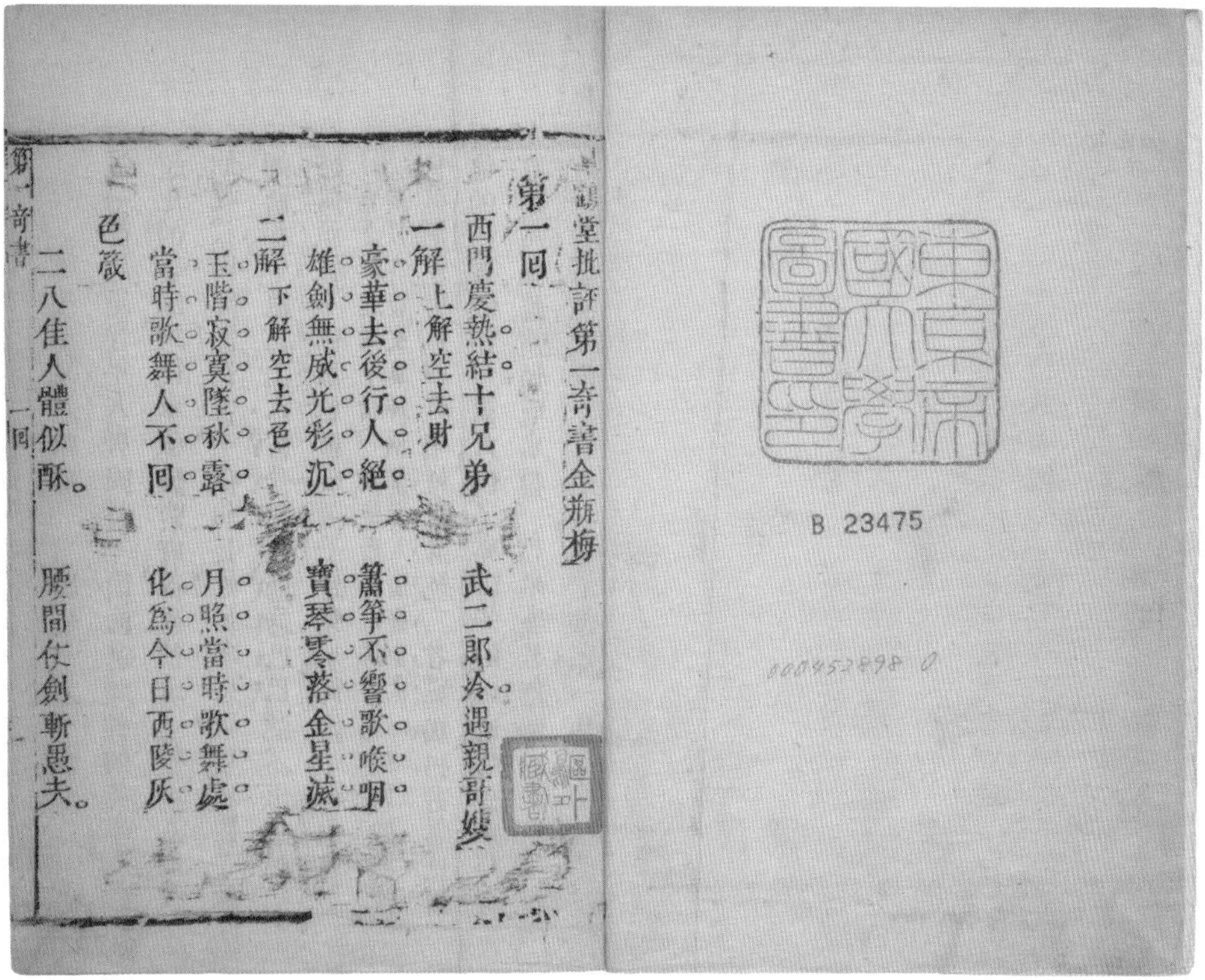
皐鶴堂批評第一奇書金瓶梅

第一回

西門慶熱結十兄弟　武二郎冷遇親哥嫂

一解上解空去財

豪華去後行人絶　簫箏不響歌喉咽

雄劍無威光彩沉　寶琴零落金星滅

二解下解空去色

玉階寂寞墜秋露　月照當時歌舞處

當時歌舞人不回　化爲今日西陵灰

色箴

二八佳人體似酥　腰間仗劍斬愚夫

『皐鶴堂批評第一奇書金瓶梅』東京大学総合図書館鴎外文庫蔵

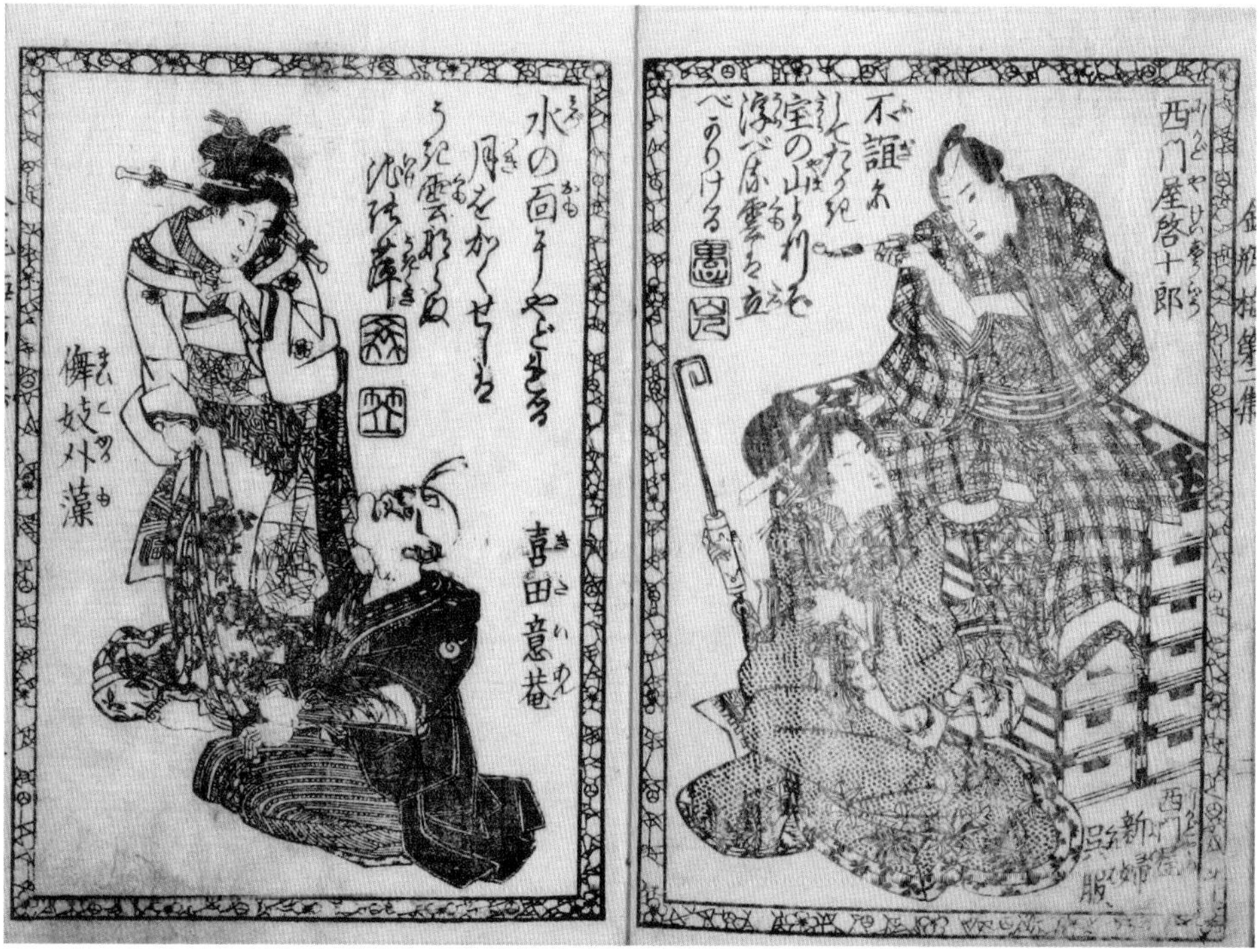

『新編金瓶梅』早稲田大学図書館蔵

内ノ巻

多種多様な江戸の本をためつすがめつ眺めていくと、
当時の人々の息づかいが手にとるように分かる瞬間がある。
わたしたちの共有財産である和本から、
江戸時代の空気に触れてみることにしよう。

inside

行きつく先は、神頼み。

現世での繁栄、来世での幸福を願いながら、人々は神社仏閣を訪れ、手を合わせる。近世には、とりわけ伊勢参宮が盛んになり、人々は一路伊勢《いせ》に向かった。周期的に発生した集団参詣（後に「お蔭参《かげまい》り」と呼ばれるようになる）では、道を埋め尽くすほどの群衆が伊勢に押し寄せ、特に近世後期のお蔭参りは数百万人にのぼったといわれている。このような状況下、伊勢参宮に向かう人々をターゲットとした旅行情報誌――「道中記《どうちゅうき》」＊や「名所記《めいしょき》」＊も数多く出版された。中には伊勢神宮最大の神事である式年遷《しきねんせん》宮《ぐう》の様子やひしめき合う人々の姿を俯瞰的に描いた挿絵を載せるものもあり、〝神の視点〟から見た人々のさまを想像して描いたもののようで興味深い。（速水）

◎上：『伊勢参宮名所図会』国文学研究資料館蔵、下：『御蔭参宮文政神異記』徳島県立図書館森文庫蔵

ついつい頼りにしちゃうんです。

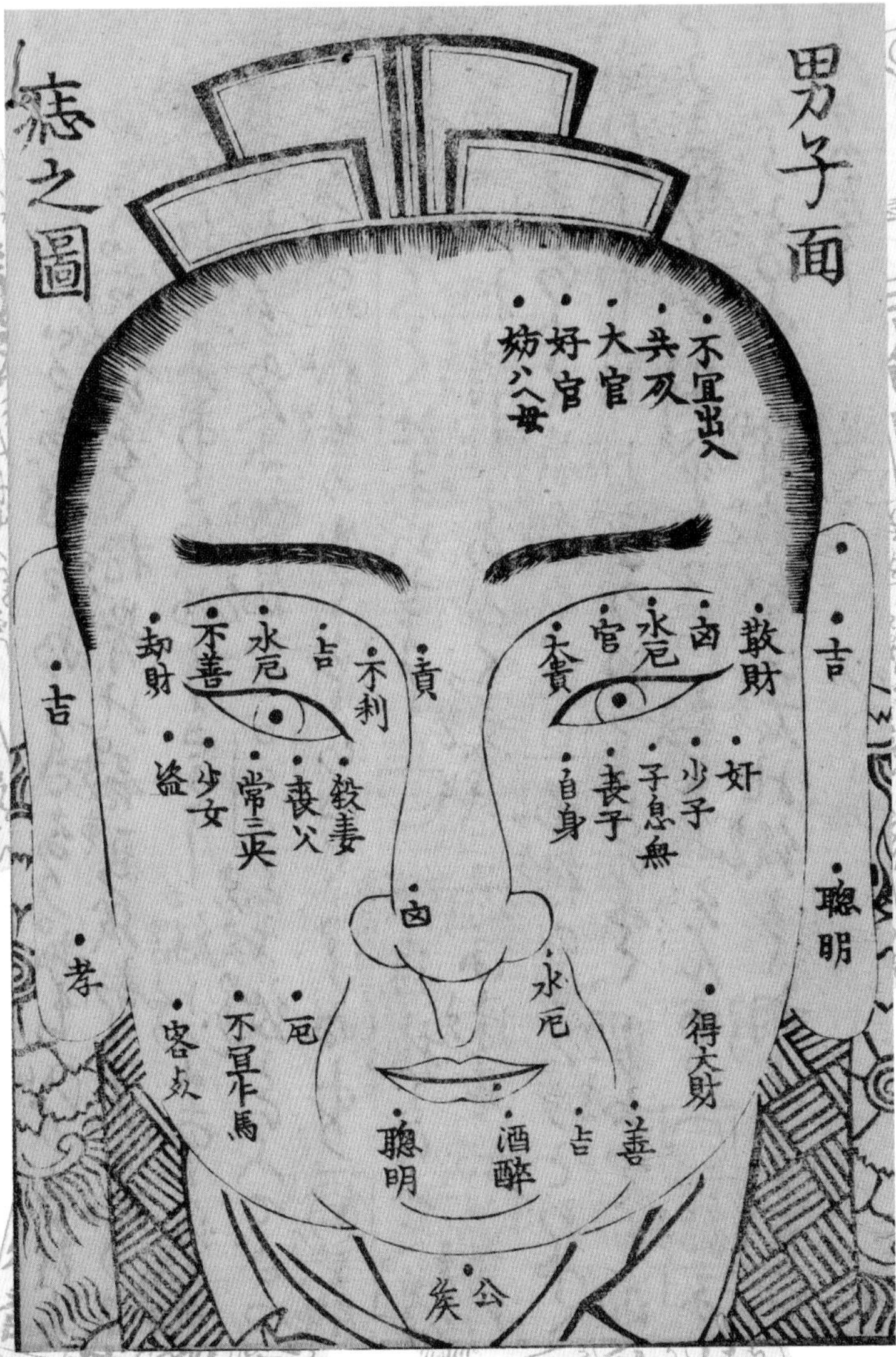

半信半疑、いや、いっそ下らないと思いながら、ついつい気にしてしまうのが占いというもの。古来さまざまな占法があるが、近世においては、元三大師が祖といわれる御籤《みくじ》占いから、人相や骨相、また手相の見方に至るまで、そうした情報が多くの出版物として広く世間に流布していた。そこには、詳細で専門的な占いの知識が詰め込まれ、本格的に占術を学ぶ者の指南書になっていたのではないかとも想像される。『人相《にんそう》小鑑大全《こかがみたいぜん》』は貞享元年（一六八四）、『元三大師百籤和解《がんざんだいしひゃくせんわげ》』は宝永五年（一七〇八）にそれぞれ初版が出*され、そこから百年以上にわたり、くりかえし何度も刷られていたことが知られる。いざというとき・不安なとき、何かを拠りどころにしたくなる心理に応えるものとして、占いに大いなる魅力を感じるのは、現代の私たちとなんら変わりはないようである。

（速水）

◎前面：『人相小鑑大全』、背景：『元三大師百籤和解』ともに京都大学附属図書館蔵

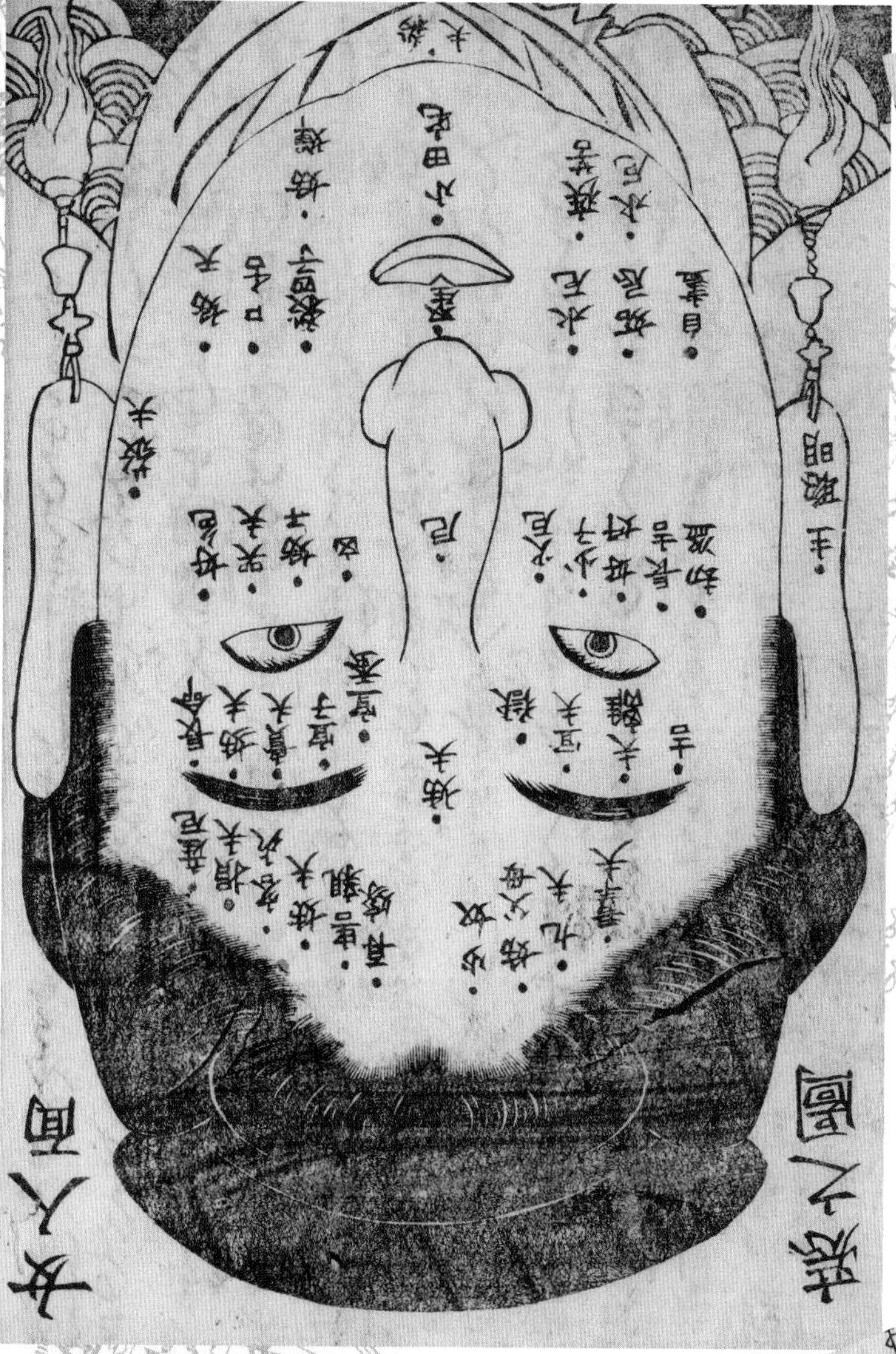
女人面之圖

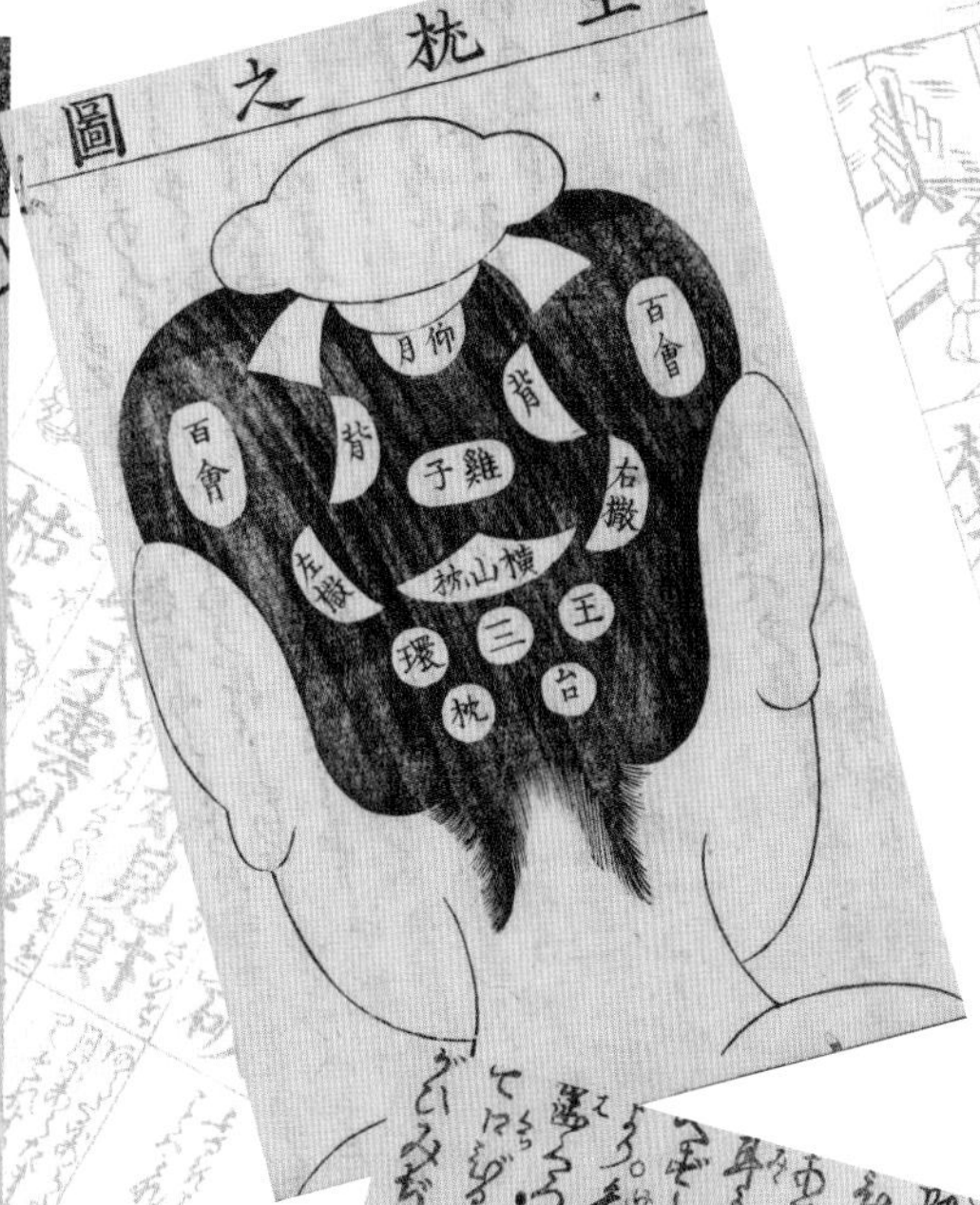
上枕之圖

人相小鑑大全

詩中に画有り、画中に詩有り

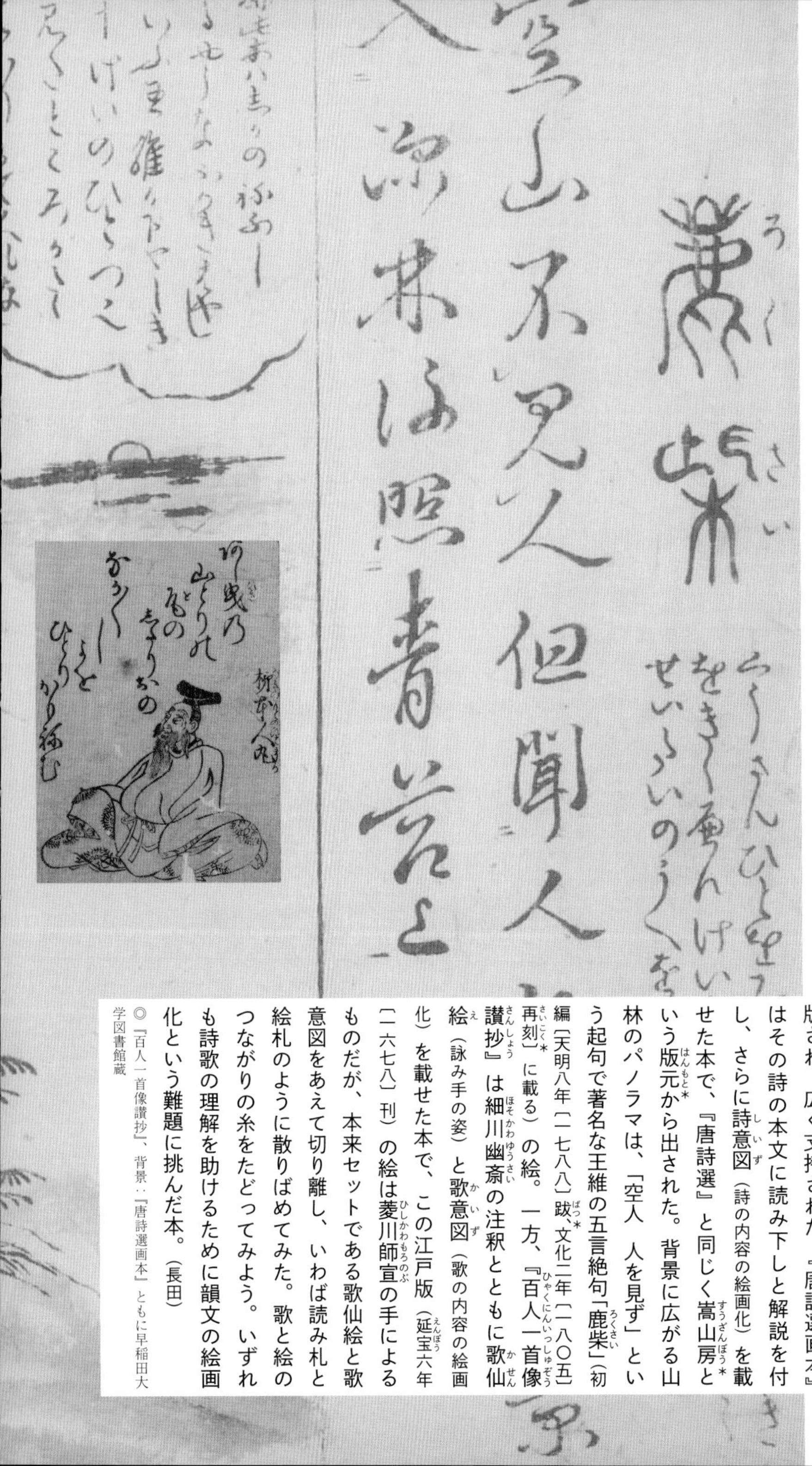

上のキャッチコピーは、北宋・蘇軾《そしょく》が盛唐・王維《おうい》の詩を評した著名な言葉から（出典は「書摩詰藍田煙雨図」）。すぐれた詩、文学は読む者にイメージを喚起させる。さて、『唐詩選《とうしせん》』は明・李攀龍《りはんりょう》編とされる唐詩の選集（アンソロジー）で、わが国では江戸中期に服部南郭《はっとりなんかく》による校訂本*が出版され、広く支持された。『唐詩選画本《えほん》』はその詩の本文に読み下しと解説を付し、さらに詩意図《しいず》（詩の内容の絵画化）を載せた本で、『唐詩選』と同じく嵩山房《すうざんぼう》*という版元《はんもと》*から出された。背景に広がる山林のパノラマは、「空人　人を見ず」という起句で著名な王維の五言絶句「鹿柴《ろくさい》」（初編〔天明八年（一七八八）跋《ばつ》*、文化二年（一八〇五）再刻《さいこく》*〕に載る）の絵。一方、『百人一首像讃抄《ひゃくにんいっしゅぞうさんしょう》』は細川幽斎《ほそかわゆうさい》の注釈とともに歌仙《かせん》絵《え》（詠み手の姿）と歌意図《かいず》（歌の内容の絵画化）を載せた本で、この江戸版（延宝《えんぽう》六年〔一六七八〕刊）の絵は菱川師宣《ひしかわもろのぶ》の手によるものだが、本来セットである歌仙絵と歌意図をあえて切り離し、いわば読み札と絵札のように散りばめてみた。歌と絵のつながりの糸をたどってみよう。いずれも詩歌の理解を助けるために韻文の絵画化という難題に挑んだ本。（長田）

◎『百人一首像讃抄』、背景：『唐詩選画本』ともに早稲田大学図書館蔵

こんちうべんの
おもむきに入るゝ
山の中へあこ
きしこみての
つけのうく
しらしん
ゆりてる
やまゆく
ことしある
いあるう
こ井の
ちさけ
ゆきを
り

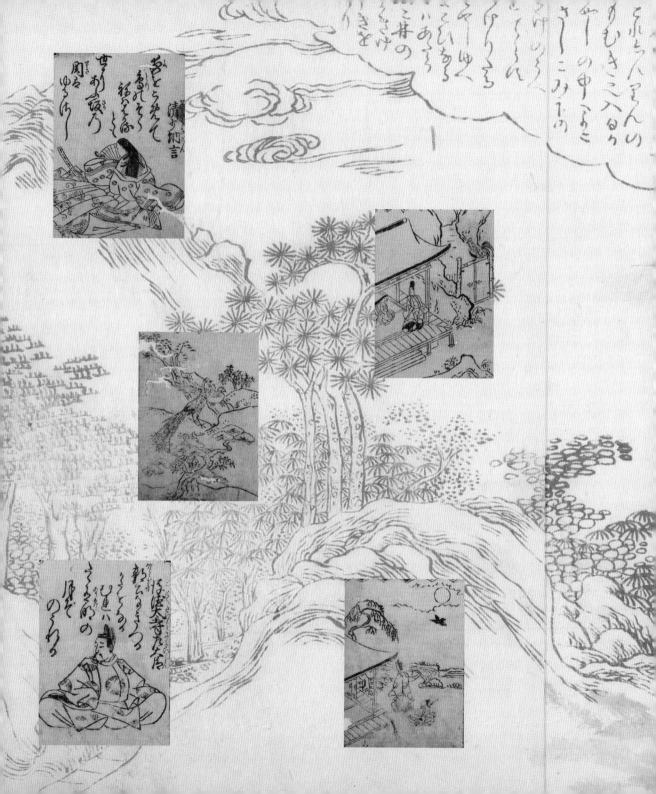

Thema » にらむ

ここには初代から九代目までの市川團十《いちかわだんじゅう》郎《ろう》の目を上から順に並べた。続き物の一枚摺《いちまいずり》*『古今俳優似顔大全』（文久二―三年（一八六二―六三）刊）は、三代歌川豊国《うたがわとよくに》（一七八六―一八六五）画の役者絵《やくしゃえ》*を家系ごとに代々並べたもの。たとえば七代目の並行二重と八代目の末広二重のように、身体の一部分だけを見ても描き分けていることがわかる。役者絵は浮世絵の中でも大きな位置を占める分野である。人々は実際の舞台を想像しながら一枚摺の役者絵を見ていただろう。また合巻《ごうかん》*の登場人物が役者の顔で描かれていることもあり、これも当時の読者であれば誰を描いたものか即座にわかったであろう。似顔絵は役者の顔の特徴を捉えることが肝要となる。十返舎一九《じっぺんしゃいっく》序、初代豊国画『役者似《やくしゃに》顔早稽《がおはやげい》古《こ》』（文化十四年（一八一七）序刊）*のような役者絵の描き方を解説した書物も出版された。（長田）

『古今俳優似顔大全』国立国会図書館蔵◎

市川團十郎
歴代お目見え！

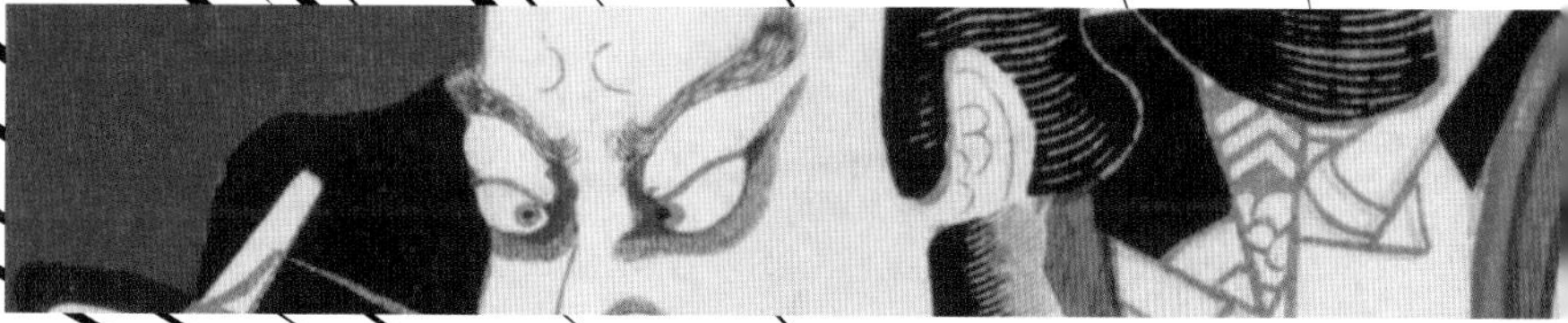

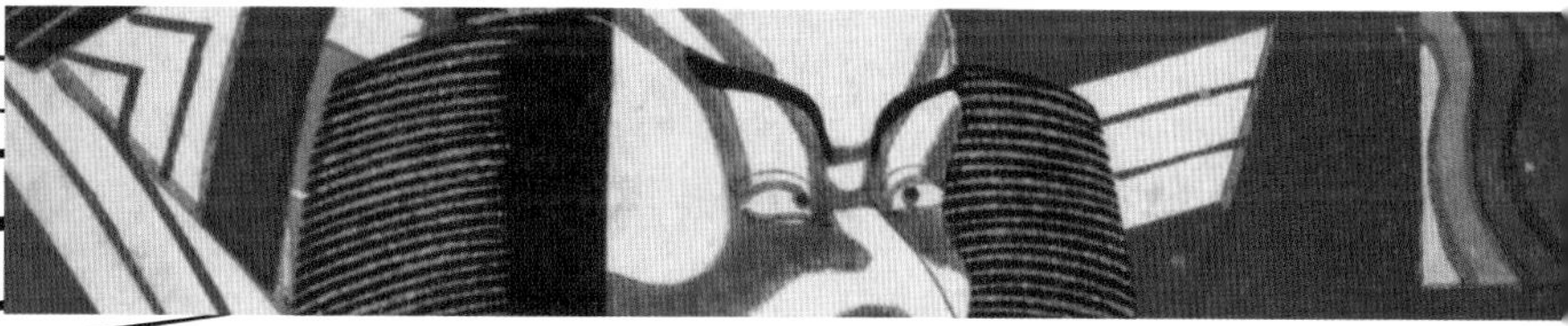

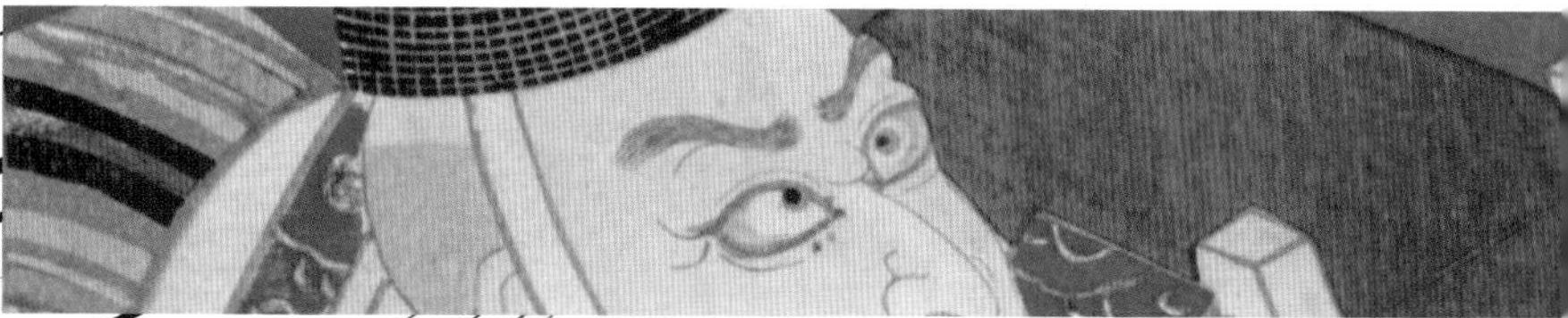

鉢かづき姫十三変化

（菱川吉兵衛筆）

（絵師鳥居清信筆）

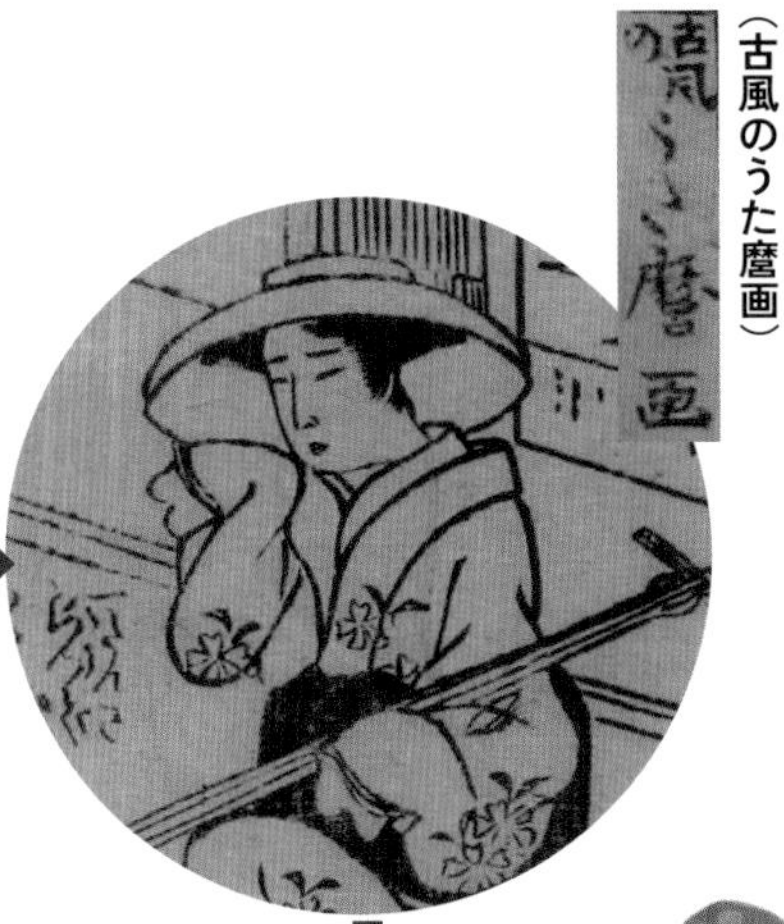
（古風のうた麿画）

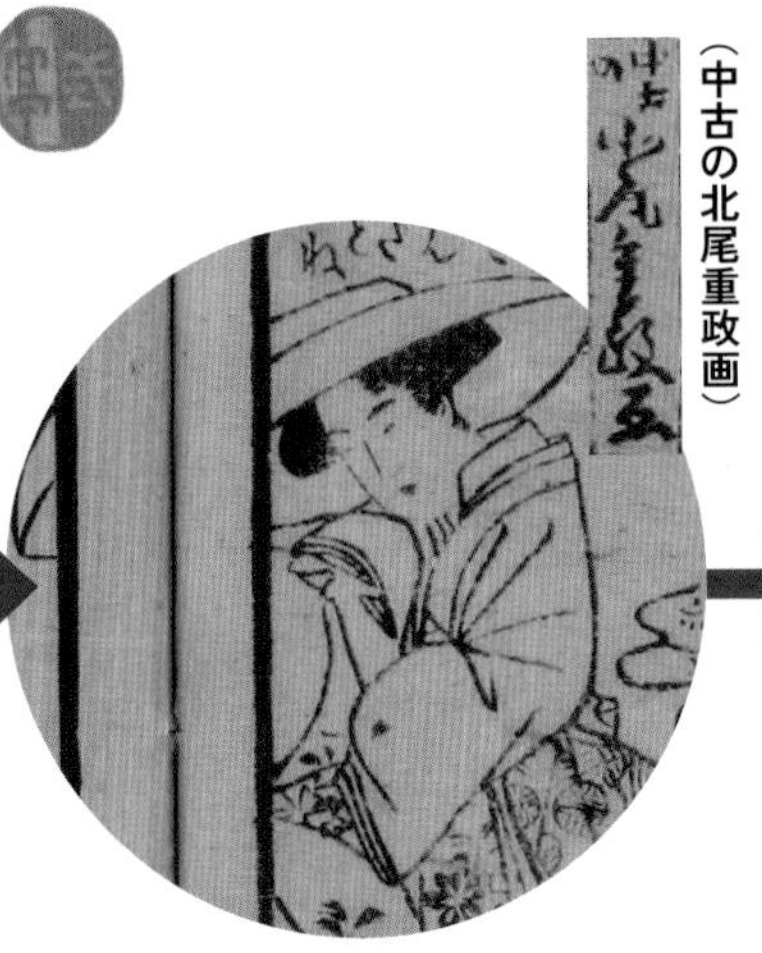
（中古の北尾重政画）

式亭三馬《しきていさんば》（一七七六―一八二二）の黄表紙*『稗史億説年代記《くさぞうしこじつけねんだいき》』（享和二年〔一八〇二〕刊）は、御伽草子《おとぎぞうし》*『鉢かづき』の筋に沿って草双紙*の歴史をたどる書物。時代ごとに流行の作者や画工《がこう》*等の名前を挙げ、各画工に似せた絵を載せている。そのため丁《ちょう》*を繰《く》るごとに異なる画風の鉢かづきが目に入る。ここでは落款《らっかん》*とともに時代順に並べてみた。江戸時代の浮世絵の画風の変遷として眺めてみてほしい。浮世絵というと一枚摺《いちまいずり》*や肉筆画*が頭に浮かびがちだが、江戸版『好色一代男《こうしょくいちだいおとこ》』（貞享元年〔一六八四〕刊）の挿絵を手掛けた菱川師宣《ひしかわもろのぶ》（?―一六九四）をはじめとして、絵本*や挿絵も浮世絵師の活躍の場であった。師宣に倣いつつ主に役者絵*に新風を開いた鳥居《とりい》派、草双紙の絵師として著名な富川房信《とみかわふさのぶ》（?―?）、山東京伝《さんとうきょうでん》こと北尾政演《きたおまさのぶ》（一七六一―一八一六）等を経て、ほっそりとした歌麿《うたまろ》（?―一八〇六）の絵に辿《たど》り着く。書物を蒐《しゅう》集《しゅう》し、歴史を書くという営みを三馬も行っていた。今日では戯作者《げさくしゃ》*として知られる彼の別の顔である。（長田）

◎『稗史億説年代記』、蔵書印：『契情お国哥舞妓』ともに早稲田大学図書館蔵

（大和絵師鳥居清倍画）

（鳥居清満画）

（鳥居清重筆）

（富川房信画）

（清経画）

（古風の北尾政演画）

（蘭徳斎春童画）

（中古のまさのふ画）

（中古のち哥麿筆）

上流と思しき着飾った女性たちが、双《すご》六《ろく》・読書・手習いに絵画、楽器を奏でる諸相を描くこの絵、平安時代の姫君さながらに見えたりはしないだろうか。近世は、世の安定に伴い、多くの娯楽が生まれ、また読み書きの能力や諸芸を身に付けることが求められた時代でもある。その中で、女性たちに向けて、仮名文字を主体とした手紙用文章、あるいは女性としての生き方を説く、あまたの教訓書や道徳書が出版された。こういった出版物は、肝心の本文に加えて、当時の風俗や行事の様子を描く口絵*や挿絵が、「附録」として大量に掲載されていることが少なくない。ここに紹介する女性たちの姿もまた、『婦人珠文匣《ふじんたまふばこ》』（寛政二年〔一七九〇〕刊）という手紙文例集の口絵として掲載されたものである。（速水）

◎前面：『日用雑録／婦人珠文匣』、背景：『源氏物語画帖』ともに国文学研究資料館蔵さて〳〵、けふは何して遊ばうか——

『女重宝記《おんなちょうほうき》』の口絵*に置かれた美麗な女性たち――しかし、単に眺めて楽しむためだけに巻頭に置かれたわけではなく、実はしっかりと身分別の服装を読者に提示しているのである。近世では、身分によって定められた規範があり、それ相応の振舞いが求められた。そうした世間一般に身につけるべき知識は、時として実用書のかたちをとり、刊行されることによって広く普及した。「重宝記」はまさにそのような実用書の一種。元禄《げんろく》五年（一六九二）初版の苗村丈伯《なむらじょうはく》*著『女重宝記』は、婚姻の儀礼から妻としての嗜み、懐妊時から出産時の心得、日常の家事から琴・三味線、和歌の知識まで、当時の女性が心得ておくべき一通りの教養が絵入りで示され、《有用な本》*として版を重ねた。この口絵は、弘化《こうか》四年（一八四七）、高井蘭山《たかいらんざん》が出した増補改訂版のもの。当時の女性たちに、一体どんなマニュアルが用意されていたのか？ぜひ本文にアクセスして確かめてみてほしい。（速水）

枠・絵とも『女重宝記』国文学研究資料館蔵◎

しらなきゃ困る「女の嗜み」

煙草を通して見る世界

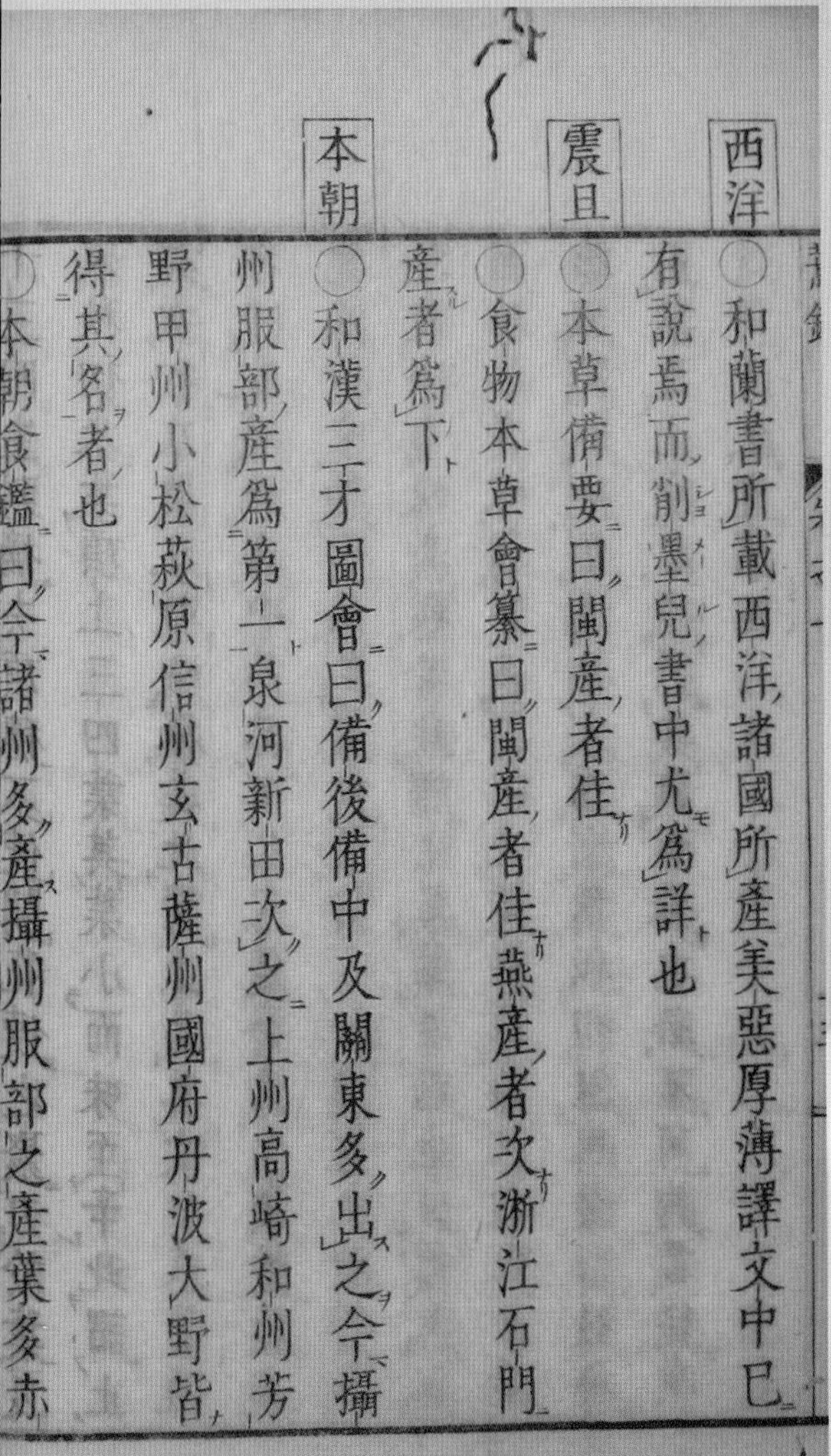

西洋

○和蘭書所載西洋諸國所産美悪厚薄譯文中已有説焉而削墨兒《ショメイル》書中尤爲詳也

震旦

○本草備要曰閩産者佳

○食物本草會纂曰閩産者佳燕産者次浙江石門産者爲下

本朝

○和漢三才圖會曰備後備中及關東多出之今攝州服部産爲第一泉河新田次之上州高崎和州芳野甲州小松萩原信州玄古薩州國府丹波大野皆得其名者也

○本朝食鑑曰今諸州多産攝州服部之産葉多赤

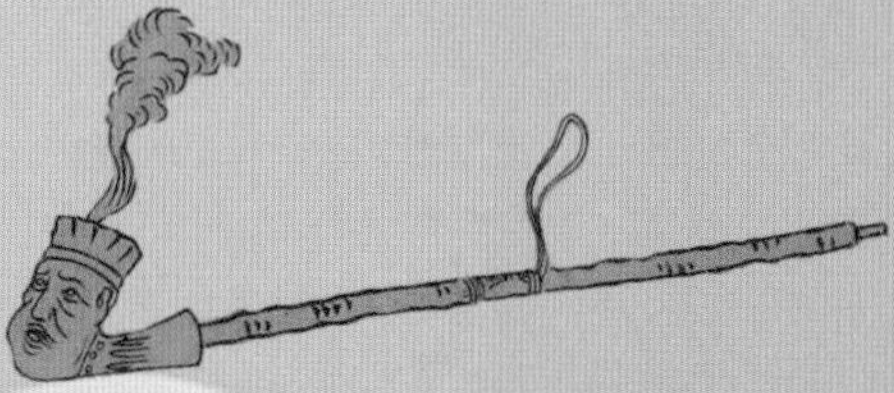

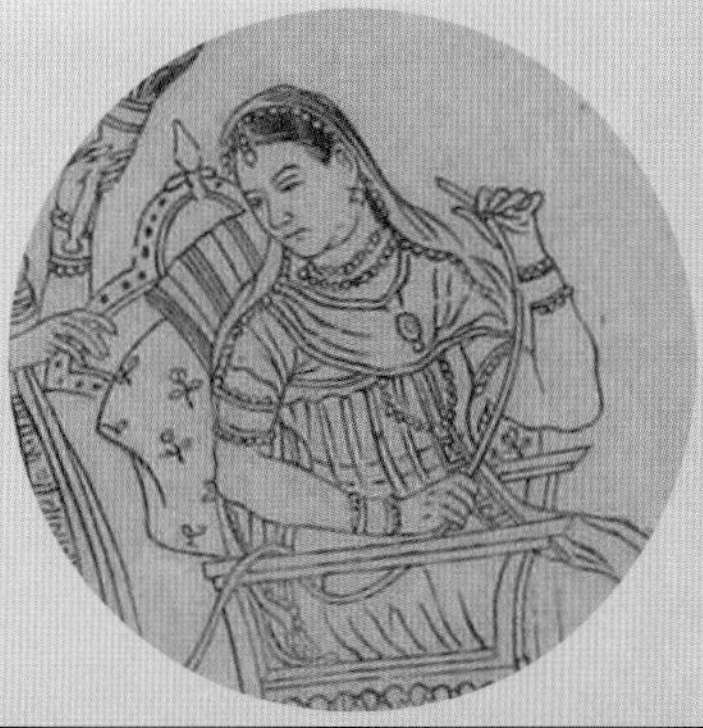

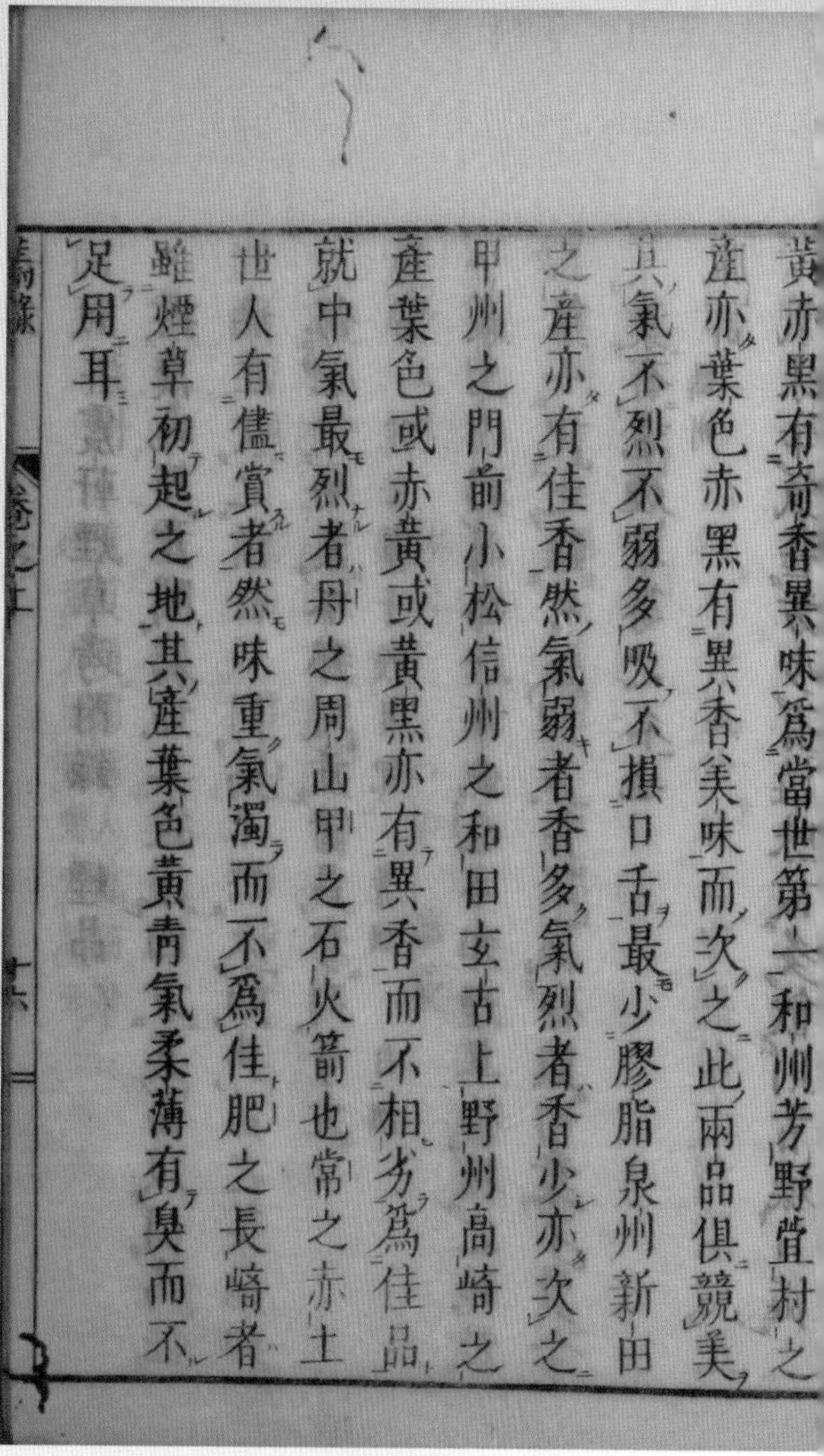

黄赤黒有奇香異味為當世第一和州芳野萓村之
産亦葉色赤黒有異香美味而次之此兩品倶競美
其氣不烈不弱多吸不損口舌最少膠脂泉州新田
之産亦有佳香然氣弱者香多氣烈者香少亦次之
甲州之門前小松信州之和田玄古上野州高崎之
産葉色或赤黄或黄黒亦有異香而不相劣為佳品
就中氣最烈者丹之周山甲之石火箭也常之赤土
世人有僅賞者然味重氣濁而不為佳肥之長崎者
雖煙草初起之地其産葉色黄青氣柔薄有臭而不
足用耳

蔫録　巻之上　十六

『蔫録《えんろく》』（寛政九年〔一七九七〕序刊）*は日本、中国、西洋の煙草に関する記事を集めた書物。豊富な挿絵によって各国の喫煙道具を紹介している。著者の大槻玄沢《おおつきげんたく》は杉田玄白《すぎたげんぱく》、前野良沢《まえのりょうたく》に学んだ蘭学者。本書は全編漢文。玄沢はラテン語も漢訳しており、西洋諸国でラテン語が共通語となっていることを漢文と同様の現象と記している。また中国明清の書物からは本草書《ほんぞうしょ》*のみならず兪琰《ゆえん》『詠物詩選《えいぶつしせん》』や張潮《ちょうちょう》『虞初新志《ぐしょしんし》』といった詩集、文言小説《ぶんげん》*等も参照しており、日本からも新井白石《あらいはくせき》や荻生徂徠《おぎゅうそらい》の漢詩を引いている。日本、中国、西洋、あるいは理系、文系といった分類意識からは自由な当時の学習態度がうかがえる。（長田）

『蔫録』早稲田大学図書館蔵◎

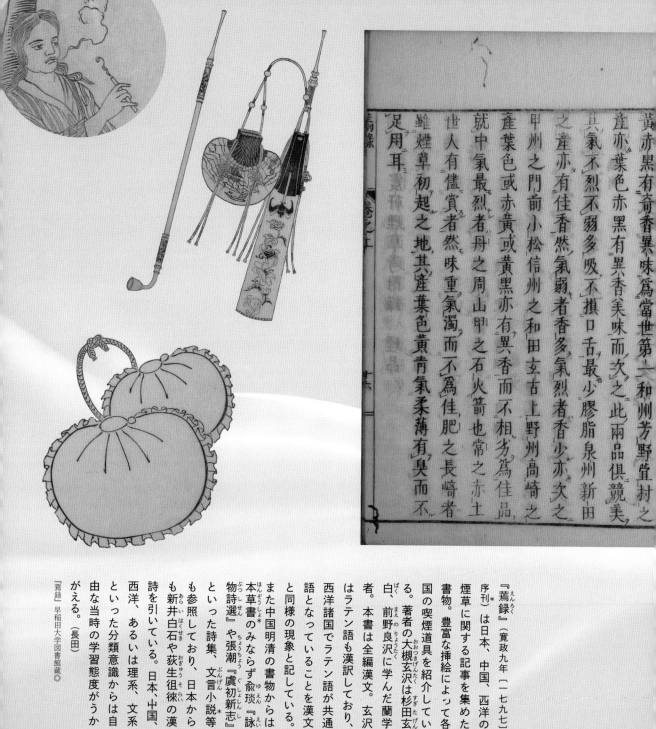

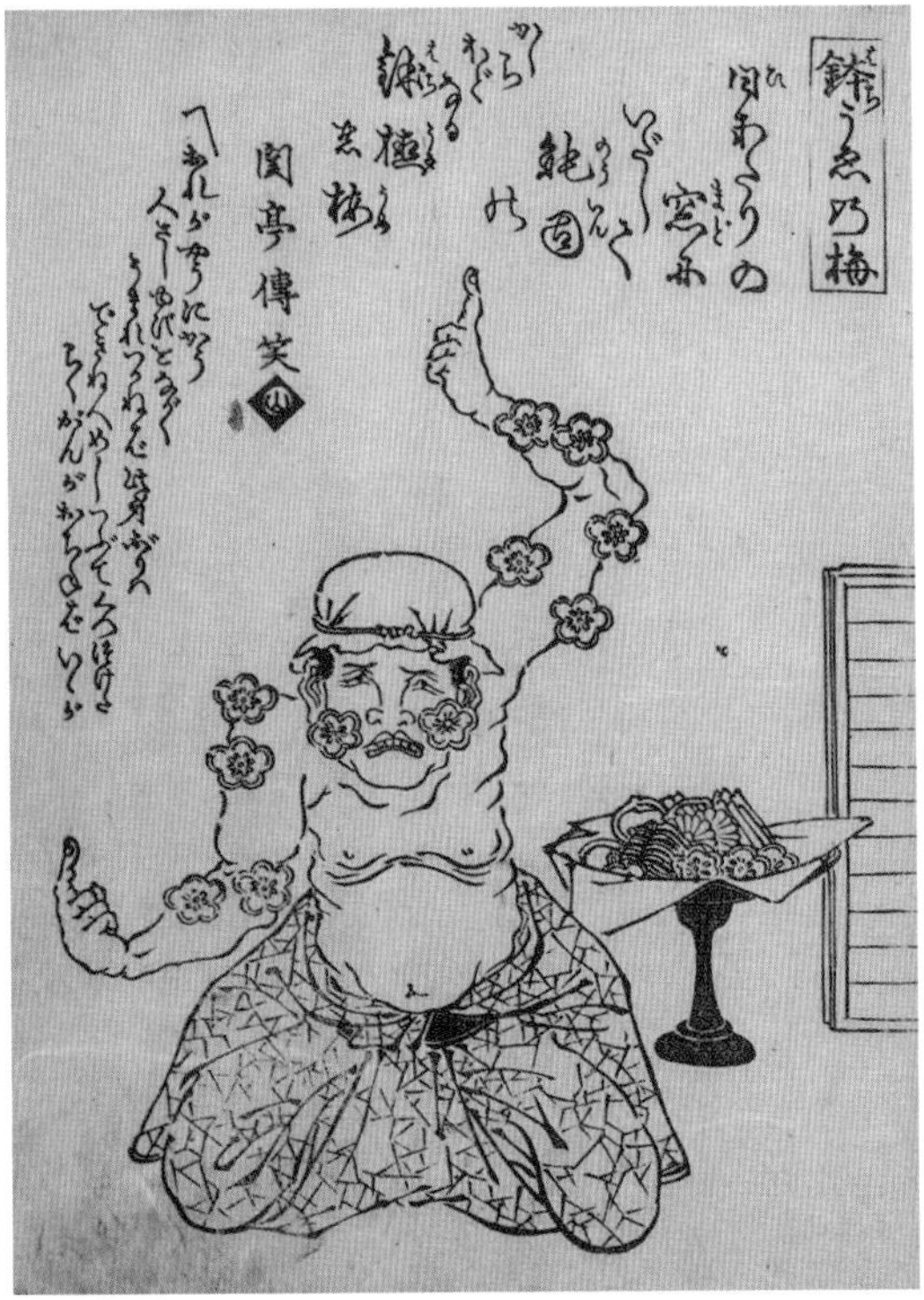
閑亭傳笑

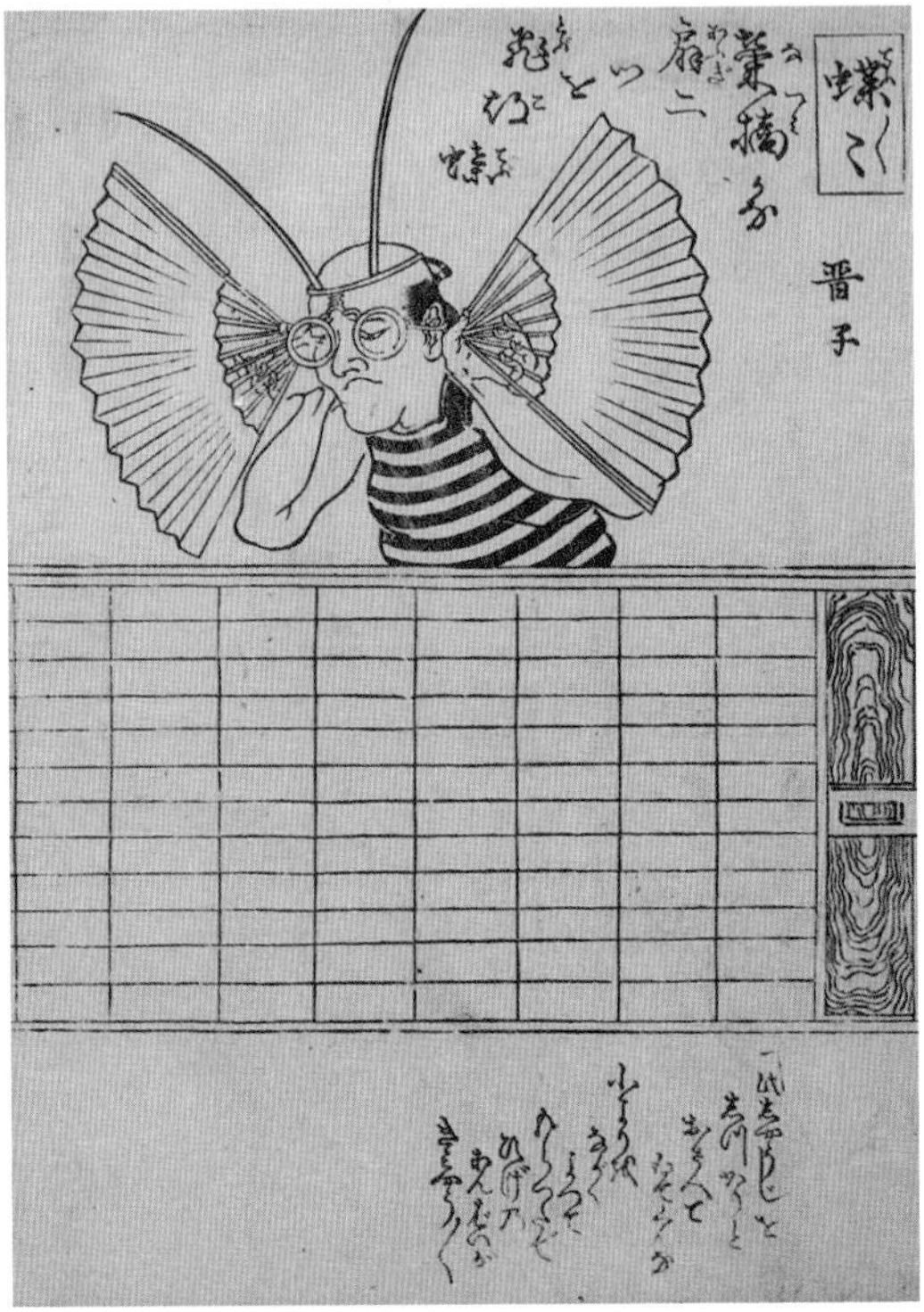
晋子

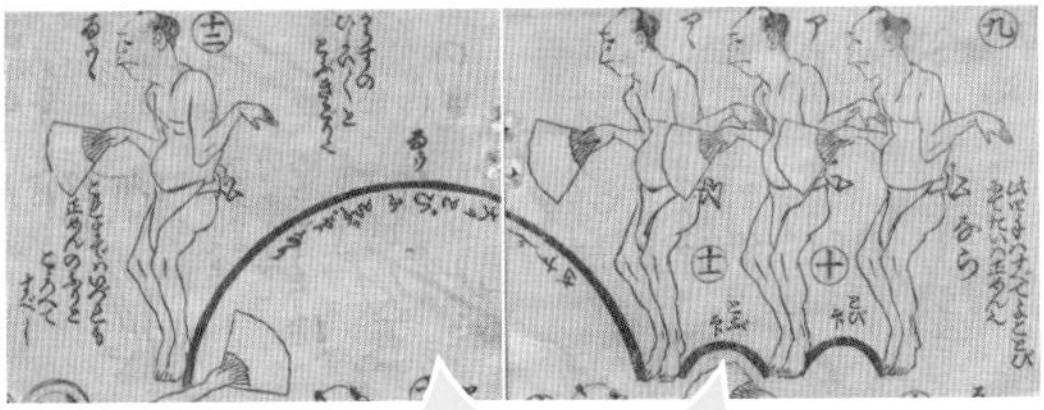

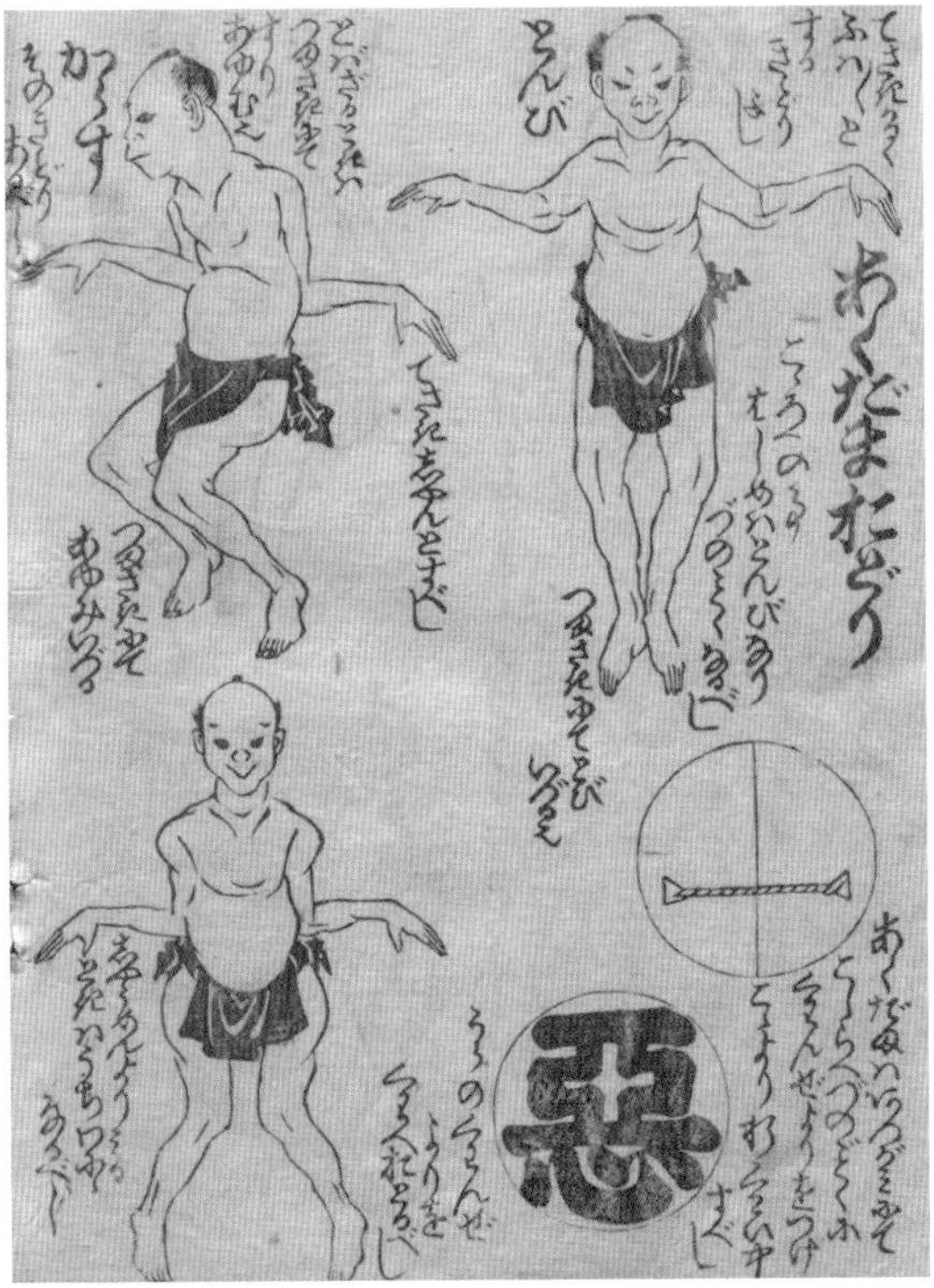
悪

はい、注目!

左下の図にご注目。杜若《かきつばた》の影……と思いきや、実は二人の男のアクロバティックな宴会芸！『於都里伎《おつりき》』（十《じっ》返舎一九《べんしゃいっく》作、文化七年〔一八一〇〕刊）は、扇子や手ぬぐいといったちょっとした小道具と身体を用いた影絵を考案した作品。その「伝授」には「まず軽業《かるわざ》から習ってきなさい」と記されるが、どこまで本気かわからない。『踊獨稽古《おどりひとりけいこ》』（葛飾北斎《かつしかほくさい》画、文化十二年〔一八一五〕刊）は、歌舞伎で人気の振り付けの図解本。「悪玉《あくだま》踊り」を踊るキャラクターは、山東京伝《さんとうきょうでん》の黄表紙＊『心学早染艸《しんがくはやそめぐさ》』（寛政二年〔一七九〇〕刊）の、人を悪の道へとそそのかす「悪魂」が元ネタで、いまでも歌舞伎『三社祭《さんじゃまつり》』などの中に登場する。これらの書物は、元々歌舞伎役者たちが贔屓《ひいき》のために演じた軽い芸を、一般人が実際に演じて楽しめるように作られた。演じる／観るという愉《たの》しみがゆるやかにつながっている江戸が、にぎやかにうごめいている。（有澤）

右上：『腹筋逢夢石』専修大学図書館蔵、右下・カット：『踊獨稽古』国立国会図書館蔵◎、左：『於都里伎』早稲田大学図書館蔵◎

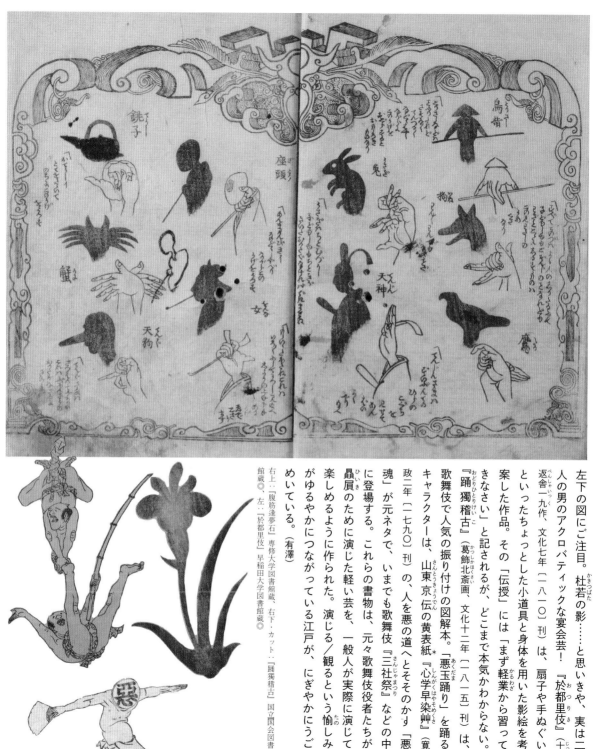

神もイヒヒイヒヒ〜ハ〜

笑う、笑う、笑う！ 江戸の絵画や文芸には笑いがあふれている。笑うのは人に限らない。神も人も化物も、じつによく笑う。正月の縁起物に七福神が描かれるのは現代でも定番である。人間味あふれる神々の笑顔は、めでたい、めでたい。にぎやかに踊る人々はいかにもたのしそう。市井の人々の笑顔は、たのしい、たのしい。屏風の陰からこちらを見つめる化物はニタリと笑う。口もとからお歯黒がのぞく化物の笑顔は、こわい、こわい。絵だけではない。江戸文芸には多彩な笑い「声」が響いている。ハハハハハ、イヒヒイヒヒ、ハッハッハッ。いきいきとした笑い声をいまに伝えている。これほど笑いが描かれた時代はほかにあっただろうか。江戸は底抜けに、笑う。（門脇）

◎右から：『福神黄金水』日本銀行金融研究所貨幣博物館蔵、『かつらかさね』国立国会図書館蔵、『於吹島之館直之古狸退治図』国際日本文化研究センター蔵／背景文字：『傾城禁短気』『浮世風呂』『東海道中膝栗毛』いずれも国文学研究資料館蔵

ハッ
ハッハ

人も

笑

ハ〜〜〜

化物も

ハ〜〜〜
〜〜

イヒヒ イヒ
イヒヒ ヒ〜〜

Thema » 謎の生物

新種発見！

江戸時代の絵本*には、首をひねらずにはいられない謎の生物がしばしば登場する。ここで紹介するのは、言葉遊びやことわざ、昔話にこじつけたキャラクターたち。たとえば、「○○とり／○○ちょう」という名前を持つ生活の道具を鳥に見立てた絵本『見立百化鳥《みたてひゃっかちょう》』（宝暦五年〔一七五五〕刊）では、座敷の柱に住み埃《ちり》を食う「ちりとり」や、ちょきちょきと鳴く「爪とり」がもっともらしく紹介され、荒唐無稽な未来を描いた『無益委記《むだいき》』（安永八年〔一七七九〕刊）では、「猫も杓子も（＝誰でも）芸者になる」ということわざが具現化し、妙な頭の芸者衆が歩いている。乙姫と浦島太郎のあいだに生まれた人魚は、予想外の姿で登場。これらは知識人たちの教養に裏打ちされた遊びなのだが、ナンセンスな発想とシュールなビジュアルは、力が抜けてしまう馬鹿馬鹿しさ。なんだか煙に巻かれているような気がしてきませんか。（有澤）

◎①『化物大江山』⑤『箱入娘面屋人魚』都立中央図書館加賀文庫蔵、②『無益委記』国立国会図書館蔵、③『化物和本草』④『龍宮羶鉢木』大阪大学附属図書館蔵、⑥『見立百化鳥』国文学研究資料館蔵

⑥
①
③
⑤
④

文字？　それとも絵？

②『新法狂字図句画』立命館大学アート・リサーチセンター蔵（資料番号 arcBK03-0532）◎

①『新法狂字図句画』立命館大学アート・リサーチセンター蔵（資料番号 arcBK03-0532）◎

③『文字の智画』国立国会図書館蔵◎

文字を組み合わせて絵に仕立てたものを文字絵という。単純な子どもの遊び、と鼻で笑ってはいけない。かわいらしく、素朴でおもしろおかしい文字絵には、江戸の遊び心がきらりと光っている。じっと見つめていると、文字と絵とが溶けあってゆくような錯覚をおぼえるから不思議だ。日常で目にする人々をはじめとして、講釈師の志道軒《しどうけん》といった市井《しせい》で脚光を浴びた人物や、古くからあったというヘマムショ入道《にゅうどう》、さらには動植物までもが文字絵となっている。これらの中には現代まで残っているものもある。さて、中央にそびえるのは「金のなる木」である。文字で構成された幹と枝からは、黄金の葉が茂っている。江戸の人々は、何が「金になる」と考えたのだろうか？（門脇）

④『新文字ゑつくし』国立国会図書館蔵◎

⑤『奇妙図彙』東京大学附属駒場図書館蔵◎

『奇樹金のなる木』国際日本文化研究センター蔵◎

①「へへののもへゐじ」②「かへる」③「いぬ」④「しどうけん」⑤「ヘマムシヨ入道」

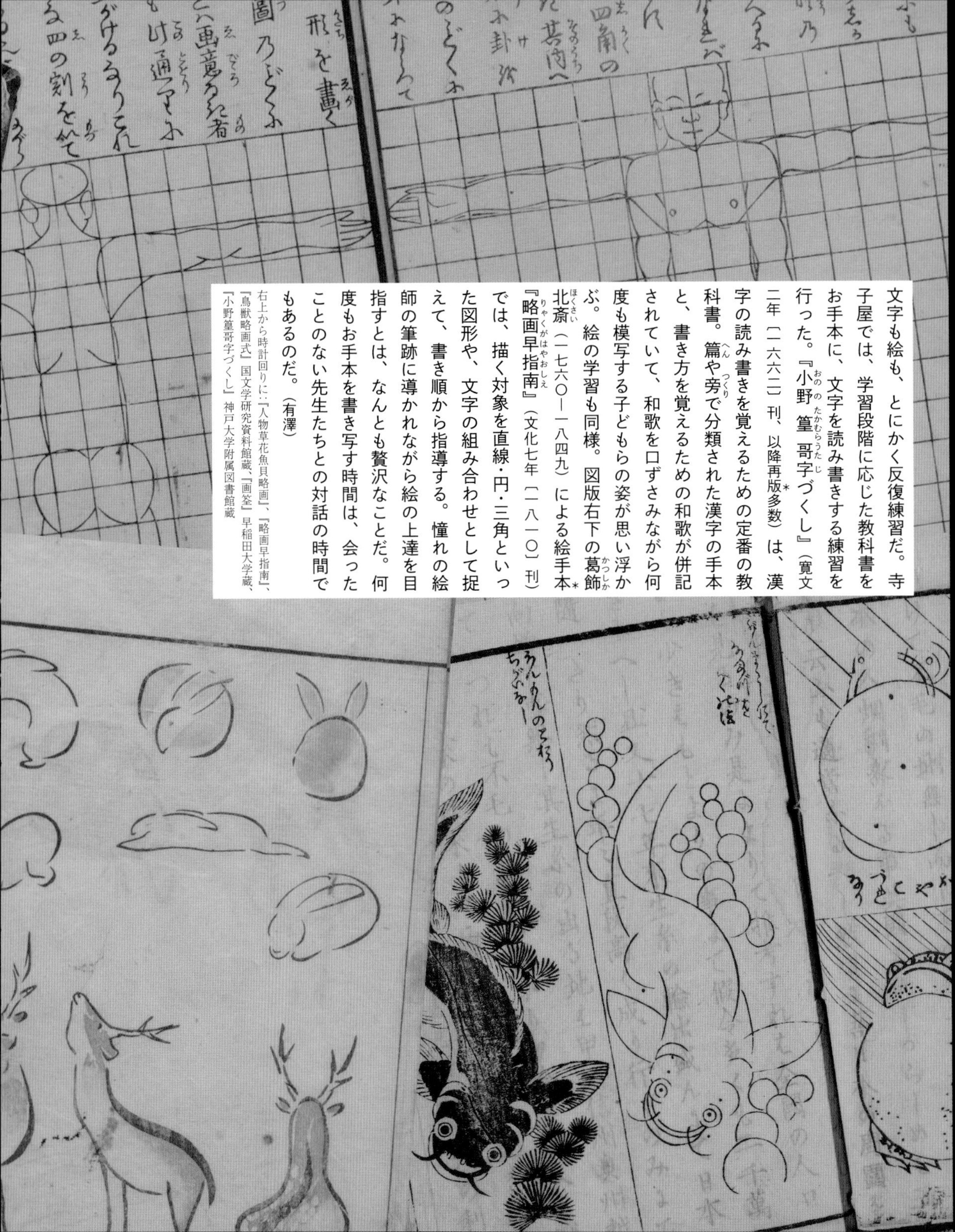

文字も絵も、とにかく反復練習だ。寺子屋では、学習段階に応じた教科書をお手本に、文字を読み書きする練習を行った。『小野《おの》 篁《のたかむら》 哥字《うたじ》づくし』(寛文二年〔一六六二〕刊、以降再版多数*)は、漢字の読み書きを覚えるための定番の教科書。篇《へん》や旁《つくり》で分類された漢字の手本と、書き方を覚えるための和歌が併記されていて、和歌を口ずさみながら何度も模写する子どもらの姿が思い浮かぶ。絵の学習も同様。図版右下の葛飾《かつしか》北斎《ほくさい》(一七六〇―一八四九)による絵手本*『略画早指南《りゃくがはやおしえ》』(文化七年〔一八一〇〕刊)では、描く対象を直線・円・三角といった図形や、文字の組み合わせとして捉えて、書き順から指導する。憧れの絵師の筆跡に導かれながら絵の上達を目指すとは、なんとも贅沢なことだ。何度もお手本を書き写す時間は、会ったことのない先生たちとの対話の時間でもあるのだ。(有澤)

右上から時計回りに:『人物草花魚貝略画』、『略画早指南』、『鳥獣略画式』国文学研究資料館蔵、『画筌』早稲田大学蔵、『小野篁哥字づくし』神戸大学附属図書館蔵

反復練習あるのみ

青海《せいがい》の波《なみ》
池水《いけみづ》の紋《もん》
法印探幽行年七十三歳筆
守房筆
UNIVERSITY LIBRARY
163167
40.9.30

花咲くまでの長き日々

紹介する書籍は『菊花壇養種《きくかだんやしないぐさ》』（弘化三年〔一八四六〕）という、菊の栽培に特化した出版物。口絵*には、豪奢な菊花の観賞会のシーンが描かれるが、その直前には、職人たちが菊を育てる手順と方法とが図解される。いまも秋になると各所で菊花展が催され、人々の目を楽しませているが、園芸の文化は、近世にも盛んであった。牡丹や菊、朝顔や万年青《おもと》など、実にさまざまな品種が育てられ、時には高値で取引されていた。そのような中、多くの園芸書が出版されたが、花の姿を多色摺*で見せる図鑑のようなものもあれば、育て方を解説した実用書もある。本書の図解は、貴人の目を楽しませている美しい花々は、時間をかけて、大切に育まれた、まさに精華であるという、明確なメッセージなのだろう。（速水）

◎『菊花壇養種』、背景：『画菊』ともに国立国会図書館蔵

START
一
二
三
四
五
六

体の中は？

西洋から学んだ解剖術は、身体を切り開き、じっくりと視《み》る。日本では、十八世紀後半には広まり始めた。多数の解剖図を掲載した『解体新書《かいたいしんしょ》』〔安永三年〔一七七四〕刊、中央の図〕は誰しも知るところであって、着実に近代医学へと歩みはじめた時代である。一方、長い伝統を持つ漢方〔東洋医学〕の世界でも体内は考えられてきた。もちろん、実際に切り開いたわけではない。『解体新書』の両側に配した二枚の浮世絵は、漢方〔東洋〕の体内観をもとに体内の活動を描いたものである。人体内部の器官〔心・肺・脾《ひ》・肝《かん》・腎《じん》など〕で小さな人間たちが働いている。見立てや擬人化という江戸らしい体内の表象である。近代医学へと歩を進めた時代にも、江戸らしいユニークな体内は描かれていた。〔門脇〕

◎右：『房事養生鑑』・左：『飲食養生鑒』ともに国際日本文化研究センター蔵、中央：『解体新書』国文学研究資料館蔵

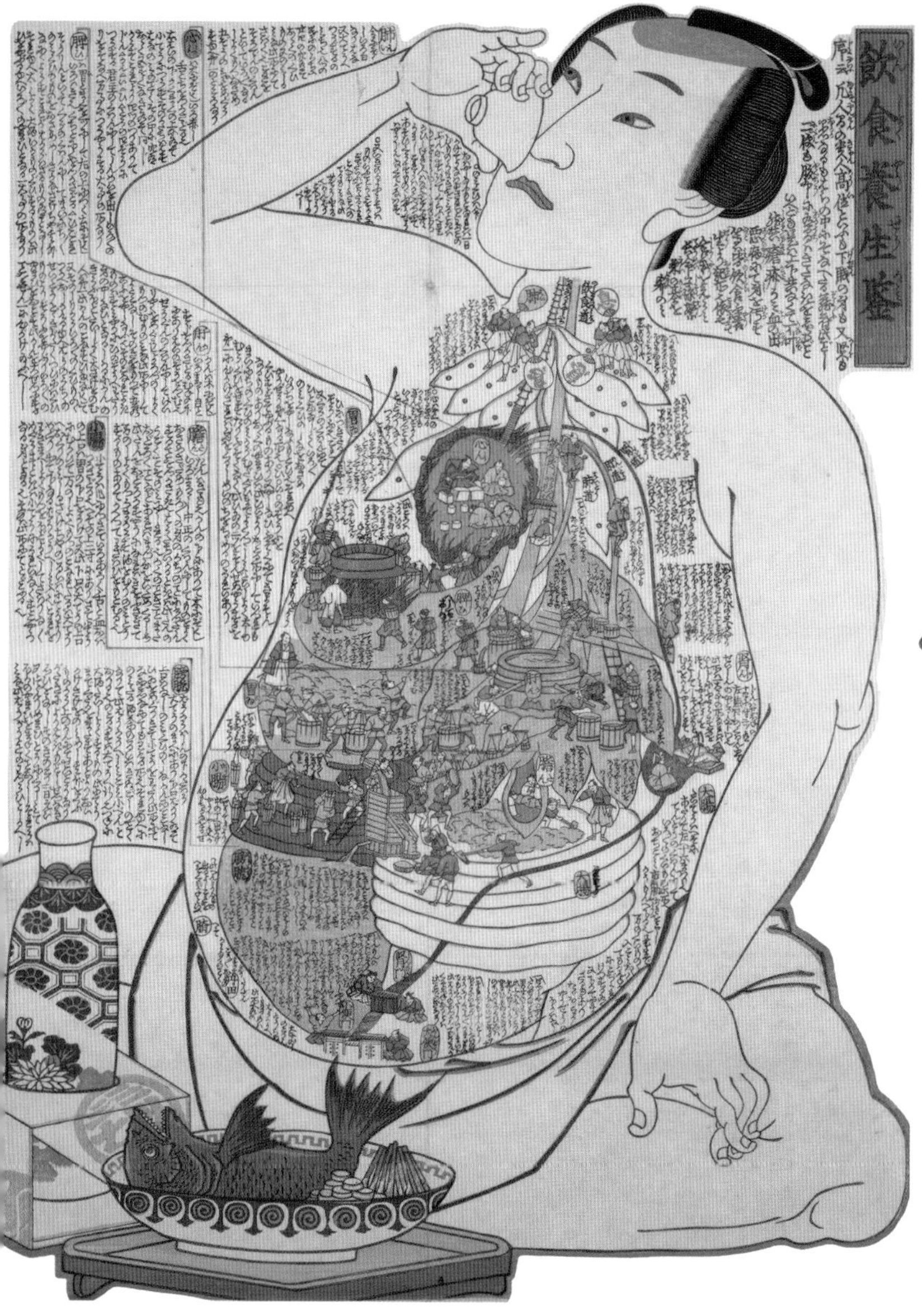
飲食養生鑑

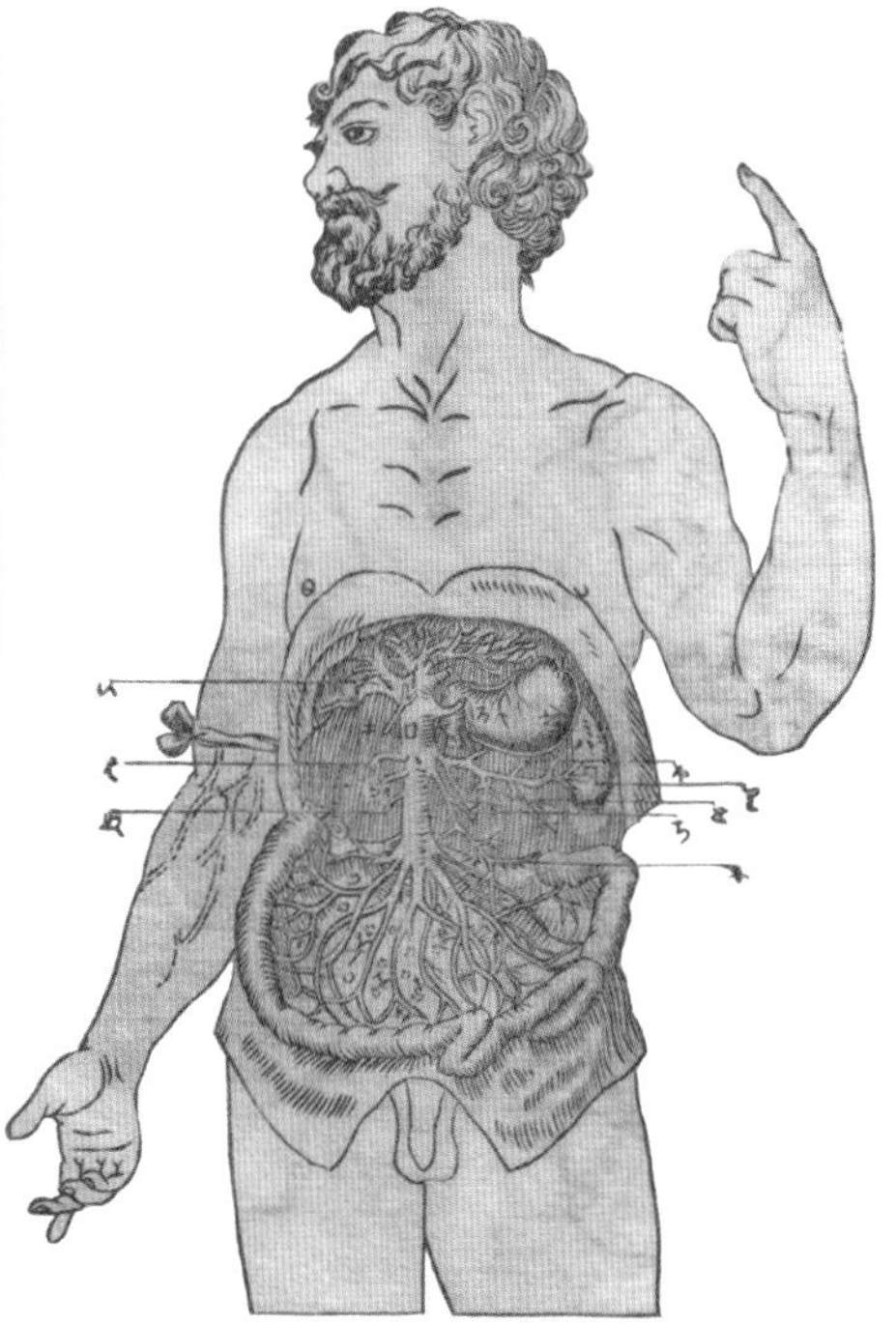

右手に現物、左手に書物

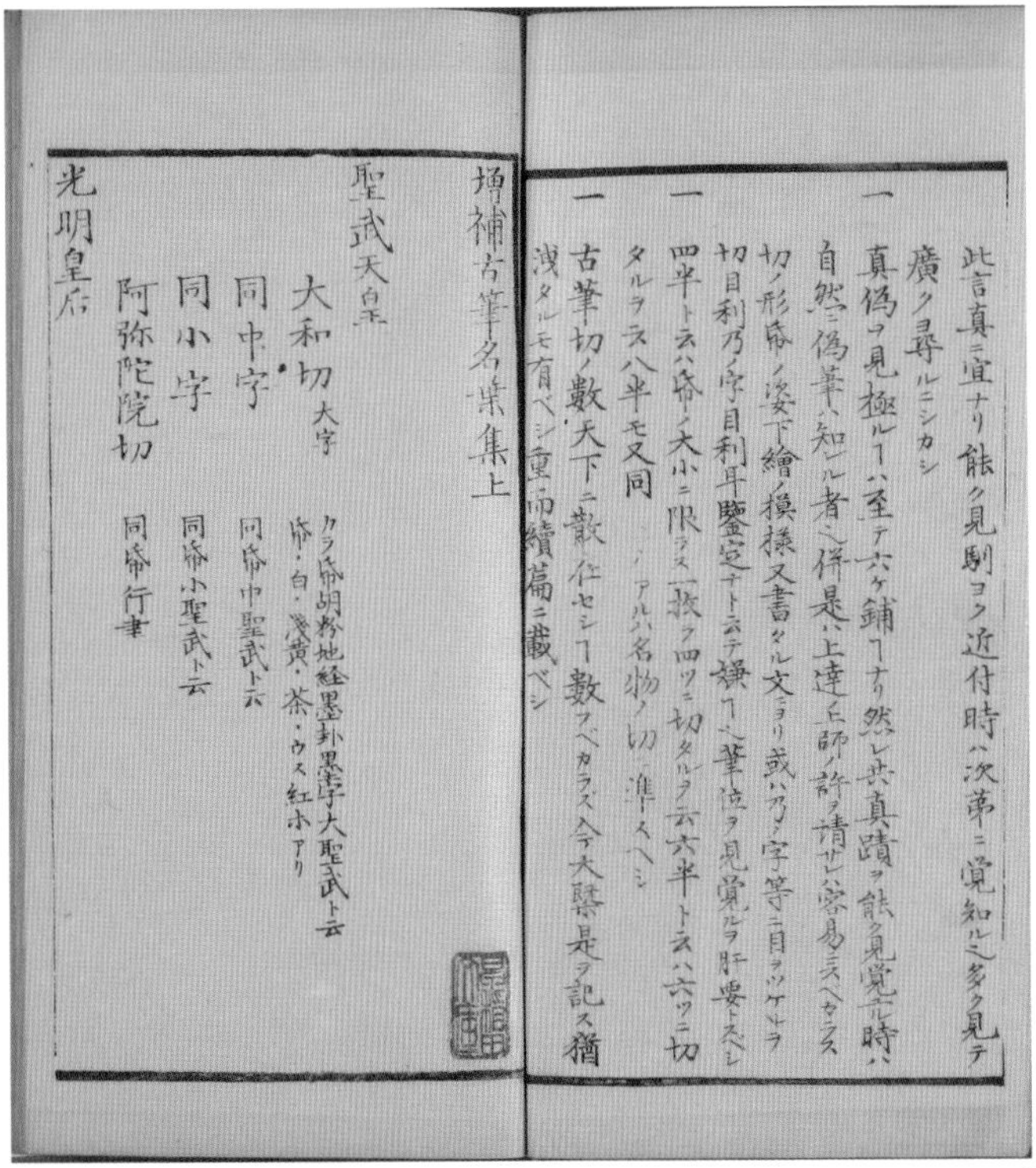
此言真ニ宜ナリ能ク見馴ヨク近付時ハ次第ニ覚知ルヽ多ク見テ
廣ク尋ルニシカシ
一 真偽ヲ見極ルヿハ至テ六ヶ鋪ヿナリ然レ共真蹟ヲ能ク見覚ユル時ハ
自然ニ偽筆ハ知ルヽ者也併是ハ上達ノ師ノ許ヲ請ザレバ容易ニ云ベカラズ
切ノ形ト紙ノ姿ト繪ノ模様又書タル文ヨリ或ハ乃ノ字等ニ目ヲツケルヲ
切目利乃字目利ト鑑定ナト云テ嫌ヿ也筆法ヲ見覚ルヲ肝要トスヘシ
一 四半ト云ハ紙ノ大小ニ限ラズ一枚ヲ四ツニ切タルヲ云六半トスハ六ツニ切
タルヲ云八半モ又同　ノアルハ名物ノ切ニ准スヘシ
一 古筆切ノ數天下ニ散在セシヿ數フベカラズ今大槩是ヲ記ス猶
洩タルモ有ベシ重而續篇ニ載ベシ

増補古筆名葉集上
聖武天皇
大和切 大字　カラ紙胡粉地経墨罫黒字大聖武ト云　紙・白・浅黄・茶・ウス紅ホアリ
同中字　同紙中聖武ト云
同小字　同紙小聖武ト云
光明皇后
阿弥陀院切　同紙行書

『新撰古筆名葉集』早稲田大学図書館蔵

兼好法師　卜部氏兼顕ノ男左兵衛
佐兼好ト云蔵人ニ任シ従
五位下ニ叙ス　後宇多帝
北面ノ士ナリ　帝崩シ給
フ後発心シテ薙髪シ名ヲ
以テ法号トス叡山ニ登リ
テ修学シ後隠捷ス才気秀
救尤モ和文ニ妙ナリ徒然
草ヲ著ハシテ大ニ其卓見
ヲ示ス後伊州ノ刺史ノ招
キニ仍テ屢々至リ終ニ其
国田井荘ニ終ル時ニ観応
元年二月十五日ナリ
上皇深ク惜ミ給ヒ勅使ヲ
賜ヒテ其墓所ノ封禄ヲ賜
フ今猶アリト

『古今墨蹟鑑定便覧』早稲田大学図書館蔵

現代でも行われる「鑑定」は、その一部に前近代の流れが脈々と受け継がれている。『古筆名葉集《こひつめいようしゅう》』は平安や鎌倉等の名筆が切り取られて遺《のこ》った「古筆切《こひつぎれ》*」の情報をいわゆる伝称筆者《でんしょうひっしゃ》*別に載せる本。古筆鑑定を*生業とする古筆家《こひつけ》*の伝承に拠っており、江戸時代において古筆手鑑《てかがみ》（断簡《だんかん》の貼込帖）を作る際の参考書としても重宝され、版を*重ねた。掲出本は安政五年（一八五八）序刊本。*

一方、幕末に刊行された『古今墨《ここんぼく》蹟鑑定便覧《せきかんていべんらん》』（嘉永七年〔一八五四〕刊）は、分野別に名家の落款《らっかん》*や印を*載せその人物の伝記を添えた、いわば人名事典。いまでも便利に使える本。また、『古今銘尽《ここんめいづくし》』（万治四年〔一六六一〕刊）は各時代・地方の刀《かたな》鍛冶《かじ》の系図や情報とともに、鑑定の鍵となる銘や刃文《はもん》・地鉄《じがね》等の特徴を図解した本。こちらも刀剣の研《と》ぎと鑑定を生業とした竹屋《たけや》家の鑑定法を取り入れ、やはり版を重ねた。持ち運びに便利な小型の版（左下）もあり、実際、ここにあげた書物を片手に鑑定することも当時はあったのかもしれない。（長田）

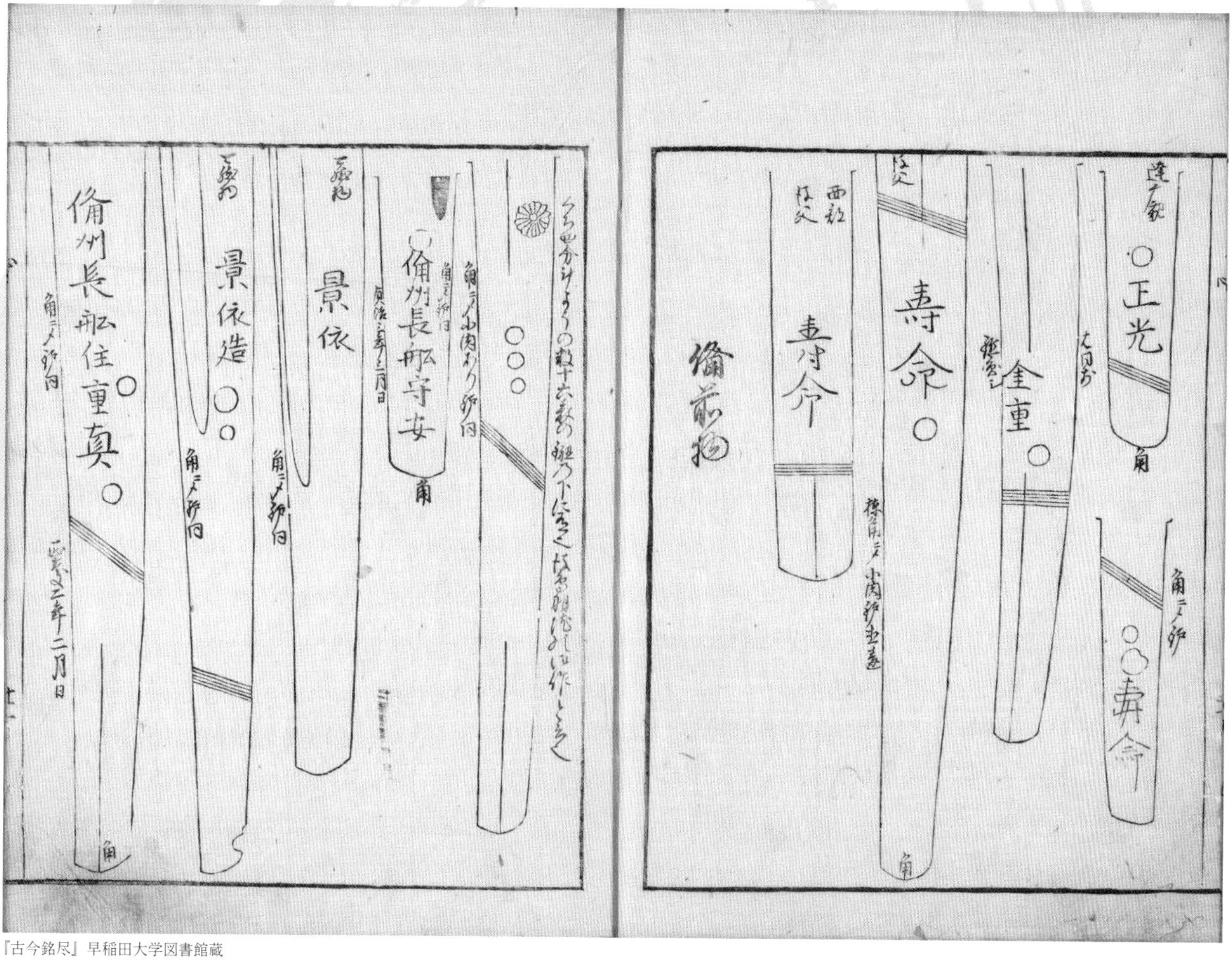

『古今銘尽』早稲田大学図書館蔵

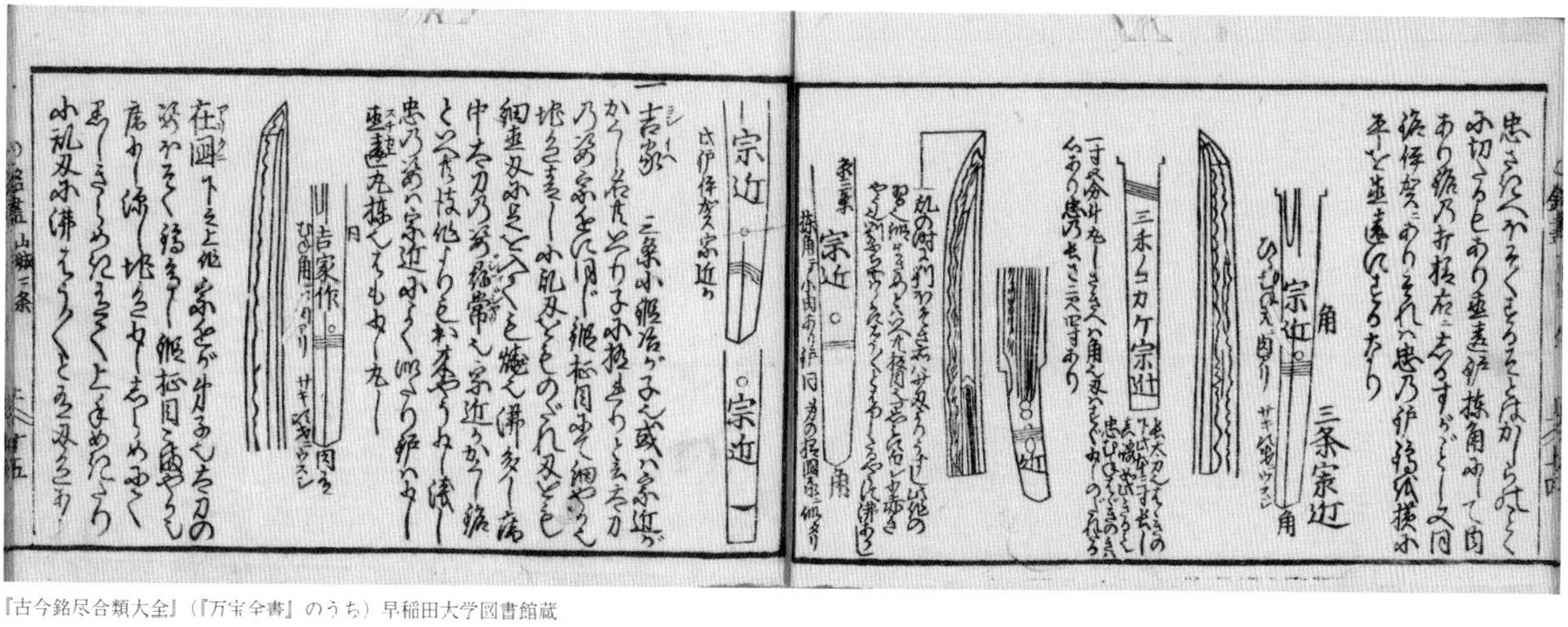

『古今銘尽合類大全』（『万宝全書』のうち）早稲田大学図書館蔵

Thema 》窮《きわ》める

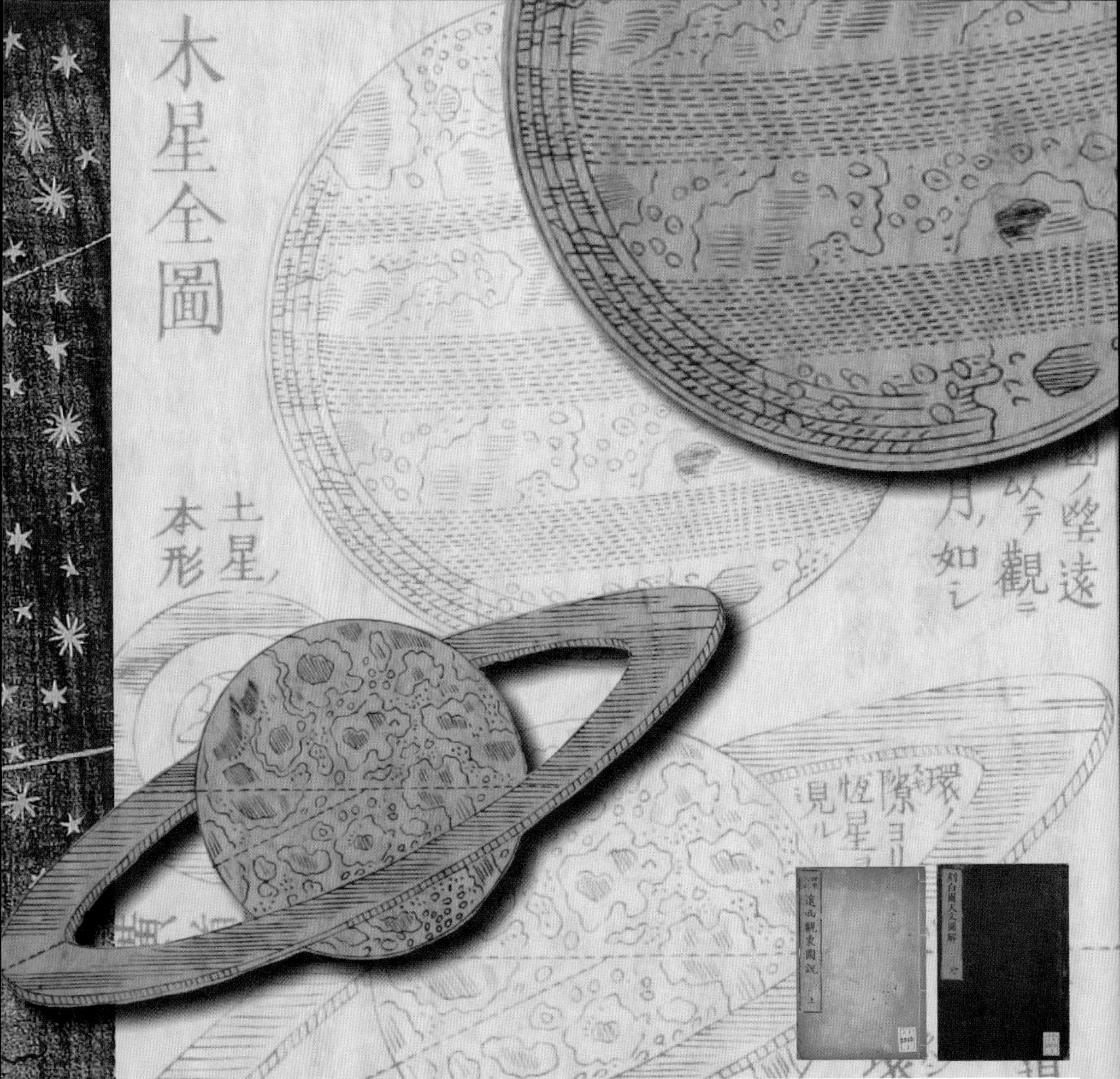

太陽の運動と見えるものは、実はすべて地球の運動である――。コペルニクスが『天球の回転について』（一五四三年刊）を世に出してから約二五〇年、日本で最初に地動説を紹介したのは、長崎のオランダ通詞＊・本木《もとき》良永《よしなが》（一七三五―一七九四）だったといわれる。その後、この新たな学説は、本木の影響を直接または間接的に受けた人々によって発展的に継承されていった。彼らが啓蒙のために刊行した書物には、魅力的な図版が数多く掲載されている。たとえば、木星の異様な模様や土星を囲む巨大な輪を克明にスケッチした右側の図はまさに奇観。一方、左側の星々が整然と並んだ太陽系図は天体の規則的な運動を端的に示していて美しい。当時、西洋科学は窮理学ともいわれた。これらの図版は、宇宙の法則を窮めようとした学業の成果であるとともに、読者の探究心を刺激し、さらなる学問の発展を促す誘発材であったに違いない。（天野）

◎右：『刻白爾《こっぺる》天文図解』、左：『遠西観象図説』ともに早稲田大学図書館蔵

地球は動いている！

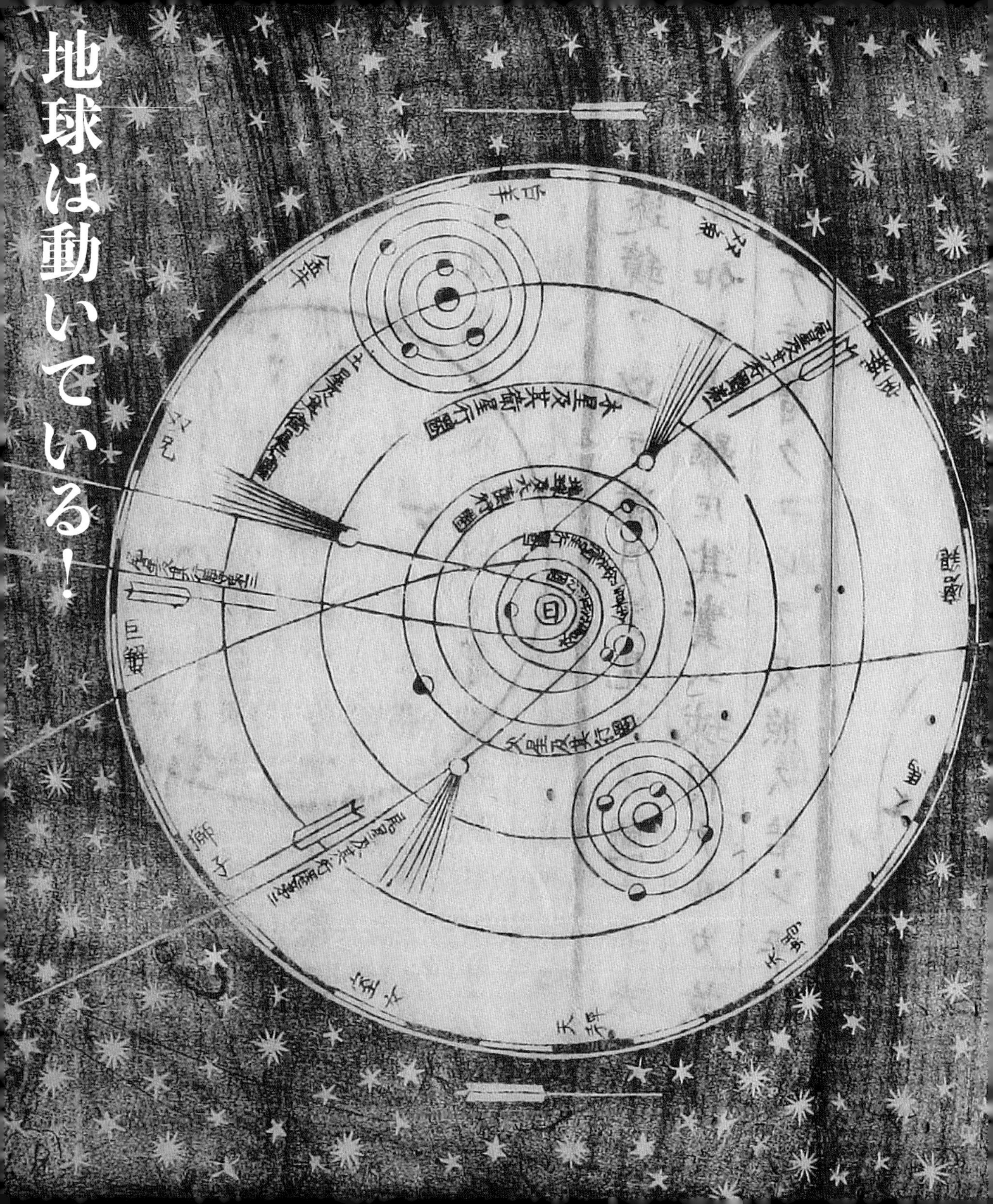

Thema » 夢みる異国

『天禄大平記』北海道大学附属図書館蔵◎

『木乃花双紙』関西大学図書館中村幸彦文庫蔵◎

『釋迦八相倭文庫』野田市立図書館蔵◎

次々と紙面に立ち現れる摩訶《まか》不思議な異世界。『白縫譚《しらぬいものがたり》』*（嘉永二―明治十八年〔一八四九―八五〕刊）の見返《みかえ》し*には空に浮かぶ気球。その横には、オランダ語“Lichtballon”（熱気球）を意識したのだろう、「りゆくとぼる」という文字が、まるで西洋の書体のように横書きで書かれている。また、『釈迦八相倭文庫《しゃかはっそうやまとぶんこ》』*（弘化二―明治四年〔一八四五―七一〕刊）表紙に描かれた女性たちの背景には、陰影に富んだ洋風建築が。こちらは当時最新の銅版画*技術を用いて描かれた「ゼルマニヤ廓中之図」（亜欧堂田善《あおうどうでんぜん》〔一七四八―一八二二〕画）を参考にした可能性が指摘されている。こうした異国趣味は、近世後期の娯楽小説の特色のひとつ。特に、視覚的要素が大きな合巻《ごうかん》*（長編絵本）では、珍しい舶来品や外国の風土を紹介したり、西洋画風のタッチや文字を駆使したりすることで、目新しさを提供している。もっとも、その紙面には歌舞伎役者の姿や変体仮名《へんたいがな》*も同居して……。混然とした趣が、妖しい作品世界へと読者を導く。（有澤）

丸枠：『桜姫筆再咲』神戸大学附属図書館蔵◎

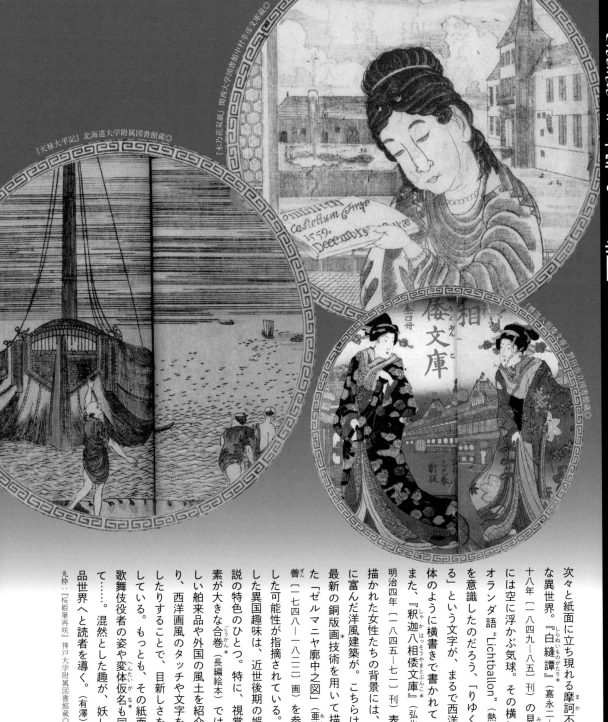

ここはどこ？

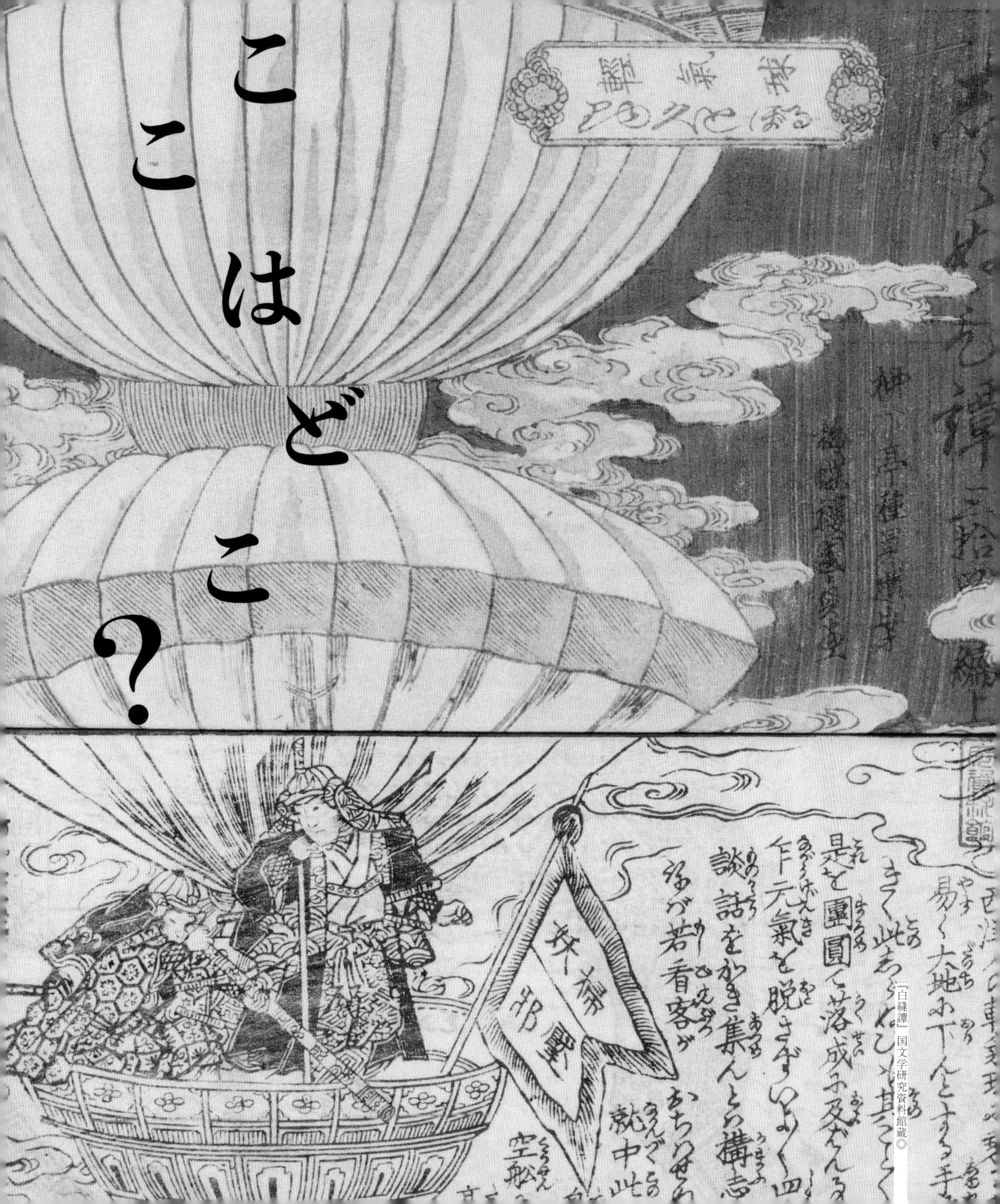

【白縫譚】国文学研究資料館蔵©

紙面のなかの

小宇宙

森羅万象

人は事物を蒐集《しゅうしゅう》し、並べ、分類することで世界を把握してきた。植物を中心とする薬物学である本草学《ほんぞうがく》は、中国由来で日本に伝来し、特に盛んになった江戸時代には、緻密な図と解説文からなる書物が多く編まれた。また、蒐集・研究の対象を動物や植物、鉱物、地質・園芸等に広げた博物学や物産学も発展し、図鑑的性格を持つ書物は、鑑賞に堪えうる美麗さを兼ね備えるようになってゆく。ここで紹介した書物は、それぞれ植物、虫、鳥、魚介、雪の結晶などの姿を克明に描き、その様態を記述したり、縁ある歌や句を寄せたりしたもので、当時の人々がその日で観察し、考察し、認識した世界の在り様である。ページの中は、知の小宇宙そのものだ。（有澤）

◎『薩摩禽譜図巻』『潮干のつと』『魚貝譜』国立国会図書館蔵／『画本虫撰』『北越雪譜』国文学研究資料館蔵

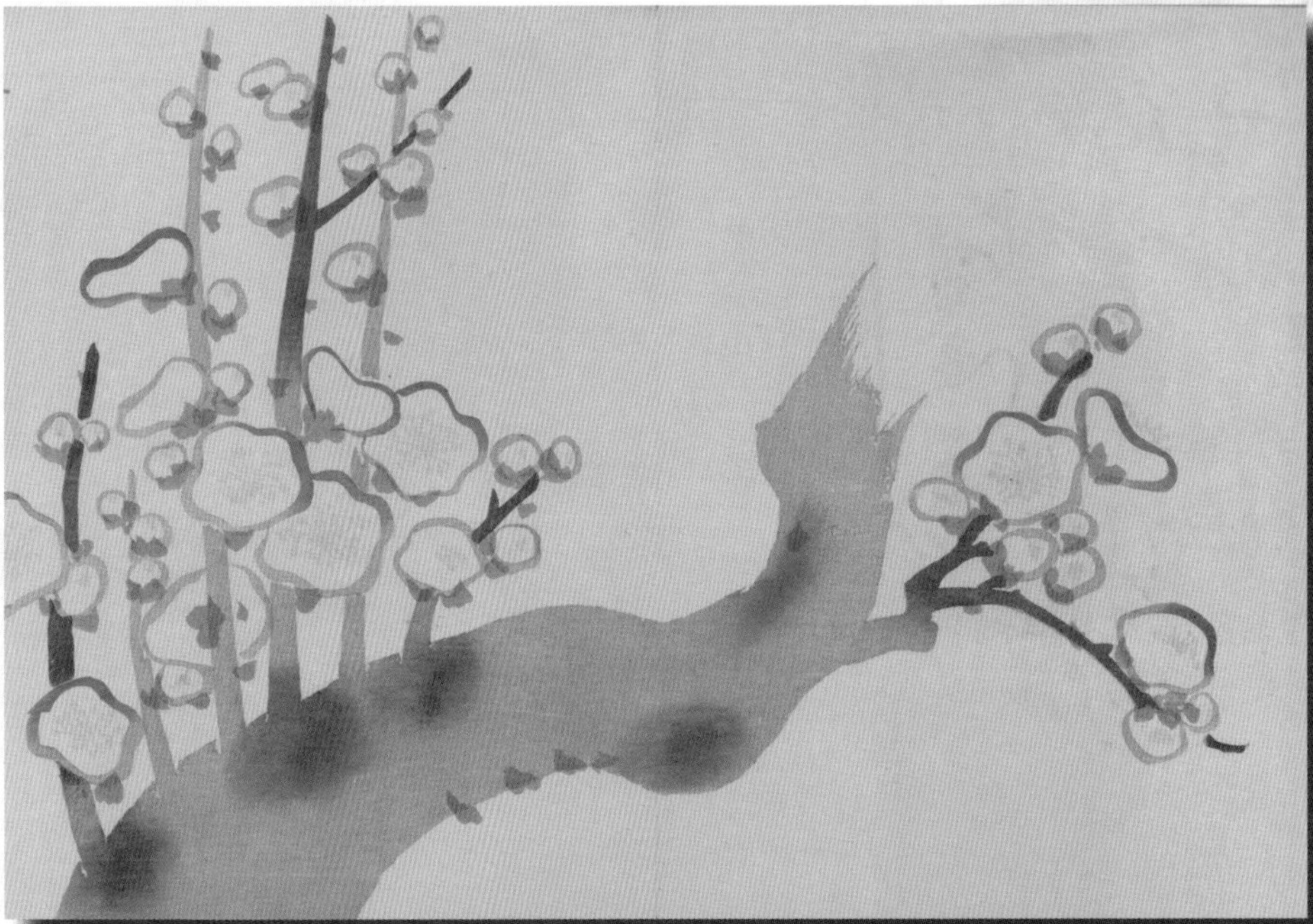

『光琳畫譜』国文学研究資料館蔵

本を標本する

銀に彩られた料紙《りょうし》*の模様、虫喰《むしく》い*の跡、二色がにじんでできる柔らかな色調――。実はこれらは、稀少な写本《しゃほん》*の作品を版本《はんぽん》*の紙面に再現したものである。

和本*は大きく写本と版本に分けられる。写本は手書き、版本は印刷物だ。印刷技術は古く奈良時代からあるが、版木《はんぎ》*を彫って摺《す》る整版《せいはん》*印刷の技術が向上し、書物の大量生産・大量消費が可能になったのは、十七世紀頃になってから。整版印刷の発達は、稀少な写本を遺してゆくことにも一役買った。たとえば、古い文物《ぶんぶつ》を研究する考証学の分野では、貴重な絵巻や書物の姿をそのまま写し取り、解説を加えた書物を出版した。また、尾形光琳《おがたこうりん》のモチーフを集めた『光琳画譜《がふ》』(享和二年〔一八〇二〕刊)は、洗練された彫り*と摺りの技術により、琳派《りんぱ》*の特色であるたらしこみを再現する。憧れの姿を紙面に再現する、愛にあふれた版本の世界をご堪能あれ。(有澤)

『近世奇跡考』国文学研究資料館蔵◎

『昔話稲妻表紙』神戸大学附属図書館蔵

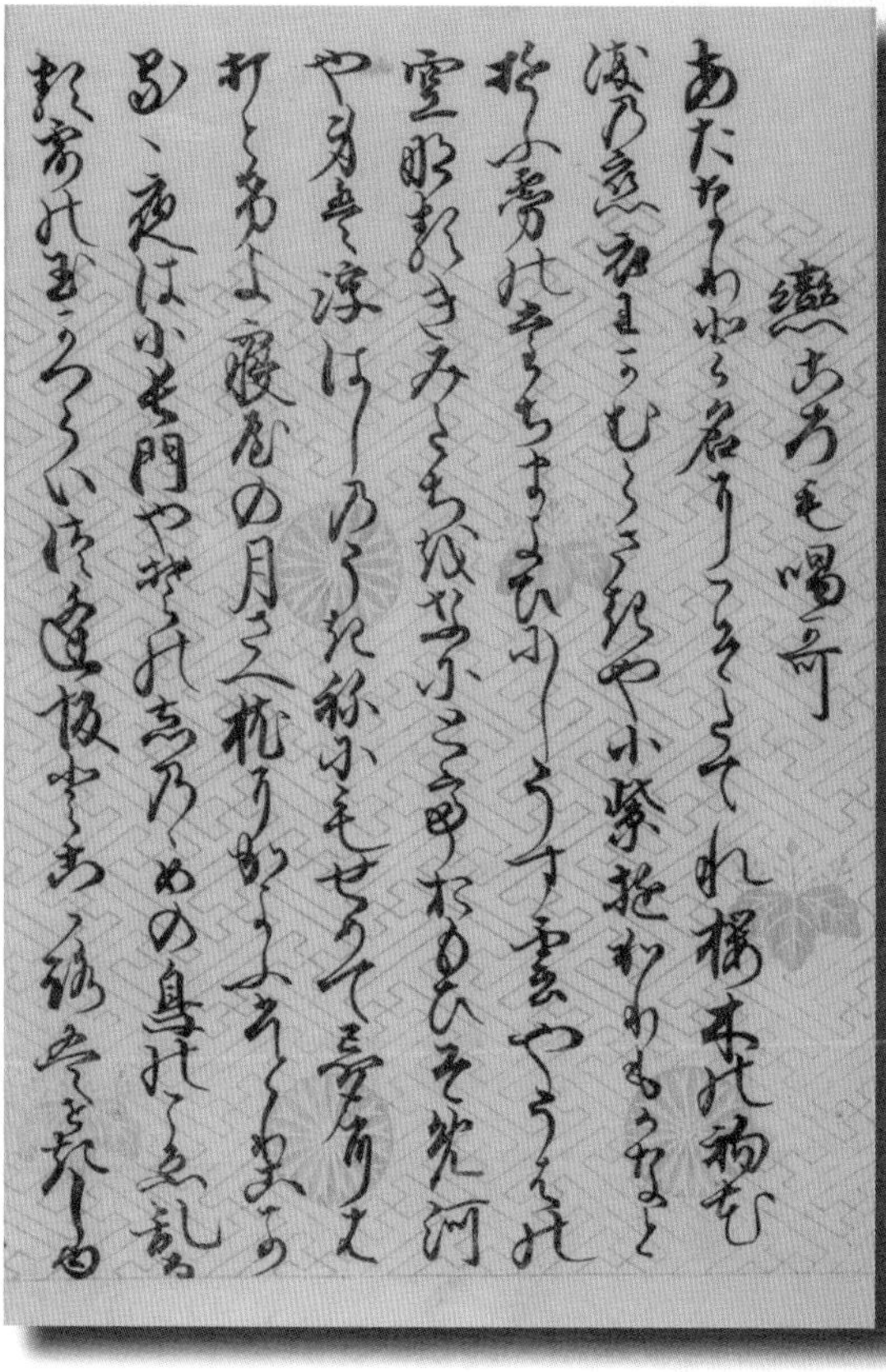

『花街漫録』個人蔵

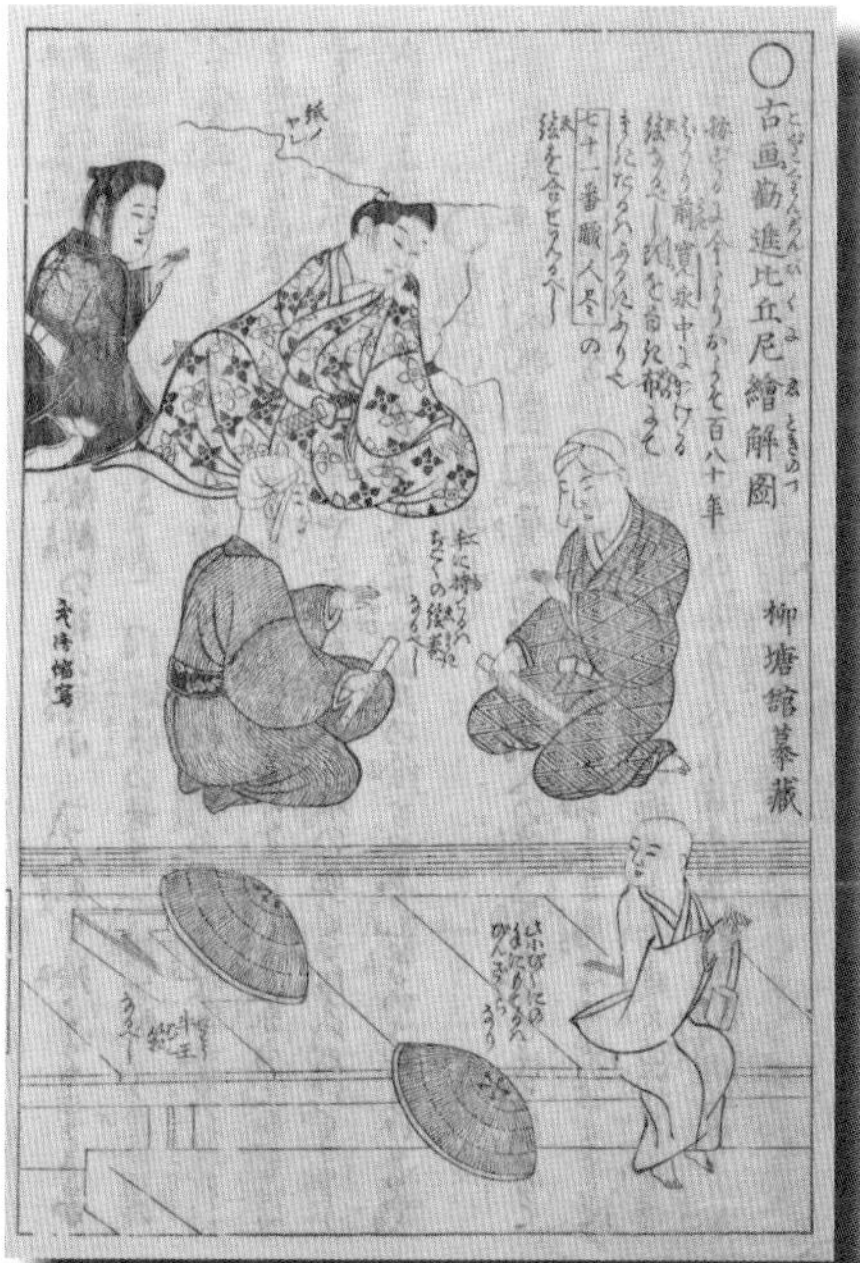

『骨董集』国文学研究資料館蔵

デザインブック。

◎ 右から：『手拭合』国文学研究資料館蔵、同、『御ひいなかた』お茶の水女子大学図書館蔵、『小倉山百首雛形』武雄市歴史資料館蔵、『雛形曙桜』お茶の水女子大学図書館蔵、『今様櫛きん雛形』国文学研究資料館蔵、『小紋雅話』国文学研究資料館、同

めくるめく、江戸の

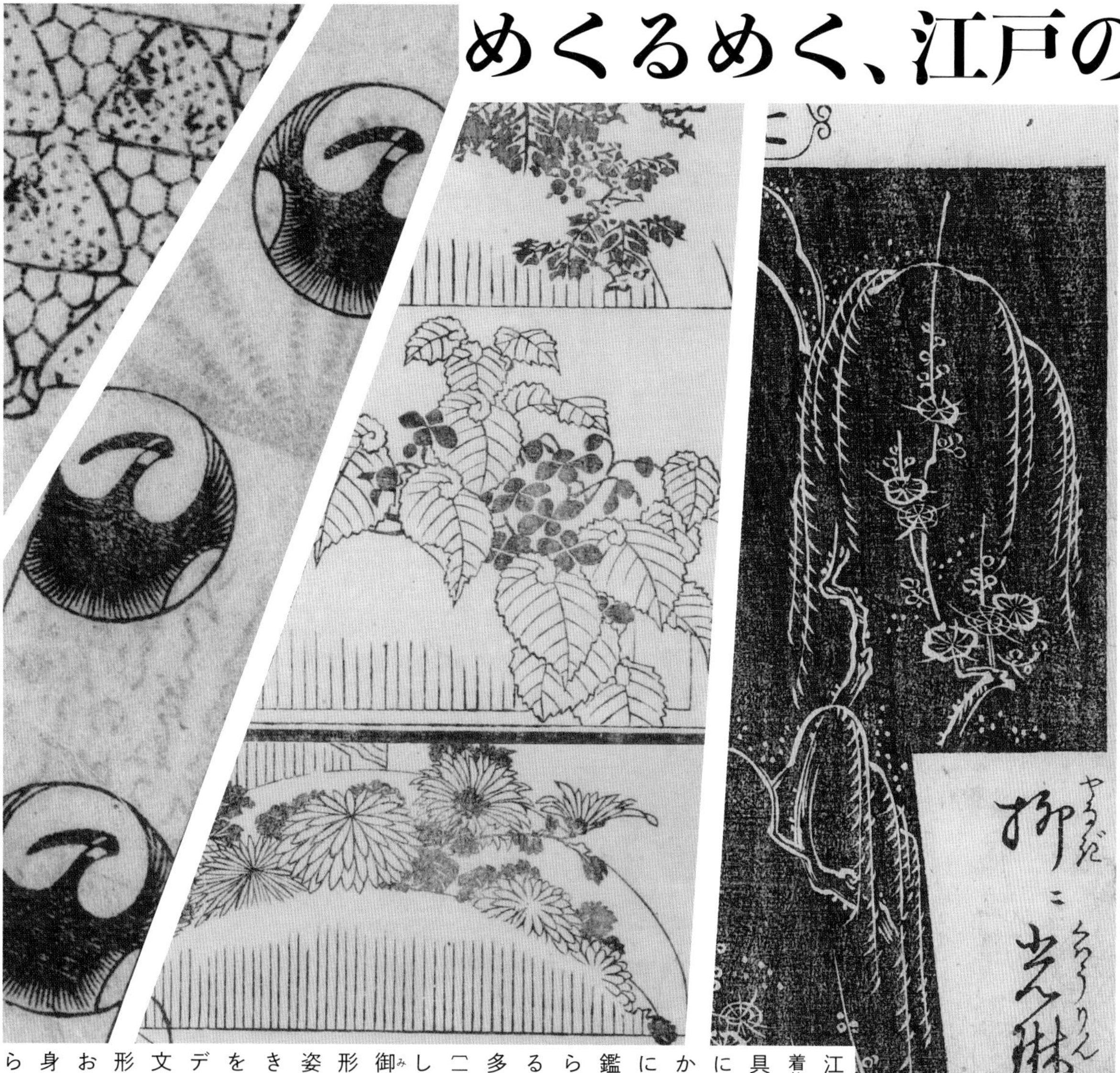

江戸時代には意匠を凝らした小袖《こそで》（＝着物）が流行した。着物や装身具、家具等の図案を「雛形《ひながた》」といい、実際に作る時の見本帳「雛形本」で華やかな模様が提案された。一方、衣桁《いこう》に着物を掛けた「誰袖図《たがそでず》」は、絵の鑑賞自体を楽しめるような工夫がこらしてあり、雛形本の娯楽性を伝える。古典や芸能モチーフの図案も多い。『小倉山百首《おぐらやまひゃくしゅ》雛形』（貞享五年〔一六八八〕刊）は百人一首をテーマにした着物の図案集。風に舞い上がる御簾《みす》と「雲通路《くものかよひぢ》」の文字を配した雛形（右頁左端）は、舞姫たちの美しい姿を詠んだ歌「天《あま》つ風雲《かぜくも》の通《かよ》ひ路《ぢ》吹《ふ》きとぢよ乙女《おとめ》の姿《すがた》しばしとどめむ」をデザインしている。洒落のきいたデザインも人気だ。丸に鶴に見える文様が、実は上から見たちょん髷《まげ》の形だったり、鱗型紋に見立てた焼きおにぎり紋だったり……見て楽しい、身に着けて楽しい雛形本。あなたならどう使ってみますか。（有澤）

Thema » 江戸の艶

うつくしき

優美な曲線でやわらかな肢体を描かれた女性たちは、気品のある美しさをそなえている。眼を惹《ひ》くのは、黒・白・赤といった配色の妙である。特に、黒。この黒は、どこまでも深い。その深さによって、画中の人物は艶《あで》やかに光る。また、制止にしろ躍動にしろ、どの動作をとってもリアルな「生」があふれている。決して華美を誇《ほこ》るのではなく、奇をてらってもいない。江戸の艶《つや》とは、このよ

うな日常の景色の中にこそあった。

ただし、優れた絵画作品として昇華させた者は少ない。ここでは、鈴《すず》木《き》春信《はるのぶ》（一七二五—一七七〇）の作品の中から四季ごとの美人画をピックアップした。これらの名品は、春信の天才と彫《ほ》り*や印刷の優れた技術が可能ならしめたものといえよう。

（門脇）

◎右から：『夜の梅』メトロポリタン美術館蔵、『風俗四季歌仙・水無月』国立国会図書館蔵、『紅葉舞美人』東京国立博物館蔵（Image: TNM Image Archives）、『雪中相合傘』ボストン美術館蔵（William S. and John T. Spaulding Collection/21.4403/ Photograph © 2023 Museum of Fine Arts, Boston. All rights reserved. c/o DNPartcom）

旅に出よう、本を片手に。

③

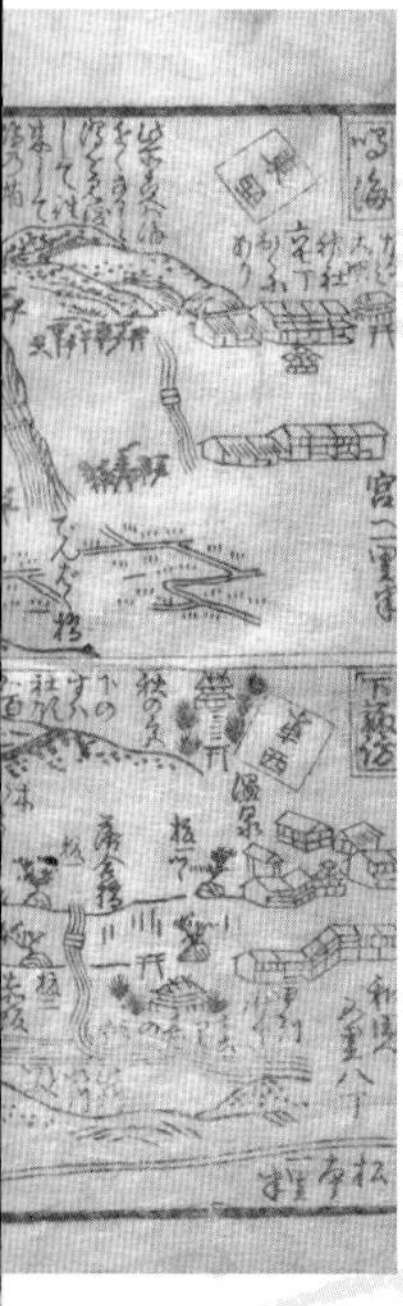

あまたの人々が旅した近世、道中や寺社、名所旧跡情報を、挿絵とともにふんだんに盛り込んだ書籍が出版され人気を博した。持ち運びに便利な小型本もあれば、居ながらにしてじっくり読む（もしくは緻密な挿絵を鑑賞する）ための大型本もある。画像①〜③は、すべて中山道の名所のひとつ・諏訪湖の図と関連情報を掲載したものである。①は縦寸約二七センチの大型本。②はその三分の一ほどの大きさで、右端の「温泉」に「三ヶ所」などと朱書きされており、実際の旅に携帯されたと思しい（他に、諏訪湖の大きさや「峠」横に「シヲジリ峠」と具体名が書き込まれている）。③は、上段に東海道、下段に中山道の情報を盛り込んだ便利版。江戸と京都を往復する旅人は、ともに二都を始終点とする二本の大道路を両方通りたがったらしい。

①『木曽路名所図会』②『岐蘇路安見絵図』③『東海木曽 両道懐宝図鑑』／背景：『続膝栗毛』八篇上◎、すべて国文学研究資料館蔵

①

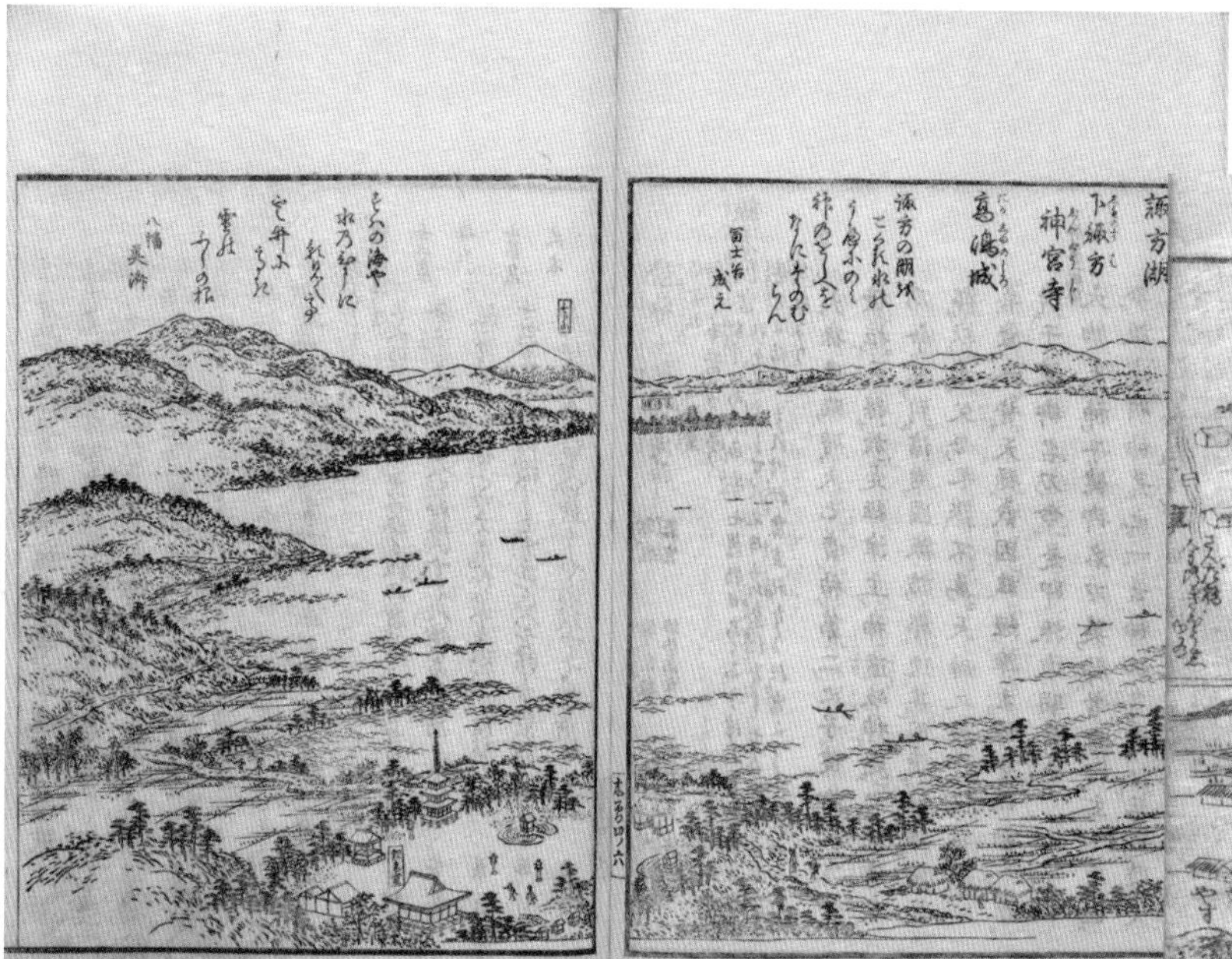

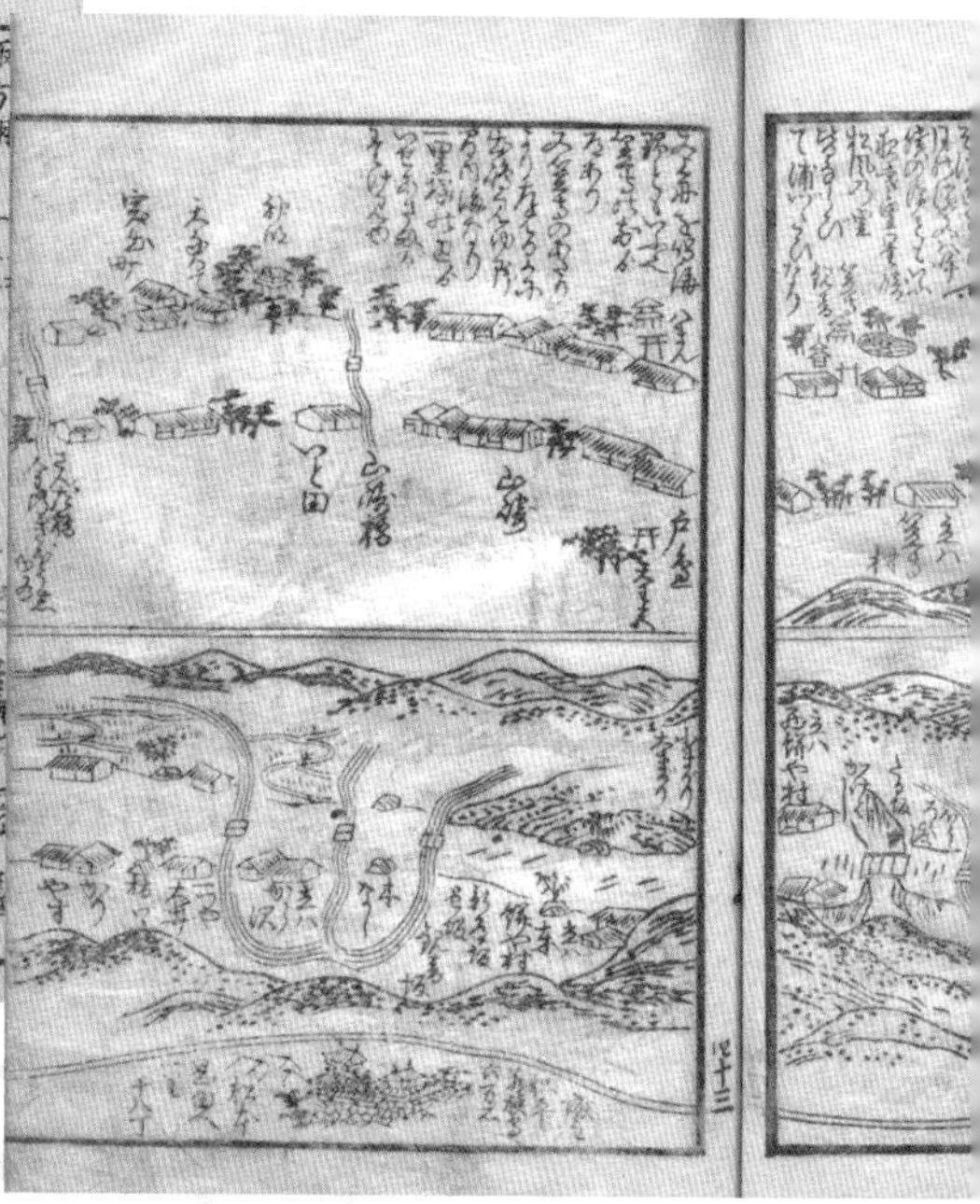

上図は中山道の絶景ポイント塩尻峠から見る諏訪湖の眺望図。下図は画面下に諏訪湖、その大きさが朱書きされている。右図のように東海道・中山道を上下に併記するものも現れた。

②

めでめで、たしたし。

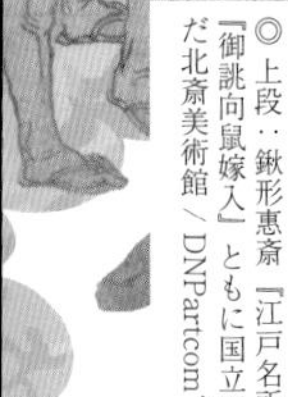

江戸で出版された絵本*は、それ自体が正月の贈答に用いられる祝儀物でもあった。長寿や家内繁栄を寿《ことほ》ぐモチーフが好まれ、天下泰平と、彼らが誇らしく「大江戸」と呼んだ都市の繁栄を寿いで、「めでたしめでたし」で終わるのが一般的である。元旦の澄み切った空気の中、初日の出とともに江戸城へと向かう大名行列の上空には、白富士と鶴の姿（上段）。市街地に目を移せば、年始の挨拶へ向かう裃《かみしも》の男性や、羽根つきに興じる姉妹、門付《かどづ》け芸者が、新しい一年を喜び、大通りを行き来する（中段）。きっと夜明けには、各々の家で一年の健康を祈りながら、静かに若水《わかみず》を汲んだことだろう。人間たちの足元では、鼠《ねずみ》の嫁入り準備がにぎやかに行われている（下段）。ささやかな暮らしの慶びを活写した書物たちは、時を超えて、今日という日をいつくしんでいる。（有澤）

◎上段：鍬形蕙斎『江戸名所図会』福生市郷土資料室蔵、中段：『四時交加』、下段：『御誂向鼠嫁入』ともに国立国会図書館蔵、右下：「井戸端の美人」画像提供：すみだ北斎美術館／DNPartcom、左下文字：『腹之内戯作種本』国立国会図書館蔵

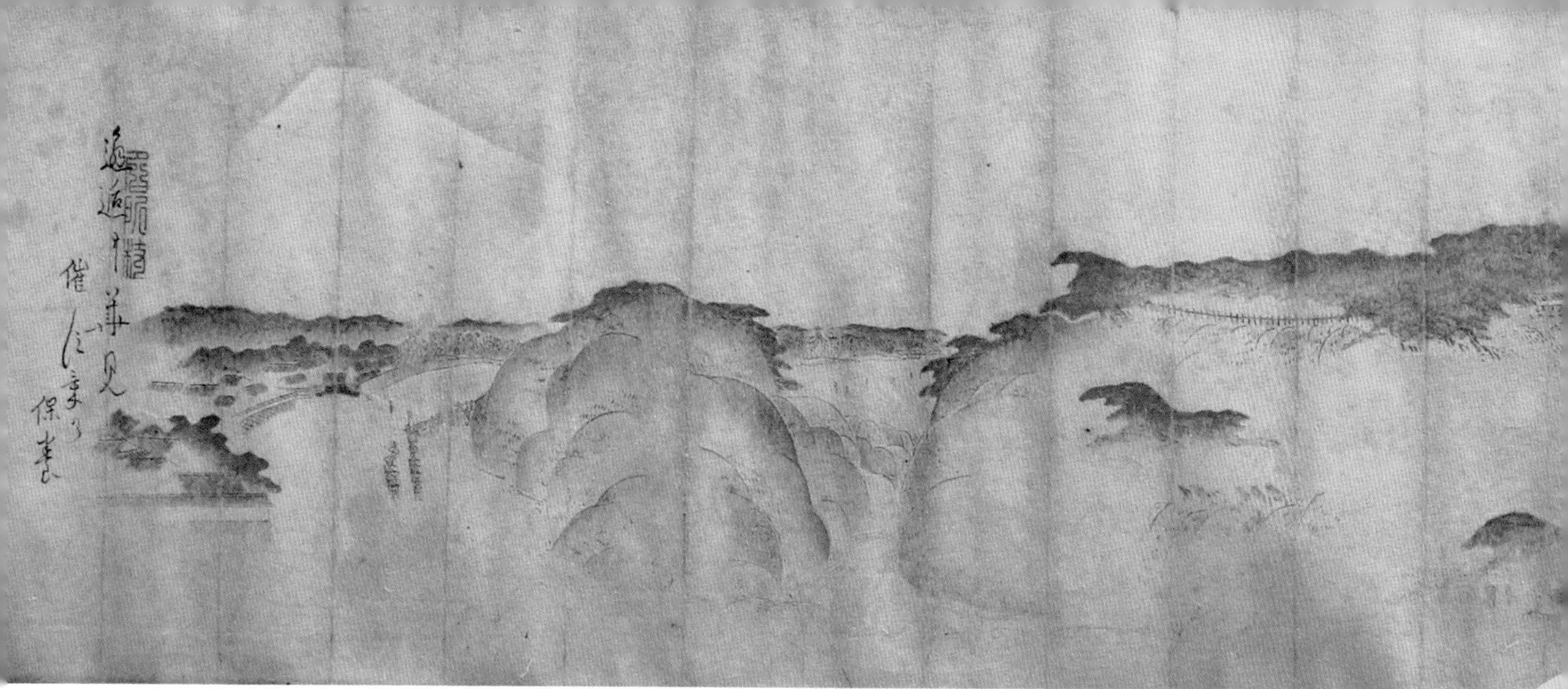

雛道具
めでとう
めでとう
めでとう
めでとう

第二部

研究のバックヤード

きらりと光るあの論文はどのような着想から生まれたのか？
いかなる方法を編み出すことにより結論にたどり着いたのか？
こうしたそもそもの部分は、
同じ学会に属しながら意外にも知る機会に乏しい。
その知られざる深奥を照らすため、
若手・中堅の研究者がベテランに面と向かって、
リスペクトし過ぎず根掘り葉掘りとことんまで聞いてみた。

■古井戸秀夫氏に聞く

歌舞伎の深層にどう入り込むのか

実証的調査に基づく着想

interviewer＝佐藤かつら

ドキリとする題目で
文学の楽しさ、魅力を語る。
江戸において夢はどう見るのか。
女形の「額の生え際」から何がわかったのか。
秀逸な発想の根底にあるものは何か。

歌舞伎は面白い。

古井戸秀夫氏の研究を知れば知るほど、そのことを実感する。そして未だ見たことのない歌舞伎の深層に入り込んでいく気持ちがする。

読者の皆様に歌舞伎の探検を味わっていただくべく、ここでは私に選んだ氏の二本の論文を、紹介していきたい。

夢はいったいどこで見るのか

まず一つ目は**「四谷怪談——夢の場」**（初出『日本の美学』十七号、一九九一年七月刊。のち『歌舞伎——問いかけの文学』ぺりかん社、一九九八年所収）である。

夢はどこで見るのか。

本論文の構想のきっかけは、古井戸氏の師である郡司正勝《ぐんじまさかつ》氏（一九一三—一九九八、早稲田大学名誉教授）の言葉であったという。郡司氏はあるとき、早稲田大学の演劇博物館（早稲田大学坪内博士記念演劇博物館、一九二八年設立）で浮世絵の整理をされていた。そのためか、ある日「カラーの夢を見た」とおっしゃったという。それまで、自分の見る夢に色がついているかどうかなど意識したことはなかったという古井戸氏は、そこから夢に

Profile

古井戸秀夫（ふるいど ひでお）
一九五一年、東京都生まれ。早稲田大学大学院文学研究科芸術学演劇専攻博士課程退学。東京大学名誉教授。専門は日本近世演劇。著書に『歌舞伎——問いかけの文学』（ぺりかん社）、『評伝鶴屋南北』（白水社）など。

ついて考え始めた。そして「夢はいったいどこで見るのか」という疑問を抱いた。学生たちに尋ねると、答えはいつも「夢は頭で見る」。

古井戸氏によれば、江戸においてはそうではない。夢は、頭ではなく、「心」で見るのである。「心」がおさまっている「体」で見るのである。「夢を見ているのは頭ではなくて、体」なのだ。

ではこの指摘に至るまでの議論をみていこう。

本論文は四代目鶴屋南北《つるやなんぼく》『東海道四谷怪談《とうかいどうよつやかいだん》』（文政八年〔一八二五〕七月、江戸・中村座初演）における「夢」の場面の演出についての疑問から始まる。かつての妻お岩《いわ》の死霊に悩まされる日々を送る浪人民谷伊右衛門《たみやいえもん》が、つかの間に見る夢の場面である。夢の中においては美しい田舎娘（実はお岩の死霊）と、大名の姿になった伊右衛門とが恋を語らう。お岩が正体を現すことで夢は破れる。

ト書《とが》きによれば、怪異の出現を表す効果音である大太鼓の「ドロドロ」が入り、幕の前に「心」という文字が現れ上方に引き上げられる（郡司正勝校注　新潮日本古典集成『東海道四谷怪談』参照）。それから幕が明く。夢の場面が終わると、「心」の文字は再び出現し、「下へ引きおろす」とある。

古井戸氏は、この「心」がなぜ最初に上に引き上げられ、最後には再び現れ引き下げられることになるのかという問題提起をする。この「心」は、「そのままストレートに夢を象徴していたのであろうか」。この謎の提示のあと、「夢」と「心」「魂」「体」の問題に、先行の歌舞伎狂言や江戸の文学作品を例示しながら分け入っていく。

結論から言えば、「心」という文字は、単に「夢を象徴する」だけのものではなかった。「心」は夢を見ている人間の魂なのである。だからこそ、この「心」は下に引いて取り、夢を見ている人間のもとに戻らなければならなかった。

「四谷怪談」より後の時代に上演された河竹黙阿弥《かわたけもくあみ》作『江戸《えど》桜清水清玄《ざくらきよみずせいげん》』（安政五年〔一八五八〕三月初演）においても、主人公の清玄は夢のなかで恋しい桜姫《さくらひめ》との逢瀬を遂げるが、この夢は桜姫への恋の執着とそれによる清玄の肉体の五臓の疲れによって現れる。そして舞台では、銀張《ぎんばり》の「心」の文字が最初日《ひ》覆《おお》い（天井）に引き上げられ、のちに清玄の後ろに引いて取られる。古井戸氏はこのことから、「心」は疲労した肉体から離れた清玄の心であり、夢が醒《さ》めるとその心が肉体に戻ってくるとする。この「心」は「恋故の生霊」ともされる。

「心」の文字をつるしてやがて下に引いて取る演出は、『御狂言楽屋本説《おきょうげんがくやのほんせつ》』（安政六年〔一八五九〕刊）に見られるように幕末には一般化していたとみられる。その他、文字の「心」が下に引かれるのではなく、作り物の「魂」が日覆いから降りてきて、夢を見ている人の懐《ふところ》に入ることで夢から醒める様子を表現する場合があった。これはたとえば鶴屋南北作「女清玄《おんなせいげん》」（『隅田川花御所染《すみだがわはなのごしょぞめ》』文化十一年〔一八一四〕三月初演）に見られる。古井戸氏はこの魂を、『羽勘三台図絵《うかんさんだいずえ》』（寛政三年〔一七九一〕刊）や『戯場訓蒙図彙《しばいきんもうずい》』（享和三年〔一八〇三〕刊）に図示される「魂《こん》魄《ぱく》」だろうとする。これは真鍮《しんちゅう》のような色で、丸い形のなかに「心」という文字が赤く見えたり、あるいは火の燃えるかたちがきらめいたりするものであるという。ちなみに現代においても焼酎火《しょうちゅうび》（アルコールを浸した布や綿に火を付け差金《さしがね》で操る小道具）の魂が舞台で使われるが、古井戸氏は炎の燃えるさまが「心」という字のかたちに似ているのはたんなる偶然ではなくて、魂魄と心はひとつのものとして考えられていたのだと思う」と指摘する。炎が「心という字に見える」との発想には驚かされ感嘆する思いだ。

他人の魂が夢の中に入り込み、夢を見させられる

魂魄はさまざまな歌舞伎狂言において亡魂として表されるが、生きている時は「精気《せいき》」（山東京伝《さんとうきょうでん》『心学早染草《しんがくはやそめぐさ》』寛政二年〔一七九〇〕刊）、「精神」（『羽勘三台図絵』）とも呼ばれた。また、『心学早染草』に見られるように、魂が疲労すると体から離れると考えられていた。そのために悪夢を見ることとなる。

体から離れた魂はまた体に戻り、夢の記憶は体に残る。一方で、他人の魂が夢の中に入り込み、夢を見させられる場合がある。たとえば「四谷怪談」の夢の場は、伊右衛門がお岩のもたらす火の車により奈落に引きずり込まれるという恐怖の場面で終わるのだが、これはお岩の亡魂が伊右衛門に見させた夢だと古井戸氏は指摘する。また、能『葵上《あおいのうえ》』や『鉄輪《かなわ》』においても女の生き霊が葵上や男の体に取りついて夢を見させることを例示する。四十九日たっても捨てることのできない執着を残しさ迷う魂は旅人に夢を見させるが、これが夢幻能《むげんのう》であることも指摘される。これらは頭で空想する幻想ではなく、「醒めてののちまで体の記憶として残る幻想的な心の体験」とするのである。

ちなみに「夢はどこで見るか」ということを古井戸氏が考え始めた時に最初に浮かんだのは、世阿弥《ぜあみ》であるそうだ。世阿弥の能『砧《きぬた》』では、帰らぬ夫を恨みに思う妻は「思ひ出は身に残り」と物思いにふける。そこから、「思い出が身に残った人たちが成仏できなくてさ迷う」ということを考えたという。この場合の「身」とは、「魂」「心」と同義なのであろう。このころ、古井戸氏は「心身一元論」についても考えていたとのことで、こうした思考の過程が本論文に結びついているのである。

亡魂は遺骸にとどまる

ここから論文の話題は、お岩の遺体の葬られ方に移る。お岩と、伊右衛門に殺された小仏《こぼとけ》小平《こへい》の遺体は、一枚の戸板に裏表に打ち付けられて姿見の川（江戸川〔神田川〕上流）に流される。初演の台本では二人の遺体を釘で打ち付けるという描写があるが、残酷すぎるため現代では行われない。

戸板に男女の遺体を裏表に打ち付け、さらには川に流すという南北の特異な発想はどこから来たのか。この点に関しては近年刊行された古井戸氏の大著『評伝　鶴屋南北』第二巻（白水社、二〇一八年）に詳述される。「戸板返し」は実録の四谷怪談にはなく、南北の創作であるという。

まず当時の江戸における、不義密通に対する処罰との関連はどうか。小平はお岩の不義密通の相手、つまり間男にされるのである。もちろんお岩と小平にそういった事情はなく、伊藤家のお梅と結婚するために伊右衛門が仕立てたことである。現実には、不義密通の男女への扱いは残酷なものがあった。しかしこの芝居のように、戸板に死体を裏表に打ち付けたのでは見せしめにはならない。さらに、戸板に打ち付けられた遺体は川に流されるのである。

戸板への裏表の配置と、死体が流されるということに関しては、馬琴《ばきん》と南北が、当時起こったある出来事をそれぞれに記録していたことが参照される。馬琴は『兎園小説《とえんしょうせつ》』外集第二「異形小児図又一本」、南北は『吹寄草紙《ふきよせぞうし》』の「異躰流屍の事」で

ある（なお、『吹寄草紙』は烏有山人《うゆうさんじん》こと歌川国芳《うたがわくによし》の編纂。『評伝鶴屋南北』・『鶴屋南北未刊作品集』第三巻参照）。性別や日付などに異同があるが、文政八年（一八二五）二月半ば、本所柳島《ほんじょやなぎしま》に子どもの遺体が流れついたというものである。この遺体はいわゆる結合双生児であった。お岩の死体は戸板に仰向けになり、小平の死体は戸板の裏にうつ伏せの状態で、隠亡堀《おんぼうぼり》にいる伊右衛門のもとへ流れてくるのである。抱き合ってはいないが、男女の向きは『吹寄草紙』で記録された結合双生児と同じである。論文ではさらに、小仏小平の原型となった小幡《こはだ》小平次が持っていた水のイメージにも言及される。

お岩と小平の遺体は、実際に起こった事件をもとにしながら、南北独自の発想によって特殊な葬られ方をするのである。葬られてはいるがしかし、二人の死骸から亡魂が消え去ることはなかった。

戸板に釘で打ち付けるのは肉体が再び蘇生することを封じる意味合いがこめられていると古井戸氏は言う。また小平の指は一本一本折られているのであるが、「屈葬《くっそう》」の発想と同じで、これも肉体を封じ込めようとする方法であるという。ところがお岩は伊右衛門に対する恨みから、また小平はソウキセイという薬を主人のために手に入れたいという執念から、亡魂はそれぞれ遺骸にとどまるのである。

この戸板は神田川から隅田川に流れていくが、なんとそのあと、切り絵図をたどると隅田川を流れて東に折れて小名木川《おなぎがわ》を遡り、三月近くも漂い続け隠亡堀にたどりつく。恐ろしいほどの執念の深さが思い知られる。

二人の亡魂はさらに数日後、深川の三角《さんかく》屋敷に現れるが、このとき小平の亡魂は望みを達し、成仏する。そしてあとにはお岩の亡魂だけが残る。

数カ月後、お岩の魂は本所蛇山《へびやま》の庵室に隠れ住んでいる伊右衛門に取り憑き、さらには伊右衛門の仲間でお梅と伊右衛門の仲立ちをした秋山長兵衛、伊右衛門の母お熊《くま》を殺す。伊右衛門は最後、お岩の妹お袖《そで》の夫である佐藤与茂七《よもしち》に討たれて死ぬのであるが、その間お岩の亡魂は伊右衛門に憑いている。

女の心が見た、男の体のなかでの夢

その中で伊右衛門が見るのが、冒頭に記した、美しく、やがて恐怖に陥る夢なのである。ここで古井戸氏は、伊右衛門に纏《まと》わり付くお岩の亡魂が、「伊右衛門の心の内に入り夢を見るのが「夢の場」である」とする。伊右衛門がお岩に夢を見させられるだけでなく、お岩の亡魂も共に夢を見る。これはどういうことか。

お岩は最後まで伊右衛門だけは殺さなかった。伊右衛門もまたお岩に未練があった。舅《しゅうと》を殺してまで再び手に入れた恋女房だったのである。ここに、五代目松本幸四郎の演じた大島団《おおしまだん》七《しち》（南北作『謎帯一寸徳兵衛《なぞのおびちょっとくべえ》』文化八年〔一八一一〕七月初演）を原型としながら、団七のような「実悪《じつあく》」ではなく、世話の「色《いろ》悪《あく》」を表現した七代目市川團十郎と南北の新しさがある、と古井戸氏は語る。団七は女房お梶《かじ》にそれほど未練がないが、伊右衛門は違う。そしてお岩もまた、伊右衛門に未練があるのである。神々の力に屈する『鉄輪』の女と異なり、お岩は最後まで伊右衛門につきまとって追い詰め、恐怖に突き落としながらも、離れられない。地獄の愛憎のなかにいる男女を古井戸氏はこの論文で描いた。「四谷怪談」の「夢の場」は、そのような女の心が見た、男の体のなかでの夢であった」という最後の一文には余韻が残り、夢を見ていたかのような心地になる。

女形の「額の生え際」から女形の役柄の変遷を見通す

二つ目の論文に移ろう。タイトルは「女形の生え際——帽子・羽二重・江戸かづら」（『浮世絵芸術』一四六号、二〇〇三年七月）である。

ドキリとする題目である。いったい、何が書かれている論文なのだろう。そこからすでに古井戸氏の世界に引き込まれていく。

現代の歌舞伎の舞台において、紫色の布で額の部分が隠されている女性の役柄を見ることがある。この「帽子《ぼうし》」と呼ばれる布の役割と、女形の「額の生え際」との関わり、そして女形の役柄の変遷とについて、阿国《おくに》歌舞伎の時代から現代まで通して語られるのである。『浮世絵芸術』（国際浮世絵学会会誌、一九六二年創刊）という本論文の掲載媒体が意識され、図版が豊富に使用されており、視覚的にも大変わかりやすい。

若女形の役柄の開拓と、生え際の表現との闘いの歴史

阿国歌舞伎の時代から、能狂言のびなん鬘《かずら》のごとく頭に巻く色つきの布が存在していた。一方で、女歌舞伎、若衆《わかしゅ》歌舞伎を経て、成人男性による野郎《やろう》歌舞伎だけが幕府から興行を許可されることになったとき、女形にとって困ったことは、剃り上げた前髪の部分をどうするかということであった。もちろんそのままさらしたのでは女性に変身することはできない（若衆は前髪があったが、「中剃り」を隠さなければならないという事情は同じだった）。

この際に活用されることになったのが月代《さかやき》の部分を隠す紫色の「帽子」（野郎帽子）と呼ばれる布である。この帽子は役者によりさまざまに工夫されてきたが、元禄期（一六八八—一七〇四）には大きなものであったのが、宝暦期（一七五一—一七六四）には少しずつ小ぶりになっていき、ついには帽子をかけない役も出現するという。

なぜ帽子は小さくなっていくのか。一つには鬘の発達があり、もう一つは禁令の緩みとともに、女形が前髪を伸ばし始めるという二つの事情があった、と古井戸氏は指摘する。さらに今回改めて伺ったことであるが、発達したとはいえ江戸時代の鬘は多く生え際が不自然になる「蓑鬘《みのかつら》」（蓑と言われる髪の毛の束を用いる）であり、自らの髪で前髪を作る以外は帽子をかけないと見た目が悪かった。完全に帽子を掛けなくなるのは明治時代以降であるという。

現代では羽二重《はぶたえ》という布に髪の毛を植え付けた鬘を用いることで自然な生え際を表現することができる。そして、帽子を付けないとさまにならない、ある特殊な役（たとえば元禄風の役）においてのみ「帽子付き」の鬘が使用されるようになった。

しかし羽二重の鬘が一般化する前には、帽子を掛けた女形と、額の生え際をさらす女形とが一つの舞台でみられた。以下、女形における新しい役柄の開拓と、生え際の表現との闘いの歴史が本論文にて語られる。ここで注意したいのは、女形が江戸時代において、「若女形」と呼ばれていたことである。つまり、女形にはそもそも「若い」という感覚があるのであった（古井戸秀夫「若女形の系譜」、青山昌文編『舞台芸術の魅力』放送大学教

育振興会、二〇一七年所収)。

古井戸氏は若女形の役柄の開拓の歴史として、元禄の「傾城《けいせい》」、宝暦の「娘」、文化・文政の「悪婆《あくば》・奥女中」を挙げる。元禄時代の「傾城」は二十歳を超えた役であり、紫の帽子によってあでやかな女性の魅力を表現していた。

宝暦に登場する「娘」という役柄も、最初は紫の帽子を掛けていたのであったが、帽子をとって額の生え際をさらしたのは江戸根生《ねお》いの女形、二代目瀬川菊之丞《せがわきくのじょう》である。菊之丞は自分自身の頭髪を利用した「地髪鬘《じがみかつら》」を用いた。「半鬘」とも呼ばれ、自然な生え際を作り、さらに鬢や髱《たぼ》、髷《まげ》を補ったものであるという。そもそも、子役や若い娘形などが鬘を掛けず自分の髪を結って舞台に出ることを「地髪」(自髪)と言った。菊之丞は地髪を利用し、額の生え際をさらすのは少女の役だった。菊之丞は地髪を利用し、自然のままの娘を表現したのである。鈴木春信《すずきはるのぶ》や一筆斎文調《いっぴつさいぶんちょう》が描くような十七、八歳の町娘を、菊之丞は表現した。このあと、三代目菊之丞も地髪の娘を継承する。また三代目菊之丞と並び称された四代目岩井半四郎はお染《そめ》、八百屋《やおや》お七《しち》、お半《はん》という地髪の娘を演じ売り物とした。

また、四代目半四郎は年増の女にも地髪かづらを用いて、生世話の「悪婆」という役柄を開拓する。代表的なのは「三ヶ月おせん」(寛政四年〔一七九二〕十一月初演『大船盛鰕顔見勢《おおふなもりえびがかおみせ》』)で、舞台で湯帰りの女の姿を見せた。四代目の実子五代目半四郎は、父からおせんを受け継ぎ、さらには「土手《どて》のお六《ろく》」(文化十年〔一八一三〕三月初演『お染久松色読販《そめひさまつうきなのよみうり》』)で悪婆の役柄を確立した。なお、この時期に初代尾上松助《おのえまつすけ》(松緑)と鬘師《かつらし》の友九郎《ともくろう》が、前述の羽二重の鬘を工夫したと言われている。

この初代松助が、まず怪談において、次に女形の岩藤《いわふじ》(『鏡《かがみ》山旧錦絵《やまこきょうのにしきえ》』に登場する敵役)ほかにおいて、鬘の工夫をしたことも説かれる。美しい女性の前髪が抜け落ちはげ上がる様子や、骸骨が蘇生してまばらに髪の毛が生えていく姿に仕掛けが用いられた。こうした技術が羽二重の鬘に影響を与えたと見られる。また松助の岩藤は、敵役であるというだけではなく、歌麿《うたまろ》が描いた「物思恋《ものおもうこい》」の年増女のような雰囲気を描きだした。松助の岩藤は広い額を持ち、生え際はさらされていた。この年増の岩藤は若衆に恋をしかけるのである。

以上のように、女形の役柄の新規開拓とともに、その新しさを見た目にどう表現するのかということが明らかにされる。

資料博捜の絶え間ない努力と、秀逸な発想

鬘を含む扮装《ふんそう》というものは、そもそもわかりにくいところがある。これは「通人《つうじん》」だけが知る世界だった。そうした専門家の言葉がわかるように翻訳をしなければならない、そうした思いで古井戸氏が取り組んでこられたことが、本論文に生かされている。扮装を知るために常に筆者がお世話になるのが『歌舞伎登場人物事典』(白水社、二〇〇六年、普及版二〇一〇年)の氏による「歌舞伎の扮装」である。挿絵入りで大変わかりやすい。「通人の世界に研究のメスを入れなければいけない」という言葉は、今回伺ったなかでも深く印象に残った。

本論文の原点は、「女形の美学的な根拠はどこにあるか」という点であるという。「成熟した女優では表現することが難しい「娘」を演じることを発見したところに、若女形の大きな特色がある」と古井戸氏は言う。では、娘というものを演じるには、どのような技術が必要なのか。本論文では、この問題が「生

え際」という切り口から鮮やかに論じられている。

大変重要かつ興味のつきない問題であると思う。この問題に関する古井戸氏の論考としては「恋と舞踊」（『歌舞伎――問いかけの文学』所収、初出一九九三年）、さらには「娘形」（『評伝鶴屋南北』第二巻）がある。そちらもぜひ参照していただきたい。

氏の論文の魅力は手堅い実証的調査にもとづいた上での卓抜した着想にある。古井戸氏は役者評判記（一六八七年頃に始まり明治初期まで続く歌舞伎役者の芸評を記した書）を全て読まれた。集められた番付の写真は十万枚にのぼるという。そうした資料博捜の絶え間ない努力と、氏独自の秀逸な発想が、どの論文にもあふれている。

なお、氏の論文には初期のものを除き、注は付いていない。「四谷怪談――夢の場」は初出の段階では注がついているが、これは初出誌『日本の美学』編集部の要請によるという。なぜ注を付けないか。これは今から四十年前、大学院生だったころに下宿の火事にあったことが影響しているという。実家から駆けつけた氏はノートやカードの整理にあたった。そしてこのときから、注を、「言い訳、免罪符に感じてしまうようになった」という。「江戸歌舞伎の研究は、正々堂々とすべきだ」と。必要なことはすべて本文に書くように工夫をするようになったという（第四十一回角川源義賞「受賞のことば」より。二〇一九年十二月、『評伝　鶴屋南北』により受賞）。このたび古井戸氏のお話を伺っていて、「江戸歌舞伎」に対するきっぱりとした思い入れを感じた。氏は東京のお生まれ。江戸っ子気質の研究者でもあるのだ。

このたび伺い、かつ心に残った事柄は、ここに書いてきたこと以外にも数々ある。四谷怪談の論文の発想には、氏の三十代以降の、「現代までつながる演劇史の授業をする必要」と、「外国人に対してどのように説明するか」ということが関わっていたという。前述の「通人の世界に研究のメスを」という発想と重なると思う。

古井戸氏はもともと、現代演劇の演出家を志望して早稲田大学に進まれたという。そして郡司正勝氏に出会って、研究の道に進まれた。国立劇場で理事をされていた郡司氏の助手をされ、演劇の現場にも多く立ち会ってこられた。こうした来歴が、狭いところに閉じこもるのではなく、広くわかりやすく歌舞伎の面白さを世界に伝えるという姿勢に繋がっているのだと思う。

学会へのメッセージ

今回のインタビューを通じて、現在の学会に対しての言葉も多く伺った。耳の痛い話であるが、近世演劇の研究水準は、近世文学の他の分野に比べて途上にあるとおっしゃる。「近世演劇を研究の仲間に入れて下さい」というのが最初におっしゃった学会へのメッセージだ。また、閉鎖的になるのではなく、学会の枠を越えて集まることを考えたらいい、とご提案くださった。大変だけれど、新鮮な刺激が得られるだろうと。

最後に「文学の楽しさ、魅力を語るべき」という示唆をくださった。これは学生と日々向き合う身にとってもとても重要なことだ。

何が面白いのか。何が魅力なのか。このことを語り、また、十分に伝わるように努力したい。肝に銘じた日であった。

■延広真治氏に聞く

江戸と明治の落語を追って

烏亭焉馬「咄の会」と三遊亭円朝の欧米小説翻案物

interviewer＝神林尚子

落語はいかにして形成されたか。
年譜の作成から、幻の資料の発見、
明治期の翻案物落語の原典の探求。
緻密な検証と、その先に示される鮮やかな知見は
すぐれた研究論文を読む喜びを読者にもたらす。

落語や講談をはじめとする話芸は、現代でも寄席《よせ》やホールなどで演じられ、熱心なファンが多い。内容の面白さはもちろんのこと、江戸時代の小説や歌舞伎、浄瑠璃などとの関わりも深く、近世文学研究の上でも重要な分野である。ただし、口頭で語られる芸は、形に残りにくい特質があり、これを対象とする研究は容易ではない。

その難題に正面から取り組み、質量ともに圧倒的な業績を発表し続けておられるのが、延広真治氏である。近年では、『円朝全集』（岩波書店、二〇一二―一六年、倉田喜弘・清水康行・十川信介と共編）の大業を達成され、他にも近世の絵入り小説や洒落本《しゃれぼん》、見立て絵本、浄瑠璃や歌舞伎など、さまざまな領域にわたる緻密な論考がある。膨大なお仕事から二点を選ぶのは至難の業だが、今回は次の論文を中心に、執筆の経緯などを伺った。

①「咄の会」（『国語と国文学』四三―一〇号〔一九六六年十月〕、四四―五号〔一九六七年五月〕）

博士課程在籍中の第一論文。「落語中興の祖」と呼ばれる烏亭焉馬《うていえんば》が主宰した「咄の会」について、膨大な資料を博捜して考証する。後に『江戸落語　誕生と発展』（講談社学術文庫、二〇一一年。初版『落語はいかにして形成されたか』平凡社、

Profile

延広真治（のぶひろしんじ）
一九三九年、徳島県生まれ。東京大学大学院人文科学研究科博士課程単位取得満期退学。東京大学名誉教授。専門は日本近世文学。著書に『落語はいかにして形成されたか』（平凡社）、『円朝全集』（共編、岩波書店）など。

一九八六年）に収録。

②「『英国孝子之伝』と"Hard Cash"」（『文学』四七―二号、一九七九年二月）

三遊亭円朝《さんゆうていえんちょう》の作品のうち、海外小説の翻案物に迫った論考。円朝作『英国孝子ジョージスミス之伝』について、チャールズ・リードの小説"Hard Cash"を典拠とすることを指摘し、円朝が原典に接した経緯と、その翻案の手法を考察する。

どちらも、作品研究としてはもちろん、同時代の話芸や戯作《げさく》をめぐる状況、さらにはその背景の社会相をも捉えた、スケールの大きな論考である。まずは「咄の会」から伺おう。

①「咄の会」をめぐって――烏亭焉馬の足跡

「これは、烏亭焉馬について書いた卒業論文と修士論文がもとになっています。卒論では年譜が主で、修論では、年譜を作っている時に気づいた課題をいくつか加えました。その一つが「咄の会」です」。

烏亭焉馬は、大工の棟梁の傍ら、天明期（一七八〇年代）以来、新作の落咄《おとしばなし》を披露する「咄の会」を主宰し、衰退していた江戸落語を再興させた人物。浄瑠璃の作や狂歌・俳諧なども手がけ、大の五代目市川團十郎贔屓として「三升連《みますれん》」を率いるなど、交友関係も幅広い。

「焉馬は、大きい作品がない人なんです。これという名作があるというより、生き方――祭り好きとか、人と付き合うのが好きだとか、江戸っ子としての行動を追っていくと面白い存在ですね。そういう意味で、まずは年譜を作成する必要があると思いました」。

「大きい作品がないと言いましたが、その中で別格なのが『花江《はなのえ》都歌舞妓年代記《どかぶきねんだいき》』ですね。今と違って、図書館などが整備されているわけではない時代、團十郎家に伝わる資料を中心に、歌舞伎の歴史を読み物として出版して、史料的な価値もある。やはり画期的ですよね。だからこそ後人によって書きつがれ、続編も出ましたし、近代の『歌舞伎年表』に結実する。もし焉馬の仕事がなかったら、古い資料も消えてしまったでしょう、江戸の歌舞伎史を残したというのは大きな功績だと思います」。

研究のきっかけ、執筆中の思い出

卒論と修論で、烏亭焉馬を対象とされたきっかけは何だったのだろうか。

「大学時代に入っていたサークルの落語研究会で、顧問の、飯島友治先生に勧めていただいたのがきっかけです。大学では、落語研究会と合気道部に入っていました。よく言えば文武両道ですけど、現実には両方とも身につきませんでした（笑）。でも、この二つに入っていたおかげで、人との御縁はずっと続いています」。

合気道は二段をお持ちの由。「本当は二級の腕前」だそうだが、駒場の部長に就任されるにあたり、「恰好がつかない」ために二段を贈られたとのこと。話は戻って、飯島先生のご助言とは。

「飯島先生は、名著『落語聴上手』をはじめ、筑摩書房の「古典落語」シリーズとか、青蛙房の『圓生全集』の編集などをなさった方です。その飯島先生の指導を受けていて、最初は、鹿《しか》野武左衛門《のぶざえもん》（江戸落語の創始者）を卒論でやろうと思って、飯島先生にそう申し上げたんですが、資料がないからやめなさい、と。焉馬なら資料はあります、たくさん出てくるでしょう、と言われました」。

執筆の過程では、大学や所属を問わず、さまざまな先生に教えを乞われたという。

「飯島先生からは、まず濱田義一郎先生を紹介されました。『平々山人日記《へいへいさんじんにっき》』など、大田南畝《おおたなんぽ》に絡んで、焉馬の名もよく出てきますので、とてもありがたかったのです」。

濱田義一郎は、大田南畝を中心とする天明狂歌研究の第一人者で、当時は東洋大学に勤めていた（一九五三年四月より東洋大学教授、一九六八年四月から大妻女子大学教授となる）。

「それからね、思い切って、中村幸彦先生にはお手紙を書いてお尋ねしたんです。そうしましたら、中村先生が俳諧をはじめ、いろいろなことを教えてくださいました。そこで、天理図書館にも調べに行きました。なお「舌耕《ぜっこう》文芸」は、中村先生がお創りになった術語との思いで使わせていただいています」。

中村幸彦は、漢詩文や小説、演劇など、幅広い分野で重要な論考を残した近世文学研究の泰斗《たいと》。一九四〇年に天理図書館の司書となり、一九四九年から天理大学教授、一九五八年からは九州大学教授を務めていた。

延広氏が天理図書館に通われたのは、学部生の頃という。まだ新幹線がない時代、移動も容易ではなかった。修士論文の執筆時には、焉馬の兄の子孫を追って、山形の庄内や札幌へも足を延ばす。机上の調査で終わらせず、調べられる限りは足を運んで調べ続ける姿勢にも脱帽。

「一番の思い出として、この論文は、尊敬していた小高敏郎《おだかとしお》先生にも見ていただいたんです。先生は岩波の「日本古典文学大系」二期の編集中で、ここに焉馬の咄本『無事志有意《ぶじしゆうい》』も入っていたものですから（第百巻『江戸笑話集』）。ところで、「咄本」、「咄の会」等のハナシには「咄」と「噺」の両様の表記がありますね。私は「噺」の方で書いていたのですが、先生は「咄」の方が粋だとおっしゃって、それでこの論文名にしました。引用の際は別として、それ以外では、常に「咄」の表記を使わせていただいてるんです」。

そういえば、「噺」の表記も行われるが、先生のお仕事では一貫して「咄」の表記を用いておられる。長年素朴な疑問ではあったが、こんな粋な経緯があったとは。

「世紀の大発見」・焉馬自筆『太平楽巻物』

「「咄の会」の次に解決しないといけないと思ったのが、咄の会で読み上げられた『太平楽巻物《たいへいらくのまきもの》』でした。これについては『芸能史研究』に載せました（「太平楽巻物――落語は如何にして形成されたか」『芸能史研究』三十八号、一九七二年七月。先掲のご著書『江戸落語 誕生と発展』所収）」。

烏亭焉馬自筆の『太平楽巻物』は、維新前から所在が分からず、幻とされていた資料だった。先生は「世紀の大発見」と、笑いを交えて口にされたが、実に文字通りの奇跡的な邂逅。

「この巻物は、関根黙庵の『講談落語今昔譚』に言及されていますが、質流れで行方不明になったと書かれていた。それが出てきたんです。都立中央図書館の目録を見ていて、何だろう、洒落本かなと思って出していただいたら巻子本で、びっくり」。

当時はまだ『国書総目録』（岩波書店、一九六三―七六年刊）がなかった。『国書総目録』は、日本の古典籍を網羅的に調査し、基本書誌と所蔵先をまとめた目録で、現在のウェブサイト「国書データベース」は、同書を基礎にデータを増補するかたちで構築されている。今や研究に欠かせない基本文献だが、それがない時代は、各図書館の蔵書目録を丹念に繰るほかない。幕末の質屋から流転を重ねた巻物は、所蔵先の図書館でも真価が知られないまま、断片的な情報だけが目録に掲載されていた。落語の歴史に関わる重要資料を、百年以上の時を経て見出されたのが、学部生時代の延広氏だったのである。

「ただ困ったのは、落咄などではなく、漢籍の引用とそれにちなんだ前書き、会話（独白）などが書かれていたんです。この位置づけがずっとわからなかったけど、朗読用の台本ではないかと。もう一つ、焉馬は「落語中興の祖」と呼ばれるけど、この巻物が落語とどう結びつくか、ということですね。この巻物を「咄の会」で朗読したと伝えられている。ずっと考えているうちに、ああ、逆に考えたらいいんだと。今の落語とは違う、朗読がもとになっていて、講談のようにヨミ上げていた。三巻あって、後に成立した巻ほど会話が増えていくのですが、こうやって江戸落語が形成されていったのだと思いました。「ヨミ」から「ハナシ」に変わったんじゃないか、と思いついたんです」。

この発想の転換が、焉馬が「落語中興の祖」と呼ばれる内実をつかむことにつながった。この着想には、講談や上方《かみがた》の落語で使われる、「見台《けんだい》」がヒントになったという。演者の前に置く小さな机で、現代では通例本は置かれないが、古くはそこに本を置いて、読みながら講ずる芸態があった。

「焉馬が「咄の会」をやっていて、いろんな人から落咄を募集したわけでしょう。その草稿を見台に置いて、それを見ながら読み上げたんじゃないでしょうか。最初の頃の落語は、読む要素が強かったんですね。今は、発展した後、完成された形の落語を見たり聞いたりするけど、最初は違った。創始者とされる鹿野武左衛門の頃も違ったでしょうし、しかもその後、一旦切れますからね。焉馬が活動した天明期に再び興《おこ》るわけでしょう。だから、朗読との関係がまずあるのです」。

この大発見が、論考の副題通り、「落語は如何にして形成されたか」の答えとなる。元禄期の鹿野武左衛門の後、途絶えていた落語が大道芸の中でほそぼそと生き永らえ、焉馬の「咄の会」によって、朗読芸を経て話芸として大成された。芸の継承と展開の壮大な流れが、精緻な研究から立ち現れてくる。

落語との出会い――幼少期からの足跡

さらに遡って、落語を研究対象とされたのはなぜか、改めて伺ってみた。

「私は徳島出身なんですよ。昭和十四年（一九三九）の生まれです。そして昭和二十一年（一九四六）四月から国民学校一年生、とにかくおなかのすいた時代です。食べ物がなくて、本当に貧しかった。娯楽というと、NHKのラジオだけしかない。学校に行くと、共通の話題が昨晩の放送なんです。今のように、ゲームとかSNSだとか、たくさんある時代でなくて、共通の話題はラジオしかなかった。（三代目）三遊亭金馬《きんば》の落語とか、わかりやすくて、小学生の頃は好きでしたねえ」。

ラジオの落語と共に育った少年は、長じて落語研究会なるものを知ることになる。

「落語研究会は、早稲田が一方の雄でした。その頃は、学生さんと落語という取り合わせが珍しくて、テレビで取り上げられたりもした。それで、落語を好きな人が集まっているサークルがあると知ったんです。だから大学で落研に入りました」。

大学時代には、徳島への帰省の途次に、京阪の芝居や寄席に行く機会もあったという。吉田文五郎の最後の舞台や、昭和三十八年（一九六三）には三代目実川延若《じつかわえんじゃく》の襲名興行も。

「東京と大阪で観ています。大阪の新歌舞伎座では、一日中見ているとこんなにくたびれるものかと思いました。あんな舞台構造の劇場、もうないでしょうね。狭くて廻り舞台が作れなかったんです。その代わり、役者が舞台に乗ったまま、すっと消えていったり左右に分かれたり。角座《かどざ》では春日井梅鶯《かすがいばいおう》の「赤城の子守唄」、京都花月では仁鶴《にかく》の「池田の猪買い」にも感心しました」。

幼少期から青年期を経て今に至るまで、落語とともに重ねてこられた歳月を垣間見させていただいたところで、次なる論文の話を伺おう。

②「英国孝子之伝」と“Hard Cash”——円朝の翻案物

三遊亭円朝の作品に、欧米の小説を翻案したものがあることは早くから指摘されていたが、具体的にどの作品が原典なのか、従来はほぼ解明されていなかった。しかし、原典を突き止めることで、それをどう使い、どう変えているか、円朝ならではの手法の考察がはじめて可能となる。この大きなテーマに正面から向き合い、研究史に画期をもたらしたのが「英国孝子之伝」をめぐる論文だ。

原典を探すにあたっては、英米文学の研究者にも教えを仰いだという。当時東大の駒場で英文学を講じておられた小松原茂雄氏は、ディッケンズがご専門で、くしくも延広氏と同郷のご出身。後輩のご縁で「表敬訪問」をされた後、円朝の翻案物についてお尋ねしたことが、原典を見つける糸口となった。

「その少し前、日本大学三島図書館の館報に、円朝作の典拠に関する記事が載ったんです（戸沢健「円朝のことども（一）・（二）」『季刊図書』一九七三年五月・一九七四年二月）。典拠未詳だった円朝の作品『英国女王イリザベスの伝』は、スコット（イギリスの詩人・小説家）の小説『ケニルワースの城』が原拠だと指摘されていて、しかも記事を書かれた戸沢さんが数学のご担当と知って二度びっくり、頭が下がりました。さらに、この『ケニルワースの城』は、集英社の『世界文学全集』に入っているとも書いてある。ですから、英文学をやっておられる方は、こういう作品のことも知っておられるのではないかと思いまして、小松原先生にお聞きしてみたんです」。

この時は、円朝の作品のうち、典拠不明の作の粗筋を手紙に書いてお渡ししたという。

「この中でもしお覚えのある作品がございましたら教えてください、とお願いしたんです。それが“Hard Cash”でした。作者はチャールズ・リード（イギリスの小説家）らしいと、粗筋だけで作風がわかるところが素晴らしいですね」。

円朝の翻案の手法——「骨格」と肉付け

ただし、翻案物の研究は、典拠がわかっただけでは終わらない。問題はむしろこの先だ。原作“Hard Cash”は、当時（一八六三年）のイギリスの精神病院の改善を目的とした、社会的な要素の強い小説であった。しかし、円朝作「英国孝子之伝」にはその要素はない。

「この作品は、英文学の事典に粗筋が書いてあって、それで似ているのはわかるのですが、全部読んだら全然違うんですよ。円朝自身は作品の全部は読んでいないんだと思いますね。福《ふく》地桜痴《ちおうち》あたりが、粗筋を教えて、面白いのはこういうところだと伝えた。だから、その部分の粗筋は似ているけれど、全体は全然印象が違うんです。円朝は、いわば一部分だけ取り出して、自分の咄にしているんです。粗筋をほんのちょっと言えば、円朝はそれで話が湧いてくるわけですね。だから"Hard Cash"も、作品全体のテーマは違っていても、典拠になりうる。もし全体を見ていたら気がつかなかった、そういう例もあるんだなと思いました」。

まさにこの点が、円朝の翻案物の面白さであり、一筋縄ではいかないところでもある。円朝は、原作の小説を自分で全部読んだわけではなく、洋行帰りの福地桜痴などを通じて筋の一部を聞き、それをもとに自作を練り上げている。原典の発見によって、いわば作品の「骨格」を知ることができるが、では円朝はそこにどう肉付けをしていったのか。その手さばきに、円朝ならではの手法と、明治の時代相が表れることになる。

延広氏の論文でも、原典の究明はいわば導入で、円朝作品の具体的な検討が中心となっている。明治という激動の時代が直面した社会や法制度の変化、寄席や落語に求められたもの、演者の矜恃と観客の期待。その中で円朝は何を見すえ、どう自作を仕立てていったのか。延広氏の筆はこれらを詳細に分析し、時に鋭く世相に切り込む。緻密な検証を積み重ねた先に、大きな知見が鮮やかに開かれることが、氏の研究の凄さであり、優れた研究論文を読む喜びを与えてくれる。

以後の典拠発見と、円朝研究の「新時代」

延広氏は、この他にも円朝作の典拠解明に立ち合っている。円朝作『蝦夷《えぞ》錦《にしき》古郷《こきょう》の家土産《いえづと》』は、中込重明氏により、外国小説の翻案と推測されていた（「『蝦夷錦古郷の家土産』と『欧州奇談夢廼暁』」『落語の種あかし』二〇〇四年）。その後、二〇一六年に日本大学で行われた渋谷勝己氏（大阪大学教授）の講演会後の懇親会で、英文学が専門の閑田《かんだ》朋子氏（日本大学教授）に、延広氏が作品の粗筋を話されたことから、『蝦夷錦』の典拠がウィルキー・コリンズ『新・堕ちた女の物語』であることが判明したのである（閑田朋子「三遊亭円朝の翻案落語『蝦夷錦古郷の家土産』種本の同定」、日本大学文理学部人文科学研究所『研究紀要』九十六号、二〇一八年九月）。偶然の出会いが典拠の発見につながるとは、まさしく奇縁。

「円朝の翻案物の典拠究明で、最後に残された課題は、『黄薔《こうしょう》薇《び》』です。ハンガリーの作家ヨウカイも、英語で言えば『イエロー・ローズ』という小説を書いていて、周作人が「黄薔薇」として翻訳していますし、レクラム文庫にも入っています。ハンガリーの方は、円朝より後の作ですが、『黄薔薇』と同じく三角関係で、女を手に入れるために麻酔薬を使うんです。麻酔薬を使う三角関係の話が、ヨーロッパのどこかの伝承にあって、それがハンガリーの小説や、円朝作の骨格になったんじゃないか。大元になった話がありそうで、調べてみたいんですけどね。今はデータベース検索もできますし、ぜひ『黄薔薇』についても調べていただきたいですね」。

実はこれには後日譚がある。インタビューの半月後、『黄薔薇』の典拠がわかったという大吉報を、延広氏からいただいた。岩波書店校正部の森裕介氏が、他ならぬデータベースの検索で発見されたという（森裕介「円朝『黄薔薇』原作梗概ならびに若干の考察」、岩波書店公式HP掲載、二〇二二年九月六日公開）。その折のメールを引かせていただけば、「円朝研究はここから新しい時代にはいります」。

翻案物と怪談咄の魅力――変転する時代と落語

円朝は明治期に翻案物を多く手がけており、口演速記本の刊行例や上演記録からも、翻案物が非常に好まれていたことがうかがえる。その面白さはどこにあったのだろうか。

「それはやっぱり、新鮮さでしょうね。たとえば『黄薔薇』は、学生の力で元老院議長を辞任させる話です。悪玉の元老院議長を引退させて政治を一新させる、面白いじゃありませんか、現実の明治の世ではできないんですよ。学生の力で、政権に近い人物を引退させるなんて、現実には起こらなかったこと。それを『黄薔薇』で実現させたいと思ったんじゃないでしょうか。ある意味では、憧れたところもあるんじゃないのかな。円朝は直接そういうことは書きませんけれどね。やはり「今」とは違うものに憧れるということは、誰しもあるんじゃないでしょうか」。

明治期に歓迎された翻案物は、それゆえの宿命か、今日ではあまり口演されることがない。現代の高座では、円朝物では怪談咄がかかることが多いが、その魅力も聞いてみた。

「そうですね、『怪談牡丹灯籠』とかね、怪談はどうしてこんなに珍重されるんでしょうねえ。一方では、ものすごく科学が進んでいるわけでしょうが、科学では解決できないことも、やっぱりありますし、嘘の話とわかっていても、騙されたいってところもある。西鶴は「人はばけもの」と言いますが、不思議なのは人の心です。怪談はそれが極端な形で現れますから」。

時代に即したものと、時を超えて新たな意味を帯びるもの。落語の継承と発展は、これからも世相を映しつつ続いていく。

おわりに――未来へのメッセージ

最後に、日本近世文学会の未来に向けて、メッセージをいただいた。

「未来に何を期待する、ということはないんですよ。近世文学会の未来が真っ暗だから期待しない、ということではなくて、現在活躍している方、これからお入りになる方が、その都度、その時代に応じてお考えになること。近世文学会がどうなっていくか、というのは、何の心配もしていないし、こうあってほしい、ということも思わないですね。

だって、あなた方とこういうもの（※インタビューはzoomで行われた）でしゃべっていることにしても、何年か前には信じられないことだったじゃないですか。だから、予測はできませんね。世の中は本当に変わっていくんですもの。細かい点を取れば悪い変化もあるかもしれませんが、変わるに任せたい、近世文学を研究しようとしている人たちの集まりなんですから、悪い方へは行きませんよ。学会は、その時代時代に応じて、皆さんの多くがいいと思う方へ進むと思います。その時その時ご判断なさることで、それは決して間違っていないと思います。それが文学の持つ力というものじゃありませんか、今まで過ごしてきて、そう思うなあ」。

■深沢眞二氏に聞く

パラダイム・チェンジを起こす

文学史・俳諧史を三次元で考える

interviewer＝稲葉有祐

「古池や」句を巡って何が起こっていたのか。
若い頃につかんだアイディアが基点となり、
諸句の解釈へとリンクしていく。
複数のテーマをクロスさせ見えてくる
魅力あふれる文学史・俳諧史。

二〇二二年九月九日、重陽の節句に東洋文庫（東京都文京区本駒込）を訪れた。深沢眞二氏とはロビーで待ち合わせ、木越俊介氏とともにインタビュー会場へと向かう。いつも通りの穏やかな語り口で、研究の裏表を披瀝《ひれき》していただいた。

俳諧は笑いであり、滑稽だ

まず、深沢氏の研究を代表する論文**「蛙はなぜ飛びこんだか——「古池」句の成立と解釈——」**（『雅俗』第六号、一九九九年一月）を端緒としてお話を伺う。氏によると、「古池や蛙飛込《とびこ》む水の音」をどう解釈するかという問題は、作者である芭蕉《ばしょう》にとっても一つの大きな関心事であったという。作者の意図と読者の解釈、その変遷を追うことが論文の肝なのであるが、内容の解説に先立ち、氏の研究に対するスタンスについて紹介しておこう。

近世俳諧を専門とする深沢氏が連句の面白さを実感したのは大学院生（京都大学）の頃、毎月の大阪俳文学研究会に通った折のことだったそうだ。連句とは、複数の作者によって互いに創作と享受を繰り返しつつ営まれる文芸で、五七五に七七を付け、さらに七七に五七五を付け連ねていく。この最初の五七五（発句《ほっく》）が現在の俳句につながっている。当時は大谷篤蔵・桜井

Profile

深沢眞二（ふかさわしんじ）
一九六〇年、山梨県生まれ。京都大学大学院博士課程満期退学。公益財団法人東洋文庫専任研究員、元・和光大学教授（二〇二〇年まで）。専門は日本近世文学。著書に『風雅と笑い　芭蕉叢考』（清文堂出版）、『芭蕉のあそび』（岩波書店）など。

武次郎・上野洋三の各先生が参加し、輪講が大変勉強になったという。研究方法に関しては、特に上野先生に影響を受けたとのこと。会が終われば必ず飲みに行く。ある時、四条木屋町《きやまち》の天麩羅屋で大谷先生よりサシで手ほどきを受け、その後、周りの院生を誘い連句を作って遊んだのが「俳諧は楽しい、笑いの文芸である」ことを身に染みて覚えた原体験。研究対象が面白い・楽しいに越したことはない。それまでは真面目なお堅い芭蕉像、現代俳句を見るように芭蕉句を捉え、発句中心という考えから抜け出せない状態であったけれども、発句を生み出す前提としての連句を実感することで、大きく道が拓けてきた。貞《てい》門《もん》・談林《だんりん》の発句を見ると、しょうもないギャグでも笑わせる意図がある。とすると、芭蕉も若い頃は少なくともそうだったはずだ。俳諧は笑いであり、滑稽だ。連句体験が、強くその後の研究を導く指標となったという。

この句を巡って一体何が起こっていたのか

一九九七年のある夏の暑い日、家でゴロゴロしていたら、「古池や」句解釈に纏《まつ》わるヒラメキを得ることとなる。この句は、もともとはパロディから始まったものなのではないか、と。さらに深沢氏は「古池や」句の既存の解釈を調べていき、それが信仰に近いような状況になっていることに不審を覚えていく。一例を挙げるならば、『俳諧百一集』（明和二年〔一七六五〕刊）では「古池や」句に関して「いかなる意味や有《あり》けん。吟じてなみだを流し、唱《とな》えてさびしみ自然とあらハる。中々申《もう》すでもなし。凡慮《ぼんりょ》の及ぶ所にあらず」とのコメントが記され、「信ずべし、仰《あお》ぐべし」と、もはや解釈に対して思考停止している実情があった。句が詠まれた時点から現代に至るまでに、この句を巡って一体何が起こっていたのか。その疑問に答えるため、翌一九九八年の日本近世文学会での口頭発表を経て世に出されたのが当該論文なのであった。以下にインタビューを補足しながら氏の見解の概要を示してみよう。

論文冒頭では「古池や」句に「人生のさびしさ」を読み取ろうとする山本健吉（『芭蕉全発句』河出書房新社、一九七四年）の解釈を挙げて、「一般的に好まれてきた芭蕉像の反映」としながらも、これが果たして句の成立時における芭蕉の意図を反映しているものであるのかと疑義を呈する。それでは俳諧文芸の必要条件である滑稽さが見当たらないではないか、ということだ。句の初出は『庵桜《いおざくら》』（貞享三年〔一六八六〕三月下旬刊）で、句形には「蛙飛ンだる」とする異同がある。また、同年には『蛙合《かわずあわせ》』（閏三月刊）が刊行され、その巻頭第一番にこの句が番《つが》えられる。深沢氏は連歌体とされる貞享期の俳諧について、表現の穏やかさが流行したのであって、俳意が欠落していくのとは違うと認識している。かといって、この句が貞門期以来、俳諧に詠まれた「鳴く蛙」ならぬ「飛ぶ蛙」の趣向を組み入れただけかというと、そうでもないらしい。

そこで鍵となるのが「古池や」句の成立過程だと深沢氏は指摘する。よく知られたことではあるが、支考《しこう》の『葛《くず》の松原《まつばら》』（元禄五年〔一六九二〕刊）には、次の逸話が記されている。

春を武江の北に閉《とじ》給へば、雨静にして鳩の声ふかく、風やはらかにして花の落《おつ》る事おそし。弥生も名残おしき比《ころ》にやありけむ、蛙の水に落る音しば〳〵ならねば、言外の風情、この筋にうかびて、蛙飛《とび》こむ水の音といへる七五は得《え》給へりけり。晋子《しんし》が傍に侍りて山吹といふ五文字をかふむらしめむかとおよづけ侍るに、唯古池とはさだまりぬ。

晩春三月、深川の芭蕉庵で蛙が水に入る音がたびたびしたので、「蛙飛こむ水の音」というフレーズを得たが、上五（五七五のはじめの五文字）が思いつかない。そこで、晋子（其角《きかく》）が「山吹や」と提案したところ、「古池や」に定まったという。ただし、この記事の真偽については議論があり、深沢氏は右の逸話を支考による空想（一つの解釈）と考え、事実とは見ない立場である。だが、初案として「山吹や」の句形があったことは積翠《せきすい》『芭蕉句選年考』（寛政期成）に載る貞享二年（一六八五）春の真蹟（千代倉家蔵）の記事にも

山吹《古池》や蛙飛込む水の音　はせを
芦の若葉にかゝる蜘の巣　其角

とあることから重視し、句の誕生した瞬間へと思いを馳せる。「蛙飛込む水の音」は動かない。では、上五「山吹や」にはどのような意図が認められるのか。

藤原清輔『袋草紙』「井堤の蛙の干物」のパロディ？

「山吹」と「蛙」であれば、まず思い浮かぶのは「蛙鳴く井手の山吹散りにけり花の盛りに逢はましものを」（『古今和歌集』巻二、読人知らず）の和歌である。「山吹」と「蛙」とは、古典の世界では連想関係にある。さらに「蛙はなぜ飛びこんだか」という問いを立ててみると、句は当初、藤原清輔《ふじわらきよすけ》『袋草紙《ふくろぞうし》』に収められる「井堤《いで》の蛙の干物」のパロディだったのではないかとヒラメイタ。すなわち、数寄者《すきもの》の帯刀節信《たてわきときのぶ》が能因法師《のういんほうし》と初めて対面した折、能因が懐中より長柄《ながら》の橋（歌枕）を造った時に生じたとされる鉋屑《かんなくず》を錦の小袋から取り出し、一方、節信が先の「蛙鳴く」歌に詠まれた「井堤の蛙」の干物なるものを取り出して見せ、お互いに感嘆したという逸話を踏まえての笑いである。「山吹や」と上五が付された折の句は、氏の言葉を借りると

帯刀節信はきっと井出まで出かけて行って、山吹の咲く川辺で蛙を追いかけ回したんだろうね。蛙たちは「逃ゲロヤ逃ゲロ」とばかり水音をたてて川に飛び込んだことだろうよ、という滑稽な想像なのである。

となる。初案の句形における「蛙はなぜ飛びこんだか」との問いの答えは「帯刀節信に追いかけられたから」であり、氏によると、節信のような数寄者に共感しての句だったのだ。

句の成立について、深沢氏は『芭蕉句選年考』に出る貞享二年説を取る。同年二月下旬に上京した芭蕉が、その頃京都で出《しゅっ》版《ぱん》されたばかりの『袋草紙』の版本《はんぽん》を目にしていた可能性に言及しつつ、句は京から尾張に入るまでに詠まれたと推定する。それは同年三月二十七日、熱田白鳥山法持寺《ほうじじ》で芭蕉・叩端《こうたん》・桐《とう》葉《よう》の三吟歌仙が巻かれた折、発句・脇に「何とはなしに何やら床し菫草　芭蕉／編笠敷きて蛙聴き居る　叩端」（『蓬莱島』安永四年〔一七七五〕刊）と詠まれたことからもうかがえるという。叩端の脇句は、近作として「山吹や」句を熱田連衆に示したことによる挨拶なのであり、芭蕉が小文といってよいような

サイズのメモ帳に句を書き留め、それらを旅の先々で解説をして、しばしばそれによって付句を発想するようにと促していたであろうとのことで、この旅日記の問題は、以後の深沢氏の研究の一つのテーマともなっていく。なお、インタビュー時、深沢氏により、サントリー美術館の展覧会「歌枕　あなたの知らない心の風景」（二〇二二年）で角倉了以《すみのくらりょうい》による淀川の改修時に掘り出された長柄の橋の古杭を用いて作成されたという硯箱を実見し、この頃『袋草紙』の話題がブームになっていたのではないかと考えるようになったとの補足があった。

さて、旅中で詠まれたという初案「山吹や」句には、江戸に戻ってから其角の脇句が付けられる。氏によると、この脇句には二首の古歌が意識されていた。「正月に津の国に侍りける頃、人のもとに言ひつかはしける」と詞書《ことばがき》のある能因法師の「心あらむ人に見せばや津の国の難波わたりの春のけしきを」（『後拾遺和歌集』巻一）・西行法師の「津の国の難波の春は夢なれや蘆のかれ葉に風わたる也」（『新古今和歌集』巻六）で、ともに謡曲「芦刈《あしかり》」に引かれる和歌である。其角は貞享元年（一六八四）の春から秋にかけて大坂・京都を回る旅行に出ている。「心あらむ人に見せばや」と呼びかけた能因、「蘆のかれ葉に風わたる」と見た西行を慕い、その列に連なりたくて難波までやってきたところ、「難波の芦原へ行ったら蜘蛛の巣がひっかかってマイッタ」（深沢氏）と、数寄者気取りで発句に応じたのがこの脇句であったという。

「古池や」句による数寄者・風狂者の宣言

では、その後、なぜ「山吹や」から「古池や」へと改案されたのか。氏によると、改案の意図は、句の舞台を井出から深川芭蕉庵に移すことにあった。つまり、「山吹や」では、数寄者である節信の行為（蛙を追いかけ回す）を第三者の立場から思い描くにとどまっており、自身の上方行脚を踏まえ、「難波の芦」の春景の興趣を新たに発見しつつ、能因・西行に連なる数寄者を演じた其角の脇句に対して芭蕉が不足を感じたというのである。そこで自庵の「古池」（生簀《いけす》として利用されていた水場があったと伝える）を詠み込むことで、蛙が飛び込んだのは「数寄ノ者の真似をして興ずる芭蕉庵桃青に追いかけられて」のことであったと解釈を変更してしまう。すると、芭蕉庵が数寄者を体現できる場として機能し始め、蕉門にとっての極めて効果的なスローガンを打ち出すことになる。氏も例示して補強するように、風狂の者として名乗り出る趣向は『去来抄《きょらいしょう》』（宝永元年〔一七〇四〕頃成）の「岩鼻やこゝにもひとり月の客」句をめぐる逸話にも「こゝにもひとり月の客と名乗出《いず》らんこそ、幾ばくの風流ならん。たゞ自称の句となすべし」と見られるものである。「古池や」句による数寄者・風狂者の宣言こそが、貞享二年の時点で世に与えたインパクトであり、その機運の盛り上がりに乗じ、開催されたのが、翌貞享三年（一六八六）の『蛙合』だったと氏は見解を記している。

晩年に改められる句の理解

そして晩年に至って「古池や」句の理解も改められるという。元禄三年（一六九〇）春頃から、芭蕉が伊賀で「古池や」句を「草にあれたる中より蛙のはいる響に俳諧をきゝ付けたり」（『三冊《さんぞう》子《し》』元禄十五年〔一七〇二〕成）と説いており、蛙が水に飛び込む音それ自体が俳諧性を持つと認識し直したらしいのだ。『袋草紙』を踏まえた俳意の強い句とは異なる解釈である。それはつまり、蛙が歌を詠む存在（『古今和歌集』仮名序）だという和歌の世界観を離れて、蛙そのものが春の季節感を体現する存在として捉えられたことであり、ここで三度「蛙はなぜ飛びこんだか」と問うてみるならば、「啓蟄《けいちつ》だから」、あるいは「啓蟄になって、蛙は蛙なりに春の訪れを喜ぶ心を表現したくて」（『風雅と笑い 芭蕉叢考』清文堂出版、二〇〇四年に加筆再録時）ということになると結論付けている。

固定的な読みからの解放

同論文のポイントは、俳諧における笑いの問題と、芭蕉による解釈の変化、句意の可変性の問題である。芭蕉は当初、「山吹や」句におけるパロディによって人々を笑わせようとしていた。深沢氏によると、一九九八年の学会発表時、司会は中野三敏氏で、時間超過、俳諧の先生から何かと反論があったという。今思えば言われて当然で、三百何年も固い大真面目な解釈がなされ、信仰的・哲学的に読まれてきたものを否定し、「古池や」句の面白さを強引ながらも解き明かし、白黒をはっきり付けたがっていた頃のこと。三十代後半頃で、論文も非常に若書きだったと語る。深沢氏は次のように言う。

時間が経ち、文献を読む量が増えてくるにつれ、現実の芭蕉や蕉門の中でも「揺れ」があったことが想像でき、曖昧なところは曖昧なまま残してペンディングにしながら、解決篇は自分が年を経てからか、後世に託す態度があってもよかったかなと思う。でもそれは年寄りじみた感慨で、若い研究者には、いちど確信を持ってつかんだアイディアを握って離さず、批判をおそれずに、突き進む論文を書いて欲しいとも思う。

深沢氏のつかんだアイデアは、一つの論文で終わることなく、基点となって芭蕉の諸句の解釈へとリンクしていく。また、「山吹や蛙飛こむ水の音」（『俳句教養講座 第一巻』角川学芸出版、二〇〇九年）で『葛の松原』支考の花実論に注目、近年には森川昭氏『下里知足の文事の研究』（二〇一三・一四年、和泉書院）による千代倉家資料の研究成果、中森康之氏「芭蕉古池句「蕉風開眼」の真意」（二〇二〇年度日本近世文学会秋季大会）他による『葛の松原』研究を受けて、『葛の松原』の語る「古池」句について――付・関連資料の報告二件――」（『近世文藝』第百十六号、二〇二二年七月）を発表している。そこでは、晩年の芭蕉が解釈に対してさらに柔軟に、支考の解釈が芭蕉の意図と異なっていても、優れた読みであればそれを面白がり、許容する姿勢があったと述べられている。本インタビューでも、深沢氏は、研究者として「古池や」句を雁字搦《がんじがら》めになるような固定的な読みから解放して、一つの句がどのような意図から生み出され、それがどう転じていったのかを明らかにすることが重要なのだと説くのであった。

和漢俳諧を、和漢聯句史の中に位置付け直す

と、芭蕉について一通り伺った後、ぜひ聞いておきたかったのが、「和漢」に関してであった。和漢（漢和）とは、和句・漢

句を交えて句を連ねる形式の文芸で、連歌作者と聯句《れんく》（複数名による漢詩の一形態）作者という、本来混じり合うことのない人々が出会うところに面白さがある。例えば、『百物語』（万治二年〔一六五九〕刊）に

策彦《さくげん》と紹巴《じょうは》との百韻の漢和を見侍りしに、おもしろき句どもおほき中に
難レ奈読残書《いかんともしがたしよみのこすしょ》　といふ句に
秋風に飛行《とびゆく》蛍吹《ふき》きえて　と脇し給ひける。

とある如くである。知識人たちの社交の具であり、知的ゲーム。この異質なコラボレーションが、深沢氏の研究の特色であり、原点であった。氏はこの和漢の研究で第一回柿衛賞《かきもり》（公益財団法人柿衛文庫より新進気鋭の俳文学研究者に贈られる）に輝いている。「元禄俳壇の和漢俳諧」（『国語国文』第五十六巻第十号、一九八七年十月）をもとに少々記しておきたい。

そもそも和漢の研究を始めたきっかけは、一九八三年、大学院に入ってすぐに、安田章先生のゼミで漢和聯句の演習を一年以上担当したことにあるとのこと。漢和聯句は韻を踏む。そのために和訓を付した韻書を学んだことが、連歌・俳諧のテーマと交差していったという。当時、尾形仂《つとむ》氏の「和漢俳諧史考」（初出『連歌俳諧研究』第二号、一九五九年）が最先端の論文であったが、これはあくまで俳諧研究からのアプローチ。今にして思えば、俳諧の分野からばかり眺められていた和漢俳諧を、和漢聯句史の中に位置付け直そうとしたものだったと氏は語る。

芭蕉が手の届かなかった世界、和漢聯句を見るビジョン

論文の概要を駆け足ながらまとめておく。和漢聯句は室町末期以来の伝統があり、貞門の時代には和漢俳諧も行われるようになる。漢句を担当するのは、一般的に僧侶などの漢詩文の専門家で、漢句を日本化・卑俗化させることがポイントであった。一方、延宝期（一六七三―八一年）には漢詩文調の俳諧が流行する。一見、これらは同質のものと捉えられがちだが、漢詩文調は異国趣味を取り入れて作句するのであり、両者のベクトルは逆方向で、直接結びつくものではなかった。ただし、天和・貞享期前半、漢詩文調が行き詰まってくると、一部の俳諧作者たちが新奇さを求めて和漢俳諧を試みるようになり、中でも奇字《きじ》（時に「☾●」など絵文字的なものも）の使用が好まれた。この時期には地方で和漢俳諧が復興。貞享期後半から連歌体の流行が始まると、連歌の一体としての和漢聯句が見直されるようになっていく。

そして、元禄年間には『三日月日記《みかづきにっき》』所収芭蕉・素堂《そどう》両吟「破風口《はふぐち》に」和漢俳諧歌仙が巻かれた。この歌仙の成立は元禄五年（一六九二）とされる。和漢俳諧流行の最中に芭蕉が和漢俳諧を試みたのは、氏によると、俳諧作者に教養のある武士層が増加してきたことも関連するという。彼らと接触する時のためのツールとしての和漢俳諧であり、そのトレーニングが素堂との一座であった。とはいえ、芭蕉には基礎教養が足りなかったか、それ以降断念している。残された作品について、深沢氏は「もし公刊されていたら、俳言が弱いと非難を集めていただろう」と評する。芭蕉がチャレンジしつつも、手の届かなかった世界が、そこには広がっていたと言ってよいだろう。

二〇一〇年、深沢氏は和漢の研究を『「和漢」の世界　和漢聯句の基礎的研究』（清文堂出版）にまとめているが、資料博捜の裏話として、国文学研究資料館に務めていた折のことを語ってくれた。『連歌総目録』の事業に携わることで、現在の研究でも取り上げ切れていない和漢聯句が山ほどあることを知ることが出来たという。さらに、和漢・漢和聯句にとどまらず、その背景には漢聯句だけの世界がある。このような視点から見ていかなければならない、と、壮大なビジョンを示していただく。同席の木越氏からは、深沢氏の研究について、「文学史・俳諧史を、線ではなく三次元で考えていますね」との総括があった。

複数テーマをクロスさせる研究

最後に今後の展望について尋ねる。和漢聯句では雄長老《ゆうちょうろう》と紹巴を丁寧に読みたいが、ここしばらくは芭蕉と『おくのほそ道』について研究するとのこと。「かけ離れているように見えるテーマどうしであっても、複数テーマをクロスさせることで、研究の（大げさに言えば）パラダイム・チェンジが起こるかもしれない」。氏は大胆な立論を若手研究者に望んでいた。

ちなみに、当日は学生の頃に活動していた合唱のこと、笑いの原体験なども伺い、しばし談笑。奥方の了子氏（聖心女子大学）との研究上の連携、家庭内のパートナーシップについても、もう少し知りたいところであったが、タイムアップ。硬軟織り交ぜての研究、笑いのダンディズムを学んだ一日であった。

追記　インタビュー後、「芭蕉だって笑ってほしい、に違いない」と帯に踊る『芭蕉のあそび』（岩波新書、二〇二二年）が刊行された。「古池や」句を含め、氏の最新の見解は同書をご参照いただきたい。

■揖斐高氏に聞く

人間の営みを深く掘り下げる

柏木如亭論はこうして実を結んだ

interviewer＝小財陽平

何を題材に選んでどういう書き方にするか、論文はその当時の自分の問題とリンクする、そうすると力が入る――研究対象を我がこととして考えること、それが最初の一歩なのかもしれない。

Profile

揖斐高（いびたかし）

一九四六年、福岡県生まれ。東京大学大学院博士課程単位取得満期退学。成蹊大学名誉教授。専門は日本近世文学。著書に『江戸詩歌論』（汲古書院）、『近世文学の境界 個我と表現の変容』（岩波書店）など。

柏木如亭はライフワークではない？

揖斐高の多岐にわたる研究のなかでも、柏木如亭《かしわぎじょてい》（一七六三―一八一九）はとりわけて重要な位置を占めているのではないか。試みに、如亭に関わる研究業績をリスト化してみると、つぎのようなものとなる。

① 「柏木如亭論序説：『木工集《もっこうしゅう》』の世界」（『文学』四十二―十、一九七四年十月）

② 『柏木如亭集』（太平書屋、一九七九年）＊如亭の著述の複製と如亭年譜

③ 「写本『如亭山人詩初集』について」（『成蹊大学文学部紀要』三十一号、一九九六年）

④ 「如亭詩の抒情：転蓬の詩人と流れの女」（新日本古典文学大系六十四『蘐園録稿・如亭山人遺稿・梅墩詩鈔』岩波書店、一九九七年）

⑤ 『遊人の抒情：柏木如亭』（岩波書店、二〇〇〇年）

⑥ 『詩本草』（岩波文庫黄二八〇―一、岩波書店、二〇〇六年）

⑦ 『訳注聯珠詩格』（岩波文庫黄二八〇―二一、岩波書店、二〇〇八年）

⑧ 『柏木如亭詩集』一・二（東洋文庫八八二・八八三、平凡社、

二〇一七年）

これらの研究によって、柏木如亭の伝記や詩風はかなりの程度明らかにされたし、また如亭の著述にはすべて訳注が施された。そもそも、揖斐は研究の出発点ともいうべき修士論文を『柏木如亭論』と題して提出していた。とすれば、半世紀に及ぶ揖斐の如亭研究は、まさにライフワークというべきものにちがいない。

ところが、案に相違して、揖斐はいう。

「最近は、もう如亭から離れてる感じがあってね。今のところは、如亭について何かを調べてるっていう状況ではないですね。……僕はね、ある題材で一本書くと飽きちゃうんだね。それで別の題材をやって、しばらくしたらまた戻ってくるっていう」。

なんとも肩の力の抜けた取り組みようなのである。たしかに、揖斐の如亭研究はいくつかの中断期間をはさんでいる。とくに②から③の間には十七年のへだたりがある。揖斐はあくまでも融通無碍《むげ》に、自身の関心のままに書き綴っていたのである。いや、ときには流れに身を任せることもあったようだ。④は新日本古典文学大系の解説として書かれたものであり、揖斐は同書にて解説と同時に『如亭山人遺稿』の校注を担当しているが、これなどたまたま依頼されたからやりはじめたにすぎなかったという。したがって、如亭に関わる数々の業績は、計画的に、体系的に積み重ねていったものというよりも、偶然や関心に導かれるままに書き綴っていった結果、おのずから形成されていったものと見たほうがよい。いったんは離れてみても、いつのまにかまたより合わされてしまう、切ってもきれない不思議な縁で、揖斐は如亭とつながれているようだ。

江戸漢詩との出会い

揖斐が江戸漢詩への目を開かれたのは、富士川英郎《ひでお》『江戸後期の詩人たち：鴟鴞庵《しきょうあん》詩話』（麦書房、一九六六年）による（同書は二〇一二年に平凡社東洋文庫から、いみじくも揖斐の解説付きで復刊されている）。

「就職もないから、大学院に行こうか、みたいなはなしでね。いろいろと本をあさっているときに、『江戸後期の詩人たち』を読んで、たまたま如亭にぶつかった。それまで、江戸漢詩なんてぜんぜん興味なかった。漢詩といえば、詩吟のイメージ、悲憤慷慨《ひふんこうがい》調みたいなものだろうという先入観があった。だけど、富士川さんによって、江戸漢詩の〈柔らかい心と繊細な表現〉という側面に目を開かれた。それで、何をやる予定もないから、大学院で江戸漢詩をやってみようって――」

卒業論文では近松門左衛門《ちかまつもんざえもん》を取り上げたという揖斐が、突如として江戸漢詩を志したのは、じつに片々たる一冊の書物の所為であった。一九七一年のことである。

普遍的な詩として

揖斐が修士論文『柏木如亭論』から切り出して発表した前掲「柏木如亭論序説：『木工集』の世界」の問題意識はこうである。小普請方《こぶしんかた》大工棟梁という下級幕吏の身分でありながら、漢詩に取りつかれた柏木如亭にとって、漢詩とは何ものであったのか、詩の役割とは何だったのか、役人生活と詩歌とはどのような関係にあったのか――。

この論稿は、従来の江戸漢詩につきまとっていた、儒学的枠組みや詩吟的イメージを徹底して覆そうとしたところに特色がある。揖斐は江戸漢詩に対峙する際の富士川の姿勢について、「ヨーロッパの詩でも、日本の近代詩でもいいが、それらに共通する読み方として、江戸漢詩を読もうとするところに惹かれた。普遍的な詩として江戸漢詩をとらえる視点が新鮮だった」と評しているが、かかる富士川の態度に触発されて、如亭の漢詩は読み解かれてゆく。

　できるかぎり、如亭の漢詩を、儒学的枠組みに押し込まないようにして読み解いてゆこう、そうして、如亭の漢詩からいかにして〈柔らかい心と繊細な表現〉を剔出《てきしゅつ》できようか、このような意欲に満ちている。如亭がみずからを儒者と規定していなかったことも、論じるにあたっては見過ごしてはならないところで、それが如亭を選んだ理由の一つでもあった。

　江戸の漢詩文を研究している人間など当時はそう多くもなかったが、大学院に入ってから知ったという、日野龍夫は思想から漢詩に入ったし、同じく徳田武は従来の漢詩のイメージから入った。だから、かれらとは異なるアプローチを目指したかったのだという。

倦怠と憂鬱

　柏木如亭の第一詩集『木工集』（寛政五年〔一七九三〕序）はわずか五十一首を収録する小冊子である。だが、揖斐はここから二十代の如亭を包んでいた倦怠と憂鬱の情を鮮やかにつかみだしている。なかでも圧巻だと思われるのは、「春興」と題された七言絶句を鑑賞したくだりであろう。

遇花無酒又無銭　花に遇ひて酒無くまた銭なし
坐著南簷尽日眠　南簷《なんえん》に坐著して尽日《じんじつ》眠る
識得群児鬧街口　識《し》り得たり 群児の街口を鬧《さわが》すを
風中紙破落庭鳶　風中 紙破れて庭に落つる鳶

この僅々二十八文字にすぎない絶句を、揖斐はこう堪能する。

　のどかな春の一日、如亭は小路の奥にある寓居の南向きの縁側でひねもすまどろんでいる。表通りで遊ぶ子供達の歓声が時折風に運ばれて、如亭の耳を微かに揺るがす。無邪気な歓声は春の空気を一層温柔に、そして夢うつつを快いけだるさの中に包みこんでゆく。と、不意に、軽い物音が間近に聞こえる。薄目をあけてみれば、それは風に破られて庭に迷い落ちた子供たちの紙鳶《たこ》。外吹く風は思いのほか強いようだ——再び何もなかったかのように、如亭はまどろみの世界へ戻ってゆく。けだるく穏やかな時間がまた流れすぎてゆく。飢饉、一揆、異国船渡来……すでに激動の世紀の始まりを予兆させる事件の相次いでいた十八世紀末の、繁華な江戸の日だまりの倦怠。

　江戸漢詩にも〈柔らかな心と繊細な表現〉がそなわっている！　それを伝えたくて、矢も盾もたまらずといった揖斐の心が、如亭の漢詩を舞台に躍動している。江戸漢詩のかくも芳醇な鑑賞が、富士川英郎のようなドイツ文学者のエッセイ中ではなく、日本文学研究者の学術的論稿のなかで綴られたことは、まさに画期的だった。

　このように、如亭の漢詩を、あくまでも普遍的な詩として読もうとするのが、この論稿の基調音となっている。と同時に、「飢饉、一揆、異国船渡来……」のくだりからもわかるとおり、如亭が経世家とはおよそ無縁の漢詩人だと強調することも、揖斐のもう一つの狙いであった。

儒学的枠組みの功罪

　揖斐は、「柏木如亭論序説：『木工集』の世界」のなかで、儒学的枠組みによらずに漢詩を読み解こうとした。いや、読み解く側だけでなく、実際に詩を詠じる作者の側にしても、儒学的枠組みによって詩を作るだけでは、漢詩は深められないとの見方を示した。

> 経世家的発想による時代状況への短絡的な対応が、漢詩という形式において、どれほど〈詩〉の成熟を妨げてきたことか。そして、近世漢詩の思潮が、経学からの独立という水路を通って〈詩〉の成熟へと向かっていったという事情を思い併せてみるならば、こうして内閉された小世界の中で、自己の名状しがたい鬱屈の感覚に執しつつ、ひたすら詩心の醗酵を待つという如亭の在り方は、逆にもっとも〈詩〉の時代性を体現しているかもしれないのである。

　だが、詩歌には、たとえば和歌には和歌なりの、俳句には俳句なりの特質・意義があるはずだ。漢詩でいえば、易・書・礼・春秋と並び、儒学において重要な一角を占める『詩経《しきょう》』以来、士大夫の文学という特別な刻印が与えられてきた。漢詩が漢詩たり得るには、儒学者としての経世の意識は不可欠ではないのか。〈普遍的な詩〉として漢詩を読んでしまえば、漢詩は、結局のところ、和歌や俳句と何が異なるというのか。

　このような疑問に対して、揖斐は当時の状況をこう説明してくれた。

　従来の文学史では、江戸の漢詩人を配列するにも、たとえば朱子学系、古学系、折衷学系などと分類されていた。しかし、それでは儒学史の問題に還元されてしまう。当時の揖斐は、文学思潮のなかで、詩人を配列してみたいという思いがあった。もちろん、何かを物差しにすれば、そこからはみ出たり、割り切れなかったりする詩人が出てくるもので、そう簡単にはいかないが、とにかく、これまでと違う図式化を試みないと、物事は見えてこないと考えたのだという。

「研究の出発点では、とにかく儒学的枠組みを取っ払いたいっていう思いが強かった。研究を始めた時分は、儒学的枠組みばかりが強調されてきた嫌いがあったからね。だけど、それだと、江戸漢詩のもう一つの面が隠れてしまう。だから、当初は漢詩の〈柔らかな心と繊細な表現〉をしっかりと評価したい気持ちを強く持っていたわけだ。――まあ、だけど、今となっては、儒者としての規範意識を考えることなしに、江戸漢詩の全体像をとらえることはできないとは認識していますよ」。

『木工集』という書名

　柏木如亭を儒学的枠組みから引き剥がそうと腐心する揖斐は、『木工集』という書名に目をつける。『木工集』は、如亭が小普請方の大工棟梁であったことにちなむ命名である。そこから、揖斐は「儒者の漢詩集ではなく、大工の作った詩集だ」という如亭の自己意識をつかみだしている。漢詩を士大夫・為政者の文学だとする儒学的枠組みを、如亭が拒絶していることを、書名からうかがおうとしているのである。

　これはなかなか得がたい着眼ではないか。たとえば、王維《おうい》は尚書右丞《しょうしょゆうじょう》の官職にあったから、その著は『王右丞文集』と称されるのだし、杜甫《とほ》が工部員外郎《こうぶいんがいろう》の職を与えられたことから、その詩集は『杜工部集』と名付けられた。通常だったら、官職名による書名の名付けに対して、さまで注意を払うことはなかったかもしれない。

　その常人では等閑《とうかん》に付してしまいそうなところを、揖斐はあえて拾い上げ、如亭が儒学的枠組みの埒外に身を置こうとしていたことと結びつけた。そこに、揖斐が抱いていた問題意識がうかがえる。そして、何より、そうした自由闊達な論じかたによって、本論稿に評論的な興趣が添えられることになる。個々の漢詩に寄せられた滋味深い鑑賞と双璧をなして、これが揖斐の論文の醍醐味の一つだといえよう。

黙斎をめぐって

　揖斐の評論家的筆致は、黙斎《もくさい》にまつわる記述において水際立っている。「黙斎」とは、柏木如亭の書斎につけられた名である。

　如亭の友人で、『木工集』の序文も書いた高岡秀成《たかおかひでなり》に「黙斎説」という一文がある。そのなかで、秀成は「高く材気を負ひて卑しく役務に服す」という境遇から生ずる不平不満の情が如亭にあって、そうしたままならない状態なればこそ、如亭が自分の居室に「黙斎」と名付けたのだと述べている。その上で、詩人たる如亭は「黙して以て世に処し、詩して以て志を言ふ」という生き方を選び取ったのだと、秀成は結論づけている。

　しかし、揖斐は、これに対して「おのれを知るものとして秀成へ寄せた如亭の期待に反して、秀成における如亭理解の限界を示しているとは言えないだろうか」と疑義を呈している。「詩して以て志を言ふ」とは、詩によって士大夫としての志を発露することにほかならない。とすれば、秀成は、如亭を儒学の枠組みにあてはめて規定したことになる。しかし、揖斐からすれば、如亭はみずからを儒学者とみなしたことなどついぞなかったはずだ。

> 如亭が居室を黙斎と名づけたとき、その〈黙〉は〈詩〉の側から経学の言葉を拒絶し、黙殺することを意味したのであって、秀成が自身の身の丈に合わせて「黙斎説」の中で説いたように、経世済民の学の体系のうちにあって、黙し、かつ詩によって代弁するということではないのであった。

　秀成の如亭理解に不服の意を示し、代わりに右のような自身の見解を打ち出したところからは、自分こそが如亭の真の理解者だという自負心のようなものが読み取れる。

　通常だったら、如亭に見込まれて、「黙斎説」を寄せた秀成の見解に納得してしまうところである。すくなくとも、如亭が秀成の文章に不満の意を示したという文献なり、証言なりがないかぎり、秀成の如亭理解に疑義をさしはさむことは慎重になるのが、凡百の研究者というものである。

　しかし、揖斐はどこまでも如亭の心情に寄り添って、まるで如亭が憑依したかのように、自身の確信する如亭理解を敢然と打ち出してゆく。だから、読者は揖斐の述べるとおりとしか思えなくなるのではあるまいか。そう水を向けると、揖斐は笑いながらこう答えてくれた。

「あれはけっこう強弁しているけどね。自分なりの論理構成にしようと思うとそうなっちゃうんでね。実際はどうなのって言われるとねぇ、そこまで言えるのかって話になるけれども。自分が思っている、当時の、如亭像みたいなものを説明するためには、そう言わざるを得ないところもあったということだね」。

評論的な解釈

揖斐の評論的な解釈は、実証主義の立場からすると、あるいはすんなりとは受け入れにくいところがあるのかもしれない。しかし、文学研究においては、こまやかな解釈として、ある程度は許容され得る。すくなくとも、揖斐の論稿にあっては、それが魅力の一つとなっている。

となれば、事態は文学研究における論文とは何ものかをめぐる問題に発展しそうだが、いずれにしても、揖斐は自己の評論的解釈を論文に不可欠な要素と位置づけていたようだ。揖斐は「訓詁《くんこ》注釈のことばっかりやるのはつまらないと感じた」と当時を振り返っている。そのとおりだ。漢詩文だからといって、訓読して、典拠を指摘すれば能事畢《おわ》れりとなるものではない。

「論文は自己表現だと思っていた。論文だからって、客観的な事実だけを客観的に書けばいいとは思っていなかった。もちろん、用いる題材は客観的な事実を積み重ねていくのだけど、最終的には論文は自己表現がないと面白くないなと、今でもそう思うところがある。それがないと、何のために書いているのか、というところがある」。

自己の問題として

経世の志をもたなかった如亭が現実への鬱屈から詩歌を詠じ、その鬱屈がいつしか詩歌を生みだす原動力となれば、それは詩のなかの倦怠と憂鬱にしか生きるべき現実を見出せなくなってしまったことにほかならない。詩歌を詠じるために、その鬱屈は膨張しつづけなければならないからだ。かく、現実と詩歌の世界が逆転してしまったとき、如亭の実生活は詩歌に主導されて歯止めを失ってしまう。とうとう、如亭は小普請方大工棟梁の家職を棄てて、遊歴の詩人として各地を放浪する選択を余儀なくされるのである。

如亭にとって詩とは何であったのか、詩の役割とはどのようなものであったのか、そして役人生活と詩との関係はどのようであったのか。論稿の問いに対する、揖斐の回答がこれである。

このような如亭の生きかたは、ある意味で揖斐自身の生き方であった。大学院に入るまえに「何やっていいかわからなかったし。かといって、会社に入って縛られるのは嫌だったし。じゃあ、縛られずに自由に生きるにはどうすればいいのか」とばかり考えていた揖斐には、「如亭が大工棟梁を辞めて、詩人になるんだっていうところとシンクロした」という。

だが、大学院に進むことは、如亭が家職を棄てることと同じことなのか。

「国文学研究をやろうと思った段階で、世間を捨てているわけですよ。社会をね。だから、社会人として、きちんとして、出世して、いい生活をして、みたいなことをやめるんだ、っていうのが、国文学研究に足を踏み入れる、っていうことだったんだ」。

国文学研究に対する、揖斐の見解の是非は、いまは問わない。だが、すくなくとも、揖斐が実社会でのし上がってやろうという、強い上昇志向の持ち主だったら、この魅力に富んだ如亭論が実を結ばなかったことだけはたしかのようだ。

「何を題材に選んで、どういう書き方にするかっていうのは、その当時の自身の問題とリンクしている。その点で、僕の論文は評論的になってるんだと思う。つまり、自分の抱える問題が、論文のなかに間接的に投影しちゃってるんでね。いくら材料がたくさんあって、実証的研究手法を取っていたとしても、その奥底の核心部分には評論的な部分があるほうが面白いし、それがなければ、たとえ多くの情報を整然と分類したり、つなげたりしたって、面白くもなんともないじゃないですか。材料をどうつなげるのか、どう結論に導くか、あるいはどういう対象を扱うかっていうときに、いろいろと選択肢はあるけれど、それを選び取る際に自分の抱えている問題とリンクさせると、力が入るってことがあるんじゃないですかね」。

文学研究とは、つまりのところ、人間が人間の営みを深く掘り下げることである。研究対象を我がこととして考えることが、深く掘り下げるための最初の一歩となるのかもしれない。

日本近世文学会に向けて

日本近世文学会の話を振ると、揖斐はすこし恥ずかしそうに「僕、いまね学会の会員じゃないのよ」と笑った。えっと驚く一同。成蹊大学の専任教員の職を退いたときに学会もやめたのだという。

学会というものの社会的役割は大切だし、その必要性もよくわかると断った上で、揖斐はこういった。

「だけど、自分が研究する上で、学会が必要とは感じなかった。組織に属して何かやるってことと、自分が抱えている問題を原点にして研究して論文を書くってことは、相反することではないけれど、あまり交わってはいない」。

研究して論文を書くという、研究者に課された責務に対して、学会はどれだけの後押しをできているだろうか。揖斐の言葉に触れて、そんな疑問がふと脳裏をかすめた。

万事にわたって、献身的に会を盛り立ててくれている、多くの会員の尽力は、察するに余りある。もちろん、それらの運営にたずさわることは、意義深く尊いものにはちがいない。だが、身過ぎ世過ぎの稼業に明け暮れ、育児・介護など家庭でのつとめで気息奄々《えんえん》としているなかで、負担に見合うだけの価値を、学会がどれほど提供できているのか、今一度考えてみるのも悪いことではない。

「学会の発表は大嫌いだった。僕、一回もやってない。今は違うかもしれないけど、昔は大学院生が、これから私、研究者としてデビューします、先生方よろしくお願いいたします、みたいな感じになって、それが大嫌いでさ。なんでそんなことやんなくちゃいけないんだろって。それで、向こうには偉い先生方がいるわけで、もちろん、尊敬できる人もいるわけだけど、ぜんぜん尊敬できない人もいっぱいいるわけじゃないですか。論文読んでもつまんないのしか書いてないような、ね。その前で平身低頭して、よろしくお願いします、みたいな。そんな発表したくねえなって」。

この言葉は、もちろんかつての出来事の回想であって、現在はずっと風通しがよくなっていると信じている。だが、一般的にいって、組織というものは、どうしても権威的性格を帯びるものだ。偉くなったと勘違いして、すっかり変わってしまった人を、間近で目にしたこともある。学生や若手が自由闊達《かったつ》でのびやかな議論に参加できる空気作りは、学会や研究会でもっとも大切なことだろう。

揖斐にとって、精神の自由は何物にも代えがたい、研究のベースになっているようだ。

「縛られるのが嫌って話でね。権威的なものに対しては、もう結構です、もう結構です、って感じですね」。

困窮しても、零落しても、自由気ままに生きることを望んだ如亭にそっくりだ。揖斐がいくたび離れようとも、ついには如亭のところに戻っていった理由がすこしわかったような気がした。

■篠原進氏に聞く

入念な調査と独自の推論で導く「答え」

西鶴の創意工夫をどう解き明かすのか

interviewer＝長谷あゆす

論文は「できる、やる」と決断すること。アクティブな授業を創造しながら、研究意欲を高め、人との関わり合いを研究の原動力にする――。先行研究に問題提起をし新しい解釈の可能性を追求する、その軌跡に迫る。

Profile

篠原進（しのはらすすむ）
一九四九年、栃木県生まれ。青山学院大学文学研究科 日本文学専攻博士課程単位取得済退学。青山学院大学名誉教授。専門は日本近世文学。主要論文に『ことばの魔術師西鶴』（共編、ひつじ書房）、「世之介の黒歴史―戯作と転合書―」（『日本文学』二〇一三・七）など。

はじめに

江戸時代前期に大阪で活躍した文豪、井原西鶴《いはらさいかく》。俳諧師として活躍し、浄瑠璃作品を手掛け、浮世草子《うきよぞうし》作者として脚光を浴びた彼は、文学史の中でもひときわ目立つ存在だ。そんな西鶴の魅力を熱く論じ、学界に活気をもたらし続けてきたカリスマ的研究者がいる。その人物こそ、篠原進氏である。本稿では、篠原氏が執筆した論文の中から、**「『好色一代女』と小町伝説」**（『弘学大語文』十一号、弘前学院大学国語国文学会、一九八五年三月）を取り上げる。そして、篠原氏がどのようにして研究と向き合ってきたのかに注目しながら、その論文の魅力を紹介したいと思う。

若き日の篠原氏

篠原氏が「『好色一代女』と小町伝説」を書いたのは三十五歳の時。青森県にある弘前学院大学の専任教員になって七年目のことである。篠原氏には同大学に着任した時から、意識してきたことがあるという。

査読誌の「大学紀要」には大学院生の頃から研究していた八文字屋関係の論文、学内学会の査読誌「弘学大語文」[※1]にはその年授業で扱った西鶴関係の論文を寄せ、依頼原稿の他に、毎年二本の論文執筆を自分に課しました。

八文字屋本《はちもんじやぼん》（京都の八文字屋から出版された浮世草子）と、それに先んじて流行した西鶴の浮世草子。篠原氏はそれらの研究を並行して進め、実際に「毎年二本」以上のハイペースで論文を執筆し続けていくことになる。

ただし、大学教員には授業の他にもさまざまな学内業務がある。それらに取り組むだけでも相当なパワーが必要だ。しかも、篠原氏は、広報入試や学園祭の責任者をつとめ、パンフレット作りや大学説明会のために奔走していたという。そのように多忙な中でも、着実に研究成果を積み上げ続けることができたのはなぜか。篠原氏の語りの中から見えてきたことが三つある。

一つ目は「決断」である。「できる、やる、と決断せよ。方法はそれから見つけるのだ」というリンカーンの言葉がある。先に引用したように、篠原氏もまた専任教員となった当初から「毎年二本の論文を書く」ことを心に決めていた。「できる」と信じ、「やる」と決断する。それが努力の口火となり、未来を切り拓く鍵となったのである。

二つ目は「工夫」である。篠原氏は八文字屋本の研究を進める一方、西鶴の浮世草子については「ゼミで毎年違う作品を取り上げる」ことによって探究を深めていった。

ゼミの一年目は『好色五人女』。以下毎年『世間胸算用《せけんむねさんよう》』、『日本永代蔵《にっぽんえいたいぐら》』、『西鶴織留《おりどめ》』、『西鶴置土産《おきみやげ》』、『本朝《ほんちょう》二《に》十《じゅう》不孝《ふこう》』と西鶴作品を読んできて、『好色一代女』で七作目になりました（機関誌の論文も七本目）。論文執筆を前提にして作品を読むのと、ただ漠然と読むのとではモチベーションが違いますね。好きな野球に譬《たと》えればプレーイング・マネージャー（監督兼選手）として、いつもグランドに立っています。私にとって大学の授業とはそういう場です。

教員が学生と同じフィールドに立ち本気で作品と向き合う。そんなゼミの空間はいつもイキイキとした活気に満ちていたことだろう。篠原氏はそうしてアクティブな授業を創造しながら学生と関わり、自らの研究意欲をもいっそう高めていったのである。

そして、三つ目は「楽しみ」である。

冬は長く、雪も深い。打ち込むものなしでは耐えられない、北国の生活。テキストや先行論文を読み、音楽を聴きながらあれこれ考え、書くことが唯一の楽しみでした。ですから、苦労とは思いませんでした。もちろん書いている時は苦痛なのですが、断念しようとは思ったことは一度もありません。

論文を書いている時は「苦痛」。それでもなぜ研究をやめないのか。それは、研究に打ち込む中でこそ得られる「楽しみ」があるからだ。青森県の寒く厳しい気候の中、あたたかい部屋の中で好きな音楽を聴きながら文献を読み、考えを巡らせる。それは特別な楽しみであり、心を満たしてくれる充実したひとときでもあったのだ。

「できる、やる」と決断すること。そのための方法を工夫すること。そして、楽しみを実感しながらコツコツ取り組んでいくこと——。「『好色一代女』と小町伝説」は、そうした日々の中で誕生した論文の一つなのである。

『好色一代女』とは

論文の内容を紹介する前に、『好色一代女』がどのような作品なのかを確認しておこう。本作は貞享三年（一六八六）に出版された西鶴第六番目の浮世草子である。その内容は、「恋と命のどちらが大事か」について対極の考えを持つ若者二人が「好色庵」という庵を訪れ、色恋の達人と評される老女に身の上話を求める、というものだ。西鶴は、「嵯峨の山奥に住む謎の老女（主人公の「一代女」）が激動の生涯を語る」という枠組みのもと、一人の美女が職を転々としながら色恋に身を投じ、年を重ねていく様子を二十四章にわたって描いている。そのあらすじは次の通りである。

《娘時代の一代女》…巻一の一～一の三

公家の血を引く一代女は宮中で働く。多数の求愛を受ける中、とある青侍と恋に落ち、露見して破局（相手は処刑される）。その後、舞子となった一代女は西国の金持ち奥様に気に入られ養女となる。が、彼女の夫を誘惑して関係を持ったことが発覚し、宇治の実家に強制送還される。その後大名の妾に選ばれ江戸に赴くが、情交過多で殿が衰弱したため、再び実家に戻される。

《島原遊郭で働く一代女》…巻一の四～二の二

一代女は、親が借金を背負ったことで京の島原遊郭へ身売りするハメになる。その美貌によって最高位の「太夫《たゆう》」として勤め始めた一代女だったが、客をえり好みして人気が落ち、どんどん格下げされてしまう。果ては大阪の新町遊郭に売られ、そこで契約期間を終える。

《職を転々とする一代女》…巻二の三～巻四の四

自由の身となった一代女は、大黒《だいこく》（僧の隠し妻）、女祐筆（女子塾の先生）、町屋の腰元（召使女）、武家の表使い（奥方仕えの外交担当職）、歌比丘尼《うたびくに》（尼姿の売春婦）など、多種多様な職を転々とする。その中で色恋関係の事件に巻き込まれたり、自ら騒動を巻き起こしたりしつつ、年を重ねていく。

《落ちぶれる一代女》…巻五の一～巻六の四

さまざまな私娼を経験し、年老いた一代女は玉造《たまつくり》で極貧生活を送る。さらに最下級の私娼となるが一人も客がつかず、ついに売色業をやめる。その後寺に詣でた一代女は五百羅漢像を見て過去の恋人たちを回想。己の好色人生を恥じて入水自殺を試みる。しかし、それを知人に止められ、「仏道に入れ」との助言に従い好色庵に入ることとなる。

そんな生涯を語り終えた一代女は、「懺悔《さんげ》に身の曇晴れて」とし、「過去を告白して罪が消えた今、心が澄み渡るような気持ちだ」と述べるのだった——。

このように、一代女の人生は波乱万丈である。「今回、一代女はどんなことをしでかすのか!?」「この先、一代女はどうなってしまうのか!?」そんな心持ちで次々と話を読み進められる、面白い作品なのである。

謎解きの魅力

では、いよいよ本題に入ろう。「『好色一代女』と小町伝説」は、『好色一代女』に小野小町の伝説がどのように利用されているのかを考察した論文である。ちなみに、『一代女』には、仮名草子・遊女評判記・中国小説・謡曲など、幅広い素材があることが先行研究で指摘されており、小町伝説との関係についても、すでに次のような説が出されていた。

・『一代女』に見られる「美女が老いておちぶれる」設定は、小町伝説に代表される美女落魄の型をふまえている（岸徳蔵氏）

・一代女が晩年「玉造」に隠棲する設定は、小野小町伝説として流布した漢詩文『玉造《たまつくり》小《こ》町《まち》壮衰書《そうすいしょ》』などにちなんでいる（東明雅氏）

・一代女の没落生活を描く箇所には、『玉造小町壮衰書』をふまえた表現が多数存在している（森山重雄氏）

ただし、これらの指摘は注目されているとは言いがたい状況にあった。篠原氏はそのことに触れ、「小町伝説と一代女との関係について改めて考え直すべき」だと説いた。そして、西鶴が多彩な小町伝説の受容圏にいたことをふまえながら先学の説を補完し、独自の新発見をも次々と提示していった。ここで、篠原氏の指摘の中から三つを取り上げて紹介しよう（紙幅の都合上、要点をこちらでまとめた）。

①冒頭の設定と『関寺小町』

『好色一代女』の冒頭には「二人の若者が、人の日（一月七日）に、色道を極めた老女を訪ねる」様子が描かれているが、これは謡曲『関寺《せきでら》小町《こまち》』で「二人の修行者が、七月七日に、歌道を極めた老女（老いた小町）を訪ねる」設定をアレンジしたものである。

②「小作りなる女」の意味

『好色一代女』には、一代女を「小作り（小柄）」とする表現がたびたび登場する。西鶴が一代女を「小女」として造形したのは、小町の愛称とされる「小」（もとは後から宮中に勤めた場合に付けられる文字で「junior」の意／角《つの》田《だ》文衛《ぶんえい》氏説）を「小さな」の意味に転じたことによるものである。

③『玉造小町壮衰書』の利用

先行研究では一代女の晩年に『玉造小町壮衰書』の影響があるとするが、「早熟、プライドが高い、お洒落に気を配る、花車（上品・雅び）に通じる、多数の男性から求愛される」など娘時代の設定にも同書からの影響が認められる。また、同書の中心的思想をなす「愛欲者人之所レ感也（愛欲は人の感ぜる所なり）」が『好色一代女』の主調音になっている。

篠原氏はこの他にも小町伝説を翻案したとおぼしき箇所を多数指摘している。そうして、『一代女』における小町伝説の利用が「部分にとどまらず全編の構想にまで及んでいる」ことを鮮やかに浮かび上がらせたのである。これらの着想について、篠原氏は次のように語る。

基本は疑問や好奇心。『一代女』に即して言えば、なぜ彼女が隠棲するのは「玉造」なのか。「小作りなる女」という決め台詞が要所に配置され、それが反復されるのはなぜか。二人の若男が一代女を訪ねるのは、なぜ「人の日（一月七日）」なのか。そうした疑問を「更《さら》問《ど》い」し、推理小説の謎を解くようなつもりで自分なりの答えを探しました。矛盾が生ずれば最初に戻り、全体を書き直すというアナログな作業を繰り返していますので、うまく論理が通り、「小作りなる女」の意味など自分なりの謎解き（それは決して正解ということではないのですが）が出来たときはワクワクします。

この論文には、西鶴の創意工夫を次々と解き明かしていく高揚感がある。その考証には読み手を引き込んでやまないパワーがある。それは、篠原氏が一つひとつの仮説を裏付けるために幅広い資料を調査し、その中から主張を裏付ける根拠を丁寧に抽出しているからだ。入念な調査にもとづき、独自の推理によって新しい「答え」を導き出す。この論文には、そんな謎解きの魅力があふれている。

一代記としての読み

「『好色一代女』と小町伝説」には続きがある。「小町は、男に逢ふこと、まづ千人」（『小町草紙』）。篠原氏は小野小町にこうした「色好み」の俗説があることを挙げ、一代女が過去の恋人を「万人あまり」と語るのも、小町の「色好み」を誇張したものだと推理した。そして、『好色一代男』の主人公世之介が平安朝のプレイボーイ（在原業平《ありわらのなりひら》や光源氏）を近世風に改変した存在であるのと同じく、一代女もまた王朝の「色好み」をアレンジした〈近世的色好み〉のキャラクターだと解釈したのだった。

篠原氏は、こうした一連の考察をふまえ、「一代女の壮衰に小町のそれを重ねることで一代記的な読み方が可能（傍点は篠原氏）」になると述べ、さらに論を進めていくのだが、その中で注目したいことが二つある。

一つ目は、「『好色一代女』は一代記か、風俗紹介か」という議論に一石を投じたことである。先に見たように、一代女はさまざまな職を転々としており、その実態を詳しく描いた章が多い。そのため、『一代女』を一代記として読むオーソドックスな研究の他に、風俗紹介書としての価値を見出す研究も盛んになってきていた。篠原氏は、その中でも特に谷脇理史《まさちか》氏の研究[※2]に焦点を当て、そのすぐれた点を賞賛する一方、次のような問題提起をしたのだった。

『好色一代女』に風俗紹介の意図があることは認める。だが、そこを強調するあまり主題が見失われているのではないか。『一代女』は決して風俗紹介だけの作品ではない。主題《テーマ》はある。一代記としての性質に目を向け、その主題を論じることには意味がある――。論中には篠原氏のそんな熱い主張が提示されているのだ。

二つ目は、一代女の人生にポジティブな興趣を見出したことである。『一代女』を一代記として読む研究の中には、その主題を「悲惨な女の生涯」（『西鶴集　上』日本古典文学大系四十七、解説）、「女性は、まごまごすると自分のセックスを売り物にするようなはめになるということに対する警告」（暉峻《てるおか》康隆氏）とする見方があった。

しかし、篠原氏はそうした読みに真っ向から反論した。「西鶴はそれほど悲惨に一代女の生涯を描いてはいないし、反面教師的にも書いてはいない」。そして「彼女は主体的に（あるいは性欲の赴くままに）むしろ奔放すぎるくらい気ままに生きており、その生涯に暗さを見るのはあたらない」と。確かに、一代女は自分の欲望・意思に正直であるがゆえ、安定した地位を得るチャンスを何度も逃すが、それを後悔することなくタフに生き続ける。さらに「君に金や物を渡す気はない」と言い放つ男を情交過多で衰弱死させようとしたり（巻二の四）、「髪を切れ、抜け」と命令してくる薄毛の奥方に猫をけしかけ殿の前で付け髪を落とさせたり（巻三の四）と、やることに容赦がない。篠原氏はこうした例を複数挙げ「一代女の行動はいつも小気味よく、むしろ哄笑《こうしょう》に満ちている」と分析する。そうして、本書のユニークさ、パワフルな一代女の姿に目を向けたのだった。

その後、いよいよ主題に関する考察へと移る。篠原氏はまず、終章に描かれる冬景色（老いの風景）が、初章の冒頭部へとリンクすることで華やかな正月風景（生誕の風景）へと一変するとし、「一代女は自分の一生を四季の移り変わりと同じようにながめているのであり、悔いてはいないのである。ただ、そこには全力疾走した後の空しさだけがある」と述べた。そしてその点をさらに追究し「何の制約もなしに、自由奔放に生きることの空しさ、これこそが『一代女』の主題だ」と結論づけたのだった。

論文の執筆動機

『一代女』の主題については、その後も諸氏によってさまざまな説が提示されていくのだが、今そこには立ち入らない。ただ、篠原氏が先行研究に問題提起をし、新しい解釈の可能性を追究しようと試みたことには大きな意義がある。また、実はその「主流を問い直す」意識こそが、論文の執筆動機と密接に結びついていたという。篠原氏は次のように語る。

『一代女』論の争点に、「一代記か風俗紹介か」というものがあります。後者の代表が谷脇理史先生で、当時は西鶴研究のトップランナー。暉峻康隆氏の作品論へのアンチテーゼ、「『一代男』に主題はない」という発言が話題になっていました。その延長線上にある『一代女』論。主流を疑い、時には異を唱えるのが、論文の本質。すなわち、反谷脇。そういった意味で、意図的に「一代記」説をとってみました。

論文を読むかぎり、篠原氏が「一代記」説を取ったのは、「小町伝説の影響が『一代女』の全編に及んでいる」という考察結果があったからのように見える。しかし、実際には、最初から「一代記」説を取る意図があり、それを裏付けるために「小町伝説からの影響をとことん発掘する」という試みがなされていたのである。篠原氏はさらにこう語る。

王朝時代の代表的な美男、業平・光源氏。『好色一代男』がその俳諧化なら、美女の代表は間違いなく小町。『一代女』に小町のイメージを部分的にみる先行論（特に謡曲）もありましたが、それが全体に及んでいなければ「一代記」説とはならない。そんなわけで『一代女』は小町を俳諧化したもの」という仮説を立てた次第です。

篠原氏がこの「仮説」を支える証拠をいくつも探し出し、鮮やかな推理を見せたことは先に紹介した通りである。そして、その冴えた手腕は、論文の終盤に登場する次の文章にもよく表れている。

当時の読者は、まず一代女に小町の面影を重ね合わせただろうと思われる。そして小町をもどいた彼女が〈今小町〉として当世の好色空間に再現され、そこを当世人として奔放に泳ぎきり、ついには空しさを悟っていくという過程を、一代記として興味深く眺めたのではなかったろうか。

『一代女』に垣間見える小町伝説の面影。小町の「色好み」を今風（江戸時代風）にアレンジした一代女の造形。そして、それを土台として展開された「一代記」としての読み。右の文章は、この論文の鍵となるポイントを見事に統合したまとめだといえる。

研究の原動力

ところで、篠原氏にはこの論文を書くきっかけとなった思い出があるという。

この拙稿執筆直前の夏、『建部綾足全集』の取材で高田衛先生が日本文学協会のメンバーを伴い弘前においでになりました。稲田篤信さん、長島弘明さん、二村文人さん、風間誠史さん、佐藤深雪さんたち。皆若く、議論は熱を帯び、「『一代男』に主題はない」と言ってのけた谷脇批判などで盛り上がりました。高田先生はニコニコ笑いながら静かに耳を傾けておられる。下戸の私はウーロン茶ばかりを飲んでいましたが、ビル屋上のビアガーデンで過ごした夏の記憶は私の宝物です。その時発電した「熱」がエネルギーとなり、拙論の執筆を促してくれたように思います。

人との関わりが研究の原動力となる――。このことと関連して、もう一つ紹介したいエピソードがある。それは谷脇理史氏との思い出だ。

谷脇先生とのお付き合いは古く、出身大学の壁を超えて率直な助言をいただきました。弘前に赴任する時も「文庫本一冊でも西鶴研究はできる」と励まされました。戦略上「反谷脇」の立場だったのですが、拙稿を送ると即座に細字で葉書の両面を埋める詳細なお手紙を下さる優しい方でした。

篠原氏は研究面で「反谷脇」の立場を取ってはいたが、谷脇氏とはともに研究に邁進し、刺激を与え合う「同志」としての関わりがあった。ここで、谷脇氏が篠原氏に贈った言葉に注目したい。「文庫本一冊でも西鶴研究はできる」。この言葉は一見、近世文学研究で重視されることと相反するように見える。篠原氏も次のように語っている。

近世文学研究は「量」との戦い。私も西鶴以後のマイナーな浮世草子を多数読むことで、改めて西鶴の凄さや特異性に気づいた記憶があります。深い穴を掘るためには、広い面積が不可欠。とにかく、「量」をこなすことが大切です。

経済の発展によって識字率が上がり、出版文化が発展した江戸時代には、膨大な数の本が誕生した。近世文学研究では、そうした文献を手広く調査し、それ以前の作品との関係も検討する必要がある。まさに「広い面積が不可欠」なのである。西鶴研究の第一人者と称された谷脇氏も、もちろんそのことを熟知していた。にもかかわらず、「文庫本一冊でも西鶴研究は出来る」という言葉をあえて篠原氏に贈ったのはなぜか。篠原氏は、弘前にいた頃の苦労として「データベースの完備していない時代。後輩に資料のコピーを送ってもらっていても、不足感を覚える辺境特有の葛藤がありました」と語る。谷脇氏は、東京を離れて青森へと赴く篠原氏がそうした不安と直面するであろうことをよくよく察していたのだ。

「近世文学研究には量が大切。だが、一つの作品ととことん向き合うことによって見えてくることもたくさんある。だから、どんな状況にあっても、研究への希望を捨てないでほしい」。谷脇氏の言葉には、そんな気持ちが込められていたように思われてならない。

おわりに

最後に、日本近世文学会の未来・将来に向けた篠原氏からのメッセージを紹介したい。

文学研究というのは孤独な作業。せっかく論文を発表しても読者は希少。心が折れます。そのためには繋がること。学会や研究会はそのためにあります。積極的に発表することはもとより、議論を交わして下さい。抜刷は人に読んでもらうためのものです。それを、これぞという方に送り、意見を求めて下さい。またそれを落掌したら、感想を寄せてあげて下さい。そこで発電した熱が研究のエネルギー源となります。

今すぐに役に立たないもの。その価値を伝えるのは意外に難しい。ただ、絶望からは何も生まれません。近世文学を楽しみ、その魅力を粘り強く伝えていきましょう。

注

※1 前名称は「弘前学院大学国語国文学会学会誌」。

※2 谷脇氏は、老いた一代女が「身の上を時勢《いまやう》に語」っていることに注目し、その体験が過去の世相ではなく「今時」の世相を写し取っていることを論じた。そして、作品の魅力について「虚偽の体験告白という前提のもと自由に虚構しうる咄の面白さや、奔放に導入しうる風俗描写・風俗時評等が中心」だと述べている（『西鶴研究序説』〔新典社、一九八一年〕第五章『『好色一代女』の一設定」。初出は『近世文学論集―小説と俳諧―』〔私家版、一九七一年〕所収『『好色一代女』論序説―一つの設定をめぐって」）。

■久保田啓一氏に聞く

江戸の人間に近づく材料はふんだんにある

歌壇研究・和歌研究のその先へ

interviewer＝高松亮太

作品だけで文学を論じるのは無理だ、
人間を見据えずに文学を語れるだろうか——
江戸歌壇史を狂歌や戯作まで射程に入れ
その文化を正しく捉え直すために何を心がけていたのか。

堂上派歌人を抜きにして近世和歌は語れない

仮に大学院への入学を研究者としての道を歩み始めるスタート地点とするならば、その研究者人生が半世紀以上に及ぶのもまれなことではない。その過程で研究者は自らの研究対象とするテーマを定めることになるわけだが、このテーマ設定がとにかく難しい。とりわけ、その始発段階において数十年後までを見通した研究対象を定めることは困難を極める。なぜならば、それだけ大きな研究テーマを設定するためには、当該分野の研究史や現況の的確な把握と確かな問題意識、そして長期的な視野が要求されるからだ。研究テーマに悩み、視野の狭い研究にならざるを得ず、次の論文の素材（ネタ）探しにあくせくし、目先の成果に囚《とら》われてしまうという状況は決して珍しいものではない。

その点で、ここに取り上げる久保田啓一氏の研究は、近世和歌研究の黎明期にあって、射程の長い問題意識を有し、その強固な地盤と広い視野から、隣接する同時代の他分野に対しても鋭い提言を行ってきた希有なものだ。氏が研究の世界に足を踏み入れた当初の近世中後期の和歌研究といえば、日本古典文学大系『近世和歌集』（岩波書店、一九六六年）に象徴されるよう

Profile

久保田啓一（くぼたけいいち）
一九五九年、福岡県生まれ。九州大学大学院文学研究科博士後期課程中退。広島大学大学院人間社会科学研究科教授。専門は日本近世和歌。著書に『近世冷泉派歌壇の研究』（翰林書房）、『新編日本古典文学全集　近世和歌編』（小学館）など。

に、古学《こがく》派（日本国有の文化と精神を究明しようとした人々）を中心とした個々の地下歌人の伝記研究が中心で、しかも時代背景や歌壇における各歌人の位置づけなどは等閑視されているという、なんとも偏った状況だった。「時代性を無視した研究の怠慢」（「近世和歌研究の問題点」『近世冷泉派歌壇の研究』翰林書房、二〇〇三年所収）と氏が言うのも、無理からぬことだったのだ。

そうしたなか、氏は江戸の冷泉《れいぜい》門（冷泉家という歌道の家の門人）や、彼らを軸とした江戸歌壇に狙いを定めた。堂上《とうしょう》派（公家歌人の道統《どうとう》）歌人を抜きにして近世和歌は語れない、と。折しも『近世和歌撰集集成』全三巻（明治書院、一九八五―八八年）や『近世堂上和歌論集』（明治書院、一九八九年）が刊行され、堂上和歌研究の機運が高まりつつあった時代である。江戸の武家歌人を数多く抱え、組織の規模も充実していた江戸冷泉門の史的意義の解明は、古学派偏重の江戸歌壇史の記述を相対化し、江戸歌壇を正しく評価するためにも、必要かつ有効な手続きであると判断したのだった。

それでは、現在にまで続く氏のライフワークは、どういった着眼点から、どのようにして生み出されたのだろうか。その出発点にして、大きな問題意識のもとに執筆された**「江戸冷泉門と成島信遍《なるしまのぶゆき》」**（『近世文藝』第四十四号、一九八六年六月。のち『近世冷泉派歌壇の研究』に収録）を軸に据えながら、氏自身へのインタビューを通し、久保田啓一という研究者とその研究の魅力に迫ってみたい。

卒業論文――「雅」への問題意識が芽生える

話は学部時代に遡る。氏の研究の原点は、冷泉門ではなく大田南畝《なんぽ》にあった。氏が在学していた九州大学文学部には、富田文庫という名古屋の素封家《そほうか》富田新之助《とみたしんのすけ》旧蔵の狂歌コレクションが収まっているのだが、五百点にも及ぶこのコレクションに目を付けた氏は、卒業論文を控えた昭和五十六年（一九八一）の秋、師の中野三敏氏に狂歌を卒論のテーマとすることについて相談した。すると、「狂歌をやるなら和歌がわからないといけない」と助言を受けたという。「雅」である和歌が基礎にあって、はじめて「俗」である狂歌が生まれるという、中野氏の近世文学観の根幹をなす雅俗論である。

助言を受けた氏ではあったが、五百点の狂歌資料を片っ端から網羅的に調べたところで何も語り得ないことは容易に想像がついた。そこで対象を南畝に絞ってはみたものの、南畝と和歌のつながりを見出すのも容易ではなく、当時の代表的な先行研究であった玉林晴朗『蜀山人の研究』（畝傍書房、一九四四年）や浜田義一郎『大田南畝』（吉川弘文館、一九六三年）などの業績を見ても、「俗」のこと、狂歌のことが中心で、和歌のことなどほとんど書いていない。そもそも南畝の和歌がほとんど残っていないのだから当然である。そこで、とにかく南畝の随筆『一話一言《いちわいちげん》』をつぶさに読み、そこから彼の和歌観を抽出する作業に取りかかった。まだ岩波書店の**『大田南畝全集』**が刊行されていなかった時代でもあり、**『新百家説林　蜀山人全集』**を用いた作業だった。卒業論文の提出が一カ月後に迫っていた、四年生の十二月のことだったという……。

『一話一言』を読むなかで見えてきたのは、南畝の和歌に対する関心が極端に偏っているということだった。例えば、当時の江戸歌壇史の記述で重要な位置を占めていた古学派の賀茂真淵《かものまぶち》についてはほとんど触れるところがない。一方で、ほぼ等閑視されていた冷泉家や日野家といった公家の和歌や、それを学ぶ江戸の歌人たちについての情報が目立つこと、とりわけ南畝が和歌を学ぶ幕臣に対して非常に強い関心を持っていたことが見えてきたのだ。そこで、南畝の和歌に対する関心はどこにあったのか、という点を中心に書き進めていったという。

かくして無事に卒業論文「大田南畝の研究――南畝における和歌と狂歌――」は提出された。そのなかには、のち博士前期課程二年のときに発表した「「めでたさ」の季節――天明狂歌の本質――」（『語文研究』第五十五号、一九八三年六月）に活かされる内容が含まれていたという。南畝を中心とした天明狂歌の本質を「めでたさ」に求めた画期的な論考で、処女論文ながら、氏の論考のなかでも最も読者の多い代表論文のひとつだ。このように卒論執筆当時の氏の関心は、何よりも南畝に向かっていたのだった。

一方、卒論の執筆を通して中野氏の助言の意味を噛みしめることにもなったという。『一話一言』には和歌に関する多くの記述があるのに対し、狂歌に関する記載が極端に少ないことから、南畝の土台には和歌があったのだろうということに氏は思い至った。やはり和歌（雅）が基礎にあって狂歌（俗）が生まれるのだ、と。かつての南畝研究では「はつらつたる機智と奔放な滑稽を盛り上げた」（浜田義一郎『大田南畝』）と言われるように、華やかな狂歌活動にばかりスポットライトが当たっていたが、「俗」の面白さを追求するだけでは南畝のことはわからない。南畝を知るためには「雅」の部分に本格的に取り組まなければならない」という問題意識が芽生えていたのである。

偏った歌壇史にゆさぶりをかける

とはいえ、南畝は先行研究も多く、研究が進んでいる人物でもあった。そこで氏が狙いを定めたのが成島信遍だった。というのも、『一話一言』で南畝が触れていた冷泉家をはじめとする公家の和歌や江戸歌人たちのなかでも、とりわけ頻繁に名前が登場する人物が成島信遍だったのである。南畝がそれだけ関心を持っていた信遍や江戸冷泉門を調べることで、当時の南畝の感覚に近づけるのではないか、当時の雅文壇の実態がわかってくるのではないか。こうした見通しのもと、氏は大学院以降、南畝が憧れを抱いていた信遍を中心に据え、江戸歌壇の研究を進めていこうと考えたのだ。

このとき、氏の目の前には、のちに『東都武家雅文壇考』（臨川書店、二〇一二年）にまとめられる松野陽一氏の江戸武家歌壇に関する一連の論考、そして石野政雄「近世堂上派随想」（『近世の学芸――史伝と考証――』八木書店、一九七六年）という論考があった。なかでも石野論文は江戸冷泉派に関するほとんど唯一の研究で、当時の江戸歌壇を俯瞰《ふかん》的に見通すような大きな枠組みはないものの、「関東の冷泉派は、このの ち道筑《どうちく》（信遍）を中心に発展する」という一節に我が意を得たりという思いだったという。氏がこうした石野氏の発言を踏まえながら注目したのは、信遍と周辺の幕臣たちの多くが冷泉家に入門していた事実であった。江戸冷泉門の研究なくして江戸歌壇を語ることはできない。ここに、「江戸冷泉門と成島信遍」が生み出される下地ができあがったのである。

そこからの調査はときに過酷を極めた。当該論文の基礎となった修士論文では原稿用紙四百枚ほどの信遍の年譜をまとめたが、信遍や冷泉門関係の資料はとにかく多岐にわたっていた。そのため、『国書総目録』などをたよりに資料調査に勤しんだという。特に印象に残っているのは昭和六十年（一九八五）夏の東京調査とのことだ。氏は二週間ほど東京に滞在し、ひたすら国文学研究資料館に通った。主な目当ては『片玉集《へんぎょくしゅう》』という、信遍の門人津村正恭《つむらまさやす》（宗庵《そうあん》）による膨大な書留で、紙焼写真を閲覧しては、バイトで蓄えたお金をはたいて複写を重ねた。『片玉集』には信遍やその周辺の幕臣たちに関係する資料が山ほどあるため、「このとき集めて読んだことが、自らの信遍研究に形を与えてくれた」と述懐する。

とりわけ大変だったのは、このとき滞在した宿泊施設だ。氏は原宿にある東郷神社の社務所に一泊千五百円で宿泊できる部屋があることを中野氏から伺い、二週間そこに滞在した。ところが、泊まった部屋には空調がなく、真夏の暑さによって脱水症状に陥ってしまう。しかし、九州からはるばる上京した貴重な時間を無駄にはできず、ふらふらになりながら国文研に通い続けた。滞在最終日の八月十二日には、とうとう熱中症で立ち上がれなくなり、一日静養したのち、どうにかこうにか二千枚に及ぶ複写を手にして博多行きの寝台列車に乗り込んだ。文字通り命がけの調査であった。氏と同じように東京（羽田）を発《た》った日航機が群馬県御巣鷹山に墜落した事故と同日であったということも含め、鮮明に記憶に刻まれているという。

こうした調査を経て、昭和六十一年（一九八六）六月、「江戸冷泉門と成島信遍」は『近世文藝』第四十四号に掲載された。従来の「春満《あずままろ》、在満《ありまろ》、真淵、宗武《むねたけ》に始まり、県門《けんもん》、江戸派へと筆を進める古学派偏重の近世中期江戸歌壇史」に対し、同時期の江戸で「幕臣や諸侯等有力な武家歌人を多数擁した江戸冷泉門」の史的意義を明らかにすることで、偏った歌壇史に対しゆさぶりをかけることが目指されたものだった。

近世中期以降の江戸歌壇史を捉え直すための一歩

当該論文は、まず信遍の和学に関する事蹟の列挙から始まる。中心に据えられた成島信遍とは、元禄二年（一六八九）正月十五日に生まれ、宝暦十年（一七六〇）九月十九日に七十二歳で没した人物で、該博な和漢の学識を以て奥坊主として徳川吉宗に仕える一方、冷泉為綱《ためつな》、為久《ためひさ》、為村《ためむら》の冷泉家三代に指導を仰いだ江戸冷泉門の最古参の一人である。氏はその公的性格の認められる事項を列挙することで、幕臣にして冷泉門でもあった信遍の姿を浮かび上がらせる。氏によれば、彼は吉宗の厚遇を背景に、公儀の行事に参加して和歌を詠じ和文私記や紀行文を記すなど、幕府の歌学方《かがくかた》（和歌に関する学問を司る職掌）に準じる活躍を見せるとともに、江戸冷泉門の最古参として、文事を通じて幕府と冷泉家を結びつける仲介役を果たしてもいたという。そしてその背後に、文化面における武家政権の立場の強化を目指し、定家以来の伝統ある冷泉家を大事にしていた吉宗と、不遇の時代を経て、宗匠家としての立場を回復させ、江戸での門流拡大に乗り出そうとしていた冷泉家、双方の思惑が一致したという事情があったのではないかと推測する。

このように特殊な立場にあった信遍は、江戸堂上派歌壇の形成にも大きな役割を果たしていく。氏は歌会資料を年代順に積み重ね、出発時に吉宗の意向を色濃く反映していた江戸冷泉門が、関東の地に上方の雅文芸を根付かせようとする江戸雅文壇全体の機運を背景として、その勢力を徐々に拡大させていくことを明らかにしていく。このとき信遍は自らの培った公私の人脈を生かしながら、組織の拡大化を押し進めたようだ。冷泉家と幕府の仲介役という立場を生かし、身近な幕臣や譜代の諸侯を一門に引き込む一方、地下歌壇の指導的位置にあったことや周囲の人々を惹き付ける人柄のよさによって、多くの人を冷泉家入門に導いたのではないか、と氏は述べる。

そのうえで、信遍の和歌観を「将軍吉宗と冷泉家の双方に対する讃仰《さんぎょう》の念に支えられた現実肯定的な文学観、和歌観であった」と指摘する。将軍吉宗の後援があったからこそ江戸冷泉門の代表的存在にまでなれた信遍からすれば、当代賛美は当然であった。そして、その幕府が治める太平の御代の象徴こそが和歌の道である。自らが冷泉門人として和歌の道に思う存分耽《ふけ》ることができるのは、幕府の治政が隅々にまで行き届いていたからであり、同時に当代の太平を実感として体得するのに最もよい方法が和歌だった。そうである以上、信遍にとって和歌は伝統文学であると同時に現代に生きる当代文学でもあり、彼は「古」と「今」を対立的に捉えるのではなく、「今」を「古」の延長上に位置づける思想を有していたという。

このとき信遍の批判は「古風よろし」とばかりに万葉風を標榜する復古主義に向かう。時の流れに逆らって、古めかしく詞を飾り心を巧みにすることばかりに汲々とし、古歌の詞を形だけ拾い上げて三十一文字を紡ぎ出すのは「誠」に反することである、という堂上諸家と同様の見方を信遍も持っていたのだ。

ここで信遍は、必ずしも真淵やその門下らの古学派だけを念頭に置いているわけではないようだが、当時の江戸では万葉風に傾倒する歌人が勢力を増しつつあるのもまた事実だった。人数や規模において江戸冷泉門はこうした古学派を凌駕していたものの、従来の江戸歌壇史の記述には古学派偏重のきらいがあった。かつて支配的であったこうした歌壇史を氏はどのように見ていたのだろうか。

自らの著述を公にする必要のなかった堂上派とは異なり、古学派歌人は徹底的に自己宣伝・自己アピールをしないと拠って立つ基盤がないため、発言に対する意欲・執念が強い。したがって、在満や真淵には当時から流布していた著述が多い。その著述の多さが文学史の見方を最初から規定してしまっていたのではないか。私は対外的に自己主張を繰り返す人たちはどこか変なのではないかと思う。

著述が多ければ、その存在は目に付きやすい。従来の歌壇史が安易にその見えやすい部分に飛びつき、バランスを欠いた歌壇史を築いてきたことを批判的に眺めていたのだろう。当該論文では、吉宗の子田安宗武が堂上歌学を離脱し古風（万葉風）へ転向した事情を推測する際に「若き主君をものの見事に「洗脳」した在満・真淵の手腕」という物言いをしてもいる。先に掲げた「時代性を無視した研究の怠慢」という発言にしてもそうだが、こうした歯に衣着せぬ発言も氏の魅力のひとつであろう。もっともこうした豪快で切れ味の鋭い批判が遺憾なく発揮されるのは、他ならぬ酒席においてなのだが……。

氏は「江戸時代は身分によって厳然と区別されていたわけで、文学活動が全てだと考えてはいけない」ともいう。成り上がり者の真淵ごときが歌壇史の中心に位置するのはおかしいとの考えだろう。一方の信遍は禄を食《は》んで暮らしていた幕臣である。こうした文学活動の背後にある身分の違い、立ち位置の違いを考慮に入れたうえで、公平な立場から古学派の文事を見直す必要性を説いているのだ。

以上のように、当該論文は、信遍と江戸冷泉門という視座から、近世中期以後の江戸歌壇史を全体的に捉え直すための第一歩として、信遍の歌壇的位置と和歌観を描き出したものであった。

俗文芸も含めた文化の裾野が見えてくる

近世中期以降の冷泉家は、幕臣にとどまらず、全国各地の大名や武士、神官、有力町人、名主層などを取り込みながら、地域的にも階層的にも急速にその勢力を拡大していく。こうした冷泉門の動きと門下の人々については、氏の『近世冷泉派歌壇の研究』の各論でも取り上げられているし、その後に発表された諸論考でも言及されているため、それらを参照されたい。すなわち、その後の氏の研究は、当該論文で提示した見通しに具体的な形を与えるべく、信遍と冷泉門はもちろん、その周辺や地方歌壇にまでその対象範囲を広げていったのである。確かな問題意識のもとに立てられた見通しだったため、幸い論文の素材（ネタ）に困ることはこれまで一度もなかったという。二十代から三十代にかけて全国各地への資料調査を重ね、ノートを事細かにとっていたため、その手製のデータベースからさまざまな論文の材料が無限に引き出されてくるのだ。

そして、その射程は決して歌壇研究や和歌研究にとどまるものではなかった。氏の出発が南畝の研究であったこともあり、当初から時代的にも文化的にも近接している狂歌や戯作《げさく》を含めた俗文芸までを射程に収めていたのである。実際に昭和六十二年（一九八七）には「大田南畝と江戸歌壇」（『近世冷泉派歌壇の研究』所収）を著し、南畝を江戸歌壇の周辺に位置づけ、雅俗両面に跨《また》がった南畝の一面を描き出してもいる。

それでも、氏が自らの研究の方向性に対する自信を深めたのは意外にも遅く、四十代後半から五十代前半に差し掛かった頃であった。早くから冷泉家とその門下の研究への手応えはつかんでいたものの、その研究がどのように広がっていくのかという点に関しては、まだ十分な実感がなかった。それが萩原宗固《はぎわらそうこ》やいわゆる明和十五番狂歌合、あるいは大田南畝の狂歌界離脱に関する論考など、成島や冷泉門を中心に据えながらも、その周辺に手を広げていくにしたがって、徐々に自信が確信に変わってきたという。かつて冷泉家を調べる際に調査していた資料など、それまで集積してきた資料や情報が有機的につながっていき、「冷泉家と門下たちが江戸雅文壇の中枢にいたのは間違いない。その中枢をしっかりとおさえることで、戯作や狂歌などの俗文芸も含めた文化の裾野が見えてくるのだ」という実感が得られるようになってきたのだ。

早くから信遍や冷泉門で多くの成果を上げていた氏の経験談からは、研究の難しさと同時に、奥深さを垣間見ることができよう。

人間を見据えずに文学を語れるだろうか

以上のような一連の研究からもうかがえるように、氏の関心はどこまでも「人」にあった。このとき氏の道標となったのは、恩師中野氏や日野龍夫氏の人物研究の方法であり、文化圏研究の方法であった。とりわけ日野氏の『徂徠学派』（筑摩書房、一九七五年）には感銘を受けたようで、近世中期の江戸の文化圏を考える際の手本として愛読し、日野氏のようにある時代の文学現象を生き生きと論じたいという欲求に駆られたという。

　日野氏には『服部南郭《はっとりなんかく》伝攷』（ぺりかん社、一九九九年）という名著もあるが、日野氏が服部南郭の伝記研究に目途がたったのち、信遍の研究に取り組もうと考えていたことを、氏はのちに中野氏から教えられ、驚愕した。日野氏は徂徠門下の漢詩人としての信遍を取り上げようとしていたようだが、久保田氏はやはり信遍という歴とした幕臣と、そうではない徂徠や南郭とをひとしなみに扱うと本質が見えなくなるのではないか、との疑念も抱いていた。氏は「日野氏はどのような観点から信遍を研究しようとしていたのか伺いたかった」と述べたが、それは氏の偽らざる本音なのだろう。

　さて、こうした人物の研究を進めるに当たって常に心がけているのは、文学資料だけではなく、書簡や文書をはじめとする歴史資料などにも可能な限り目を通すことだという。人物研究をする以上、文学作品だけを集めても見えてくることには限界がある。公的活動における文学の占める割合は小さいわけで、当時の人々の思いや考え方を手中に収めるためには、文学以外の資料も集め、トータルでその人物をみていくことが肝要だ、と強調する。実際に調査を繰り返すなかで、手紙や文書の力を目の当たりにしてきた氏は、生身の人間の息づかいがわかること、そして文学の生まれる現場により近づけることに愉悦を覚えた。そして、こうした経験を重ねることで、「作品だけで文学を論じるのは無理だ。人間を見据えずに文学を語れるのだろうか」という考えを持つに至ったという。

　研究対象（人物）との幸運な出会いは、その研究者人生を大きく左右することがある。氏にとってその対象は冷泉門であり成島信遍であった。二〇二三年現在、氏が継続的に発表している「成島信遍年譜稿」は「二十五」まで積み上がっている。寛延元年（一七四八）の事項に到達しているから、完結まであと十二年分ほどだ。当面の目標はこの年譜の完成だが、ほかにもまだまだ書きたいことが山積みであるという。氏の研究はまだ道半ばなのである。

　最後に自らの経験を踏まえ、後進へ次のようなメッセージを残してくれた。

江戸の人間にどこまででも近づく手段はしっかりとあります。これは上代や中古の研究ではあり得ません。文学作品だけではなく、それを生み出した人物そのものへ迫ろうと思ったら、ふんだんに材料はあります。文学活動の当事者たちや、地域に残る資料の主など、誰か一人でも二人でもいいですから、研究対象・人物を持って、その人と生涯かけて付き合っていけば、必ず成果は出ます。楽しいと思います。

　氏のさらなるご健筆を祈りつつ、その問題意識や研究姿勢に学ぶ新世代の台頭にも期待したい。

■原道生氏に聞く

芝居が見たくなる論文

近松浄瑠璃の作劇の妙

interviewer ＝韓京子

論文は対話の一種でもあり、
研究にはよき友を持つことも必要だ――
観客の期待に高いレベルで応えた
近松作品の特色を
生きた形でどう捉えようとしたのか。

近松とその作品を、生きた形で捉えたい

明治大学名誉教授である原道生氏は、江戸時代の浄瑠璃や歌舞伎に関する論文や編著書の執筆、および諸作品の校注作業などの厖大な業績を通じ、いまなお学界・社会へ多大な貢献を果たしている斯界の碩学である。数々の受賞に加え瑞宝重光章も受章された。日本近世演劇研究者としての五十年間の研究の集積は『近松浄瑠璃の作劇法』（八木書店、二〇一三年、角川源義賞・日本演劇学会河竹賞受賞）としてまとめられている。出版社による「芝居がまた見たくなる稀有《けう》な論文集」という紹介の言葉が、原氏の卓越した作品論の特徴を的確に言い得ているといえるだろう。原氏の論文は、近松以前の作品から近松の作品、そして近松以降の作品を分析し、人物造型や状況が設定された経緯やそれぞれの差異、変化を鋭く突き止め、それぞれに託された意味を解明、解説しており、観客が現在上演される作品を鑑賞する上で、よきナビゲーターになっている。

原氏は、芝居とは「観客が、芝居のストーリーがどのように展開され、どのような劇的状況が作り出され、登場人物はいかに状況に見合った行動するのかに興味をもって観ることで、日常では得ることのできない新しい発見や感動を体験する喜びを

Profile

原道生（はらみちお）
一九三六年、東京都生まれ。東京大学大学院博士課程単位取得満期退学。明治大学名誉教授。専門は日本近世演劇。著書に『近松門左衛門』（共著、新潮社）、『近松浄瑠璃の作劇法』（八木書店）など。

見出す」ものだと述べている。そして、そのような観客の期待に「高いレベルをもって応えることができた近松という作者とその作品の特色を、生きた形において捉えることをしてみたいという強い願望」が、各論考において問題意識としてあったと語る。

本稿では、そのような問題意識のもとで執筆された論文の中から、世話物の研究としては、**「通れぬ戸口――近松世話物の場合」**（初出は水野稔編『近世文学論叢』、明治書院、一九九二年）を、時代物の研究としては**「やつしの浄瑠璃化――煙草売り源七の明と暗」**（初出は『文学』一九七五年六月号）について、原氏ご本人の解説を交えて、紹介したい。

異質の二世界分かつ戸口

「通れぬ戸口――近松世話物の場合」は、浄瑠璃における「戸口」の趣向について考察したものである。まずは、「通れぬ戸口」として印象的な場面が設けられている近松以降の作品を取り上げる。例えば、近松半二《ちかまつはんじ》他作『奥州安達原《おうしゅうあだちがはら》』三段目における、袖萩《そではぎ》が父の難儀を知り、その様子をうかがいに環《たまき》の宮《みや》の御所を訪れるが、庭先の枝折戸を通ることができないという場面、近松半二他作『本朝廿四孝《ほんちょうにじゅうしこう》』三段目、慈悲蔵《じひぞう》が武田信玄の仕官の依頼を拒むために一子峰松《みねまつ》を雪の中枝折戸《しおりど》の外に放り出したのを、お種が我が子を救うため戸の掛け金を壊す場面などである。『奥州安達原』では、袖萩の境遇のみじめさや開きたくても「開くわけにはいかない切ない立場に追い込まれている親たちの心のあり方をすこぶる端的に具象化」しており、『本朝廿四孝』では、「理を超えた母の激情が門の持つ厳しい障壁性をも凌駕」するものとして描かれているというように、戸口や門がドラマチックな表現を可能にしていることを指摘する。

原氏は、「浄瑠璃には登場人物による門の扉の開閉やその通過の成否をめぐっての言動が劇的場面の中核をなすものとして構想」されており、戸は「その人物たちが現在の立場上免れるわけにはゆかない現世的な制約、或いはそのことのために他者の思惑を極度に憚《はばか》らざるを得なくさせられているその心的状況を明確に可視化するもの」として非常に効果的な役割を果たしていると分析する。そして、そのような技法が複雑になり凝った主要な趣向の一つとして確立されたのは、近松の世話浄瑠璃の影響があるのではないかと洞察する。

原氏は、「戸口」に着眼したこの研究の出発点について次のように語る。

ごく単純に文楽や歌舞伎の舞台を見ていた時、さまざまな場面の装置がドラマの展開の中で、それぞれに何か或る象徴的な意味を担わせられたものとして用いられているということを解明してみる必要があるのではないかと思ったことがキッカケです。そしてそれを、もう少し「研究らしく」論理化するのにヒントとなったのは、ボルノウという哲学者の見解なのでした。

ドイツ教育哲学者であるボルノウ（Otto Friedrich Bollnow: 1903-1991）の著書『人間と空間』の第三章に「戸と窓」に関する考察があり、原氏は、その中で、戸口がその内と外との間の通行を可能にするが、両者を遮断する機能をも果たすという両義性についての指摘に興味を惹かれ、歌舞伎や文楽の戸という装置をめぐるドラマを思い浮かべたのが、この研究のきっかけという。また、人物が入退場する舞台装置について西洋演劇研究者と交わした会話も背景にあった。

『曽根崎心中《そねざきしんじゅう》』では、心中への関門である「戸口」までたどり着いた主人公が恐る恐る下女の火打ち石を打つ音に合わせて車戸を開け外へ出る。原氏は、天満屋の戸の外とは、「二人のみの自由が全的に保証された領域」であり「望ましい死の確実に保証された殆ど来世に属する静謐な世界」としての性格があるという。一方の天満屋の内は「現世のさまざまな束縛の支配下にある日常的な世界」であった。原氏は、このような「異質の二世界を画然と分かつ境界の役割を果すものとして、重い車戸を具《そな》えた天満屋の戸口が設けられている」と考察している。

この「重い車戸」が遮断の機能をよく表していて、論文のタイトルも「通れぬ戸口」と名付けられている。論文のタイトルとしてはユニークでかつキャッチーな題をつけたのは、次のような理由があった。

確かに研究論文のタイトルとしては変則のような気もしますが、この時の私は、「戸口の開閉」、特にその「通りにくさ」に、スリリングなドラマ性を感じ、もしそれを抽象的・概念的な言い方でまとめてしまうと、その「勢い」が消えてしまうような気がしたものですから、あえて具体的なネーミングを用いることにしてしまいました。それに、実をいうと、この「通れぬ戸口」という表現は、かなり早くから私の頭の中にあり、一寸気に入った言い回しでもあったので、他のタイトルにすることはほとんど考えずにそのまま付けることにしたものです。

いかに問題意識が明確であったかがわかるこの題は、主人公が置かれた状況を象徴的に表している。『曽根崎心中』において、「戸口の通過の成否」は、「現世における恥辱を死で雪ごう」とする二人の「最後にして最大の試練」として課されている。なかなか通れぬ「戸口」をめぐるこの場面設定こそ、主人公の事情を如実に反映した近松ならではの巧みな作劇法であった。

「通れぬ戸口」に設けられた火打ち石の場面については、歌舞伎との比較から興味深い点が指摘されている。火打ち石の音を利用する趣向は歌舞伎からの転用であるが、先行する歌舞伎では悪人が侵入する場面であったため、観客は戸口の通過の成就を期待していない。一方、『曽根崎心中』では、観客は緊張の中、二人が戸口を無事通過することを願い祈るものとなっているという違いがあるという。原氏は、芝居は観客の日常的な価値観を大きくゆさぶり、異なる物の見方があることに気づかせ、「今までとは違う新しい世界に触れることから来る驚きや喜びが大きな感動へと繫がるという特質を具えたもの」であり、近松はそうした「架空の価値観」を「日常的な背景の中にリアルに描き出す」ということに優れていたと述べている。原氏は、観客が主人公二人の死を心から願い応援することは、常識的に考えると異様なことであるが、近松の心中物は「心中死という猟奇的事件を悲劇化するに当たっては絶対に不可欠の主人公への完璧な一体化」が非常に円滑に達成されていると語る。それは、近松が観客を共感させ引き込むことに長けていた作劇の技に起因するものであったのである。

現代にも通じる深みや柔軟性を持つ作劇

以降、「戸口」の通過をめぐる趣向が、「中之巻の幕切れの緊迫感を際立たせるもの」として、近松の世話物において繰り返し設けられていることを一作一作解析している。繰り返し用いられる趣向ではあるが、例えば火打ち石のような「音」に注目すると、作品ごとに意味が異なる設定となっている。

『心中天《しんじゅうてん》の網島《あみじま》』では、小春が潜戸《くぐりど》を開けて出ようとするところへ拍子木を打つ番太郎が来かかるが、車戸の音を消すための設定ではない。番太郎は、「脱出が行われた冬の夜の寂しさを印象づけるための点景人物」として登場しただけで、スリルを盛り上げる意図は比較的に希薄になっており、近松の浄瑠璃の晩年の傾向であるという。

心中物の最後の作品である『心中宵庚申《しんじゅうよいごうしん》』では、義母の読経と鉦の音が聞こえる中、半兵衛は戸口の鍵を外して脱出するが、読経が鍵を外すために利用されているのではない。この読経について、原氏は、「義母への孝行に拘泥する気持から抜け切ることの出来ない実直な半兵衛の内心に強い拘束力をもって働きかけて止まない大きな障害であると同時に、皮肉にも二人を静かにあの世へと送り出す伴奏音としての役割をも担わされたもの」であると述べている。さらに、お千世が実家の門口を門火とともに送り出される場面は、心中物において繰り返し設定された「門口」の持つ意味が極めて端的に示されたものであるという。心中物の作劇を重ねる中で、いかに「戸口」の設定が意識され工夫されていったのかがわかる。

原氏は、「律儀で小心な」主人公たちにとって「戸口の通過」という「世間の義理に悖《もと》らざるを得ない性質の所行」は「至難のわざ」であり、そのことを「最も端的に視覚化したものが通れぬ戸口の設定」であると分析する。また、近松が繰り返し描いたスリリングな脱出の場面には、そうした「彼らによる精一杯の劇的行動の緊張が鮮やかに具象化されたもの」であった。このような近松の人物の心理、置かれた状況に対する観察力、共感力について、原氏は「同時代の他ジャンルのものと比べても優れているといえ、現代にも通用する深みや柔軟性を持っている」と評価する。この点が、近松が「戸口」を以て「門の扉の持つ障害としての性格がその人物の置かれている立場に応じてそれぞれに意味合いを異にする」作劇ができた理由であろう。

「真の価値ある本当の自分」を取り戻したいという願望

次の論文に移る。**「やつしの浄瑠璃化――煙草売り源七の明と暗――」**である。この論文は、歌舞伎の「やつし」がいかに近松の浄瑠璃に導入されたのかについて考察したものである。歌舞伎の「やつし」が、「もっぱら上品な色気のある役者の、いわゆる和事芸としての演技を見せることに重点が置かれている」のに対して、この論文では、「「やつし」の立場に立たされた主人公が、どういうことを考え、どういう行動をとろうとしたかというその生き方にドラマを見出そう」と、「やつし」を「状況」という角度から捉えている。

原氏は、近松がドラマを成立させる上で、最も重視し成功したものは、「嘗《かつ》ては身分・財産・名誉等々に恵まれていた主人公（いわば「貴種」）が、思いがけなく落ちぶれた状況に陥ってしまった際、それを不本意なことと思って、もとの恵まれた立場を取り返すことを熱望するという状況設定に着目・活用していること」と述べている。近松の浄瑠璃には元禄歌舞伎における「やつし」の構想が取り入れられているが、そこに、「独自の劇的状況の構築、それと有機的に結びついた個性的な人物像の造型」がなされ、「己れ本来のあり方を回復し得るか否かという決定的場面に立ち臨むさまを舞台化」する「自己回復のドラマ」としての作劇に成功しているというのである。

原氏は、「人々に過小評価されている今の自分」ではない「真の価値ある本当の自分」を取り戻したいという「自己回復への熱い願望」は、時代・地域を超えて人々の持つ普遍的な心情であるという。それは、一九六〇—七〇年代の社会学者がいう「ミスキャスト意識」（筆者注：日高六郎、他著『シンポジウム現代日本の思想：戦争と日本人』、三省堂、一九六七年）、すなわち自分はミスキャストを演じさせられているのだという考えと通じるものがあると考察している。原氏は、近松が歌舞伎の「やつし」の構想を浄瑠璃に取り入れる際に、この「人々にとっての普遍的な問題を的確に捉え、それを主軸とする優れたドラマを幾つも創り出している」ことを高く評価しているのである。

この論文では、『嫗山姥《こもちやまうば》』の煙草売り源七の事例を手がかりに、近松の浄瑠璃における「やつし」の人物をめぐって「明」の側面だけではなく「暗」の側面にも焦点を当て、作劇法を解明している。

「明るいやつし」から「暗いやつし」へ

歌舞伎における「やつし」は、「零落した貴人の身過ぎのさまをおかしみを伴いつつ演じてみせるというところに主たる関心の向けられたもの」であり、明るい雰囲気を醸し出す。『嫗山姥』の源七（坂田蔵人時行《さかたのくらんどときゆき》）はそのような「零落した貴人」として登場する。煙草売りの仮の姿にやつしている彼は、父の敵を探しているという深刻な事態に置かれているにもかかわらず、人当たりがよく愛想のいい振る舞いを見せる。そもそも「やつし芸」は「諸職の賤しきわざを写して見せる、世態風俗の物真似」が重要な要素で、おかしみが伴われるものであった。源七という名も、当時大坂で評判であった煙草屋の実名を用いたもので、彼の「諧謔まじりに洒脱な商いぶりを演じてみせるという場面」こそ「やつし」の浄瑠璃化ともいうべき性格のものだという。

「やつし」の構想が近松の浄瑠璃に数多く見受けられるのは元禄十年代（一六九七—）から正徳初年時（一七一一—）で、原氏は『百合若大臣野守鏡《ゆりわかだいじんのもりのかがみ》』『大職冠《たいしょかん》』『用明天王職人鑑《ようめいてんのうしょくにんかがみ》』の三作品の登場人物を取り上げ分析している。近松にとって歌舞伎との縁が深まっていた時期であるが、独自的にやつし的人物・状況を構想した作品が多数見られる。この時期の諸作における「明るいやつし」の趣向をめぐる特徴について、原氏は次のように語る。

> いかにもこの時代の娯楽としての芝居作者である近松にふさわしく、彼ら「やつし」の主人公たちが、その願望実現のために、地道な努力をこつこつとするかというと、そうではなく、まことに虫のよいことに、彼を愛する（大抵は下の身分の）女性が現れて、この女扱いのうまいダメ男的な彼らに献身的に尽くし、その望みを叶えてやるという展開を見せるのが、特に早い時期に多かった「明るいやつし」の諸作品です。

この時期の浄瑠璃には、さまざまな賤職にやつした主人公が、「明るい好色性、卑俗なおかしみ」を持つ存在として登場している。さらに彼らは「不本意にも頽落《たいらく》に及んだ自身の現状をなんとかして旧に復したいとする熾烈な欲求」を併せ持つ。ただ、彼らが逆境を克服するために奮起した行動は「無力で無様」であり、「自己回復」には彼らに深く思いを寄せる女たちの献身的行為が不可欠の前提とされていた。近松は、そのような「無力な貴種たちを、作中に明るく捉え、それを悲劇的状況の中に有機的に組み込み」得ていたのである。

しかし、いつまでもそれがうまく続くはずはなく、『嫗山姥』の源七のように、享保近くの暗い時代とともに現れ始める「やつし」の主人公には、彼らの願望が必ずしも実現するとは限らない「暗いやつし」が描かれるようになるのである。

近松の洞察力と暗い世相

やつしの主人公の持つ暗い側面にも焦点を当てるという方法は、すでに歌舞伎においてもなされていたが、近松が浄瑠璃に取り入れた際の注目すべき違いは、「やつし」の主人公の「好色性こそが自他に不幸を及ぼす真因」であると明確に打ち出されているという点であった。『丹波与作待夜《たんばよさくまつよ》の小室節《こむろぶし》』において、「金策に行き詰まったやつしの主人公と相手の女がそれと知らずに我が子に盗みを慫慂《しょうよう》する設定」は『賀古教信七墓廻《かこのきょうしんななはかめぐり》』の設定を再び用いたものである。与作は気のよさ、色好み、世間知らずといった「現実社会への適応性の欠如」によって破綻する。原氏は、「そうした不適応性こそ「やつし」の主人公たちに許された特質であり、女たちの献身を呼び出して来る最大の美点」ともされていたのではないかと指摘する。ただ、与作という人物造型において、その美点が「現実に対しては逆に裏目に出て行かざるを得なくなるというさまに焦点が合わされている」ところに、他の作品との違いがあるというのである。

『嫗山姥』の源七は妹が敵討ちを果たしたことを知り、「自身の存在意義が実は全くの幻想」でしかなかったことを思い知る。源七は八重桐に「娘をころり落とした首をころりとおとすとは雲泥万里」と叱責されるが、全く無策であり、ここでも「やつしの現実不適応性が裏目に出ているさま」が浮き彫りとなる。原氏は、八重桐の言葉は源七の一番痛いところを言い当てたやつしの本質にも関わる指摘であり、近松の浄瑠璃における「やつしの主人公たちは、娘を落とすことがそのまま敵の首を落とすことと同等、或いはそれ以上の意義を担い得るものとして構想されていたという点に最も大きな特色」があるとして注目する。

この時期に近松が描いたやつしの主人公たちには、次第にその闊達さが失われてゆく傾向が見られる。原氏は、八重桐の言葉について、「単に時行のやつし的人物としての破綻を示すに止まらず、更に近松の浄瑠璃全般においても、当代的な「やつし」の構想がそろそろその終焉の期を迎えようとしているという事情を作者自身が物語った」ものではないかと指摘する。『嫗山姥』においては、時行が自害し、その傷口から出た魂魄《こんぱく》が八重桐の胎内にやどり、金時として誕生し父親の遺志を果たす。無力であった主人公の自己回復への願望は自らの死によって完遂することになるのである。

「暗いやつし」を含め、一見悪と見られる行動を見せる人物を劇中に描き出したり、近松の晩年の作品に暗い側面があらわれる理由について、原氏は次のような見解を述べる。

近松の場合、作中人物の生き方を深く掘り下げて描いてゆくと、どうしても人間や社会の持つ暗い側面に関心が向かわざるを得ないという傾向が強く認められるように思われます。そこには、作者の物を見る目の深化が反映されているといえるでしょう。また、彼が最も充実していた、宝永から享保という時期は、心中・盗難・殺人などといった不祥事の盛行からもわかるように、世の中が次第に暗い方向へと向かいつつあった時なので、そういう時代背景の影響も大きく関与しているものと思われます。

近松の洞察力の深化だけでなく、暗い世相が、作劇においても反映されているとのことである。悲劇的な事件や不祥事が多くなると、明るいことに想像力が働くのではなく、暗いものに目が向いたり、年齢を重ねることで物の見方が深まったりということも影響したのではないかとみる。また、原氏は近松とは関係ないことであるとしつつ、「高校・大学で勉強を始めた一九五〇—六〇年代頃の研究者たちの作者・作品に対する評価基準としては、それらが社会の矛盾、つまり、暗い側面を批判的に捉えているかを重視する傾向」が強く見られ、戦後の価値観が近松研究にも反映されたと分析する。研究も、「生きた人間の営為であり、それぞれの時代状況と決して無縁」ではありえなく、そのことが自身の当初の近松観に大きな影響を及ぼすものとなっていたとも語る。

日本近世文学会へのメッセージ

最後に原氏からの日本近世文学会の未来・将来へのメッセージをお伝えして結びとしたい。まずは、一つ目は基礎的なことをきちんとすることが大事であり、二つ目は広くいろんなことに関心を持ち、アンテナを広げ感度をよくしておく必要があるという。先に触れたように、西洋演劇研究者との会話や社会学・哲学関連の読書も論文につながっていった。最後に他分野の人にも読んで理解してもらえる論文を書くことが重要で、開かれていないといけないと強調する。この人に読んでわかってもらえればというようなよき友を持つことも必要であり、論文も対話の一種であることを忘れないことが大事であるという。演劇研究者として「芝居が見たくなる論文」を執筆する上での心構えとしたい。

用語集

第一部に登場する用語を解説した。各項目執筆者は、I・石上阿希、K・木越俊介、M・丸井貴史、S・佐藤至子を示す。

あ

一枚摺《いちまいずり》 一枚の紙に摺られた印刷物。版本《はんぽん》*ではない浮世絵版画のことを「一枚絵」ともいう。(I)

入れ木《いれぎ》(埋め木《うめき》) 整版《せいはん》における版木《はんぎ》*に修訂の必要が生じた場合などに、版木の一部をくり抜き、そこに木片を埋め込み、あらたに字を彫りつけること。文字の入れ木の場合、字の並びや字体にやや不自然さが生じ、版木の字高にも自ずと差ができるため、墨の付き方が版面の中で異なる場合が多い。(K)

印《いん》 →落款《らっかん》

薄墨《うすずみ》 水を通常より多く加えて灰色に仕上げた墨のこと。絵本では明和・安永(一七六四―八一)頃から用いられた。(I)

絵手本《えてほん》 絵師が門弟や絵を学びたい人のために描いた絵の手本。花鳥や人物、風景など主要な画題を収載する。肉筆と版本があるが、特に版本は各流派のものが多数刊行された。(I)

絵本《えほん》 絵を主として構成されている本。風俗絵本や画譜、狂歌絵本、草双紙《くさぞうし》*や絵入読本《えいりよみほん》など挿絵入りの娯楽書などがある。広く絵入本も絵本に含めて考える場合がある。(I)

御叱《おしかり》 叱《しかり》は庶民を対象とした刑罰の一種。奉行所の白洲に呼び出して叱責する。(S)

御伽草子《おとぎぞうし》 室町時代から近世初期にかけて作られた短編の物語群。絵巻や奈良絵本などの形態で伝わる。十八世紀前半に大坂の版元《はんもと》*渋川清右衛門《しぶかわせいえもん》が「御伽文庫」と名付けて二十三作品を刊行し、狭義にはそれらを指す。(S)

オランダ通詞《つうじ》 近世に日本とオランダとの貿易、外交などにおいて実務を担当した通訳官。(S)

か

画工《がこう》 本書第一部「遷る」「直す」では浮世絵師のこと。十七世紀に入ると幕府や朝廷に仕えない町絵師が活躍するようになり、その中から江戸の菱川師宣《ひしかわもろのぶ》や京都の西川祐信《にしかわすけのぶ》などが登場する。(I)

貸本屋《かしほんや》 見料(料金)をとって本を貸し出す商売。名古屋の貸本屋・大惣《だいそう》(大野屋惣八《おおのやそうはち》)は近世から明治期まで存続した。(S)

活字印刷本《かついんさつほん》 活字を用いて印刷した版本《はんぽん》。活字版。木製、銅製などの活字がある。漢字を活字化したものだけではなく、連綿体《れんめんたい》平仮名を活字化したものも作られ、キリシタン版や嵯峨本《さがぼん》*などに用いられた。→古活字版《こかつじばん》(I)

賀茂真淵《かものまぶち》 国学者・歌人。県居《あがたい》と号す。荷田春満《かだのあずままろ》に師事。田安宗武《たやすむねたけ》に仕える。古代の古典の研究に注力。和歌では万葉風を重視。著作に『冠辞考《かんじこう》』『万葉考』『伊勢物語古《こ》

意《い》』など。門下に本居宣長《もとおりのりなが》、加藤千蔭《かとうちかげ》、村田春海《むらたはるみ》*など。一六九七—一七六九。(S)

黄表紙《きびょうし》 草双紙《くさぞうし》*の一種。名称は表紙が黄色であることに由来。『金々先生栄花夢《きんきんせんせいえいがのゆめ》』(恋川春町《こいかわはるまち》、安永四年〔一七七五〕刊)を嚆矢とし、十九世紀初頭まで続いた。現実の世の中に取材し、洒落や諧謔を重視する短編が多い。末期は作風が変化し、敵討ちの物語が流行した。(S)

旧蔵書《きゅうぞうしょ》 ある人物がかつて所有していた書物。元の所有者が特定されることで、その書物の伝来や素性がわかることも多い。(M)

草双紙《くさぞうし》 近世小説の一種。ほぼすべての紙面に絵があり、絵の余白に文章が書き入れられている。十八世紀初め頃—十九世紀に江戸で出版された。赤本・黒本・青本・黄表紙《きびょうし》*・合《ごう》巻《かん》*に区分される。(S)

口絵《くちえ》 本の巻頭に配置され、主要な人物や作品の要になる場面を描いた図。洒落本《しゃれぼん》などの戯作《げさく》に用いられることが多いが、特に山東京伝《さんとうきょうでん》や曲亭馬琴《ていばきん》の読本《よみほん》*では手の込んだ口絵が使われた。墨摺本の場合でも、薄墨《うすずみ》*や艶墨《つやずみ》*を用いて印象的に表現した。(I)

戯作者《げさくしゃ》 談義本《だんぎぼん》・洒落本《しゃれぼん》・滑稽本《こっけいぼん》・噺本《はなしぼん》・草双紙《くさぞうし》*・読本《よみほん》*・人情本《にんじょうぼん》*など、戯作と呼ばれる文芸の作者。(S)

後印本《こういんぼん》 ある書籍の摺《すり》(印《いん》)が開版《かいはん》以来数を重ね年月を経たもの。版木《はんぎ》*の磨滅、摩耗により字や絵の輪郭が粗く、匡郭《きょうかく》(版本各丁の四周を囲む枠線のこと。枠には単線、二本以上のものなど複数の様式がある。匡郭がない版本もあり、無枠本という)に欠けがみられたりする。また、薄墨《うすずみ》*など早印本《そういんぼん》にあったものが省略されることもある。(K)

校異《こうい》 同一作品の諸本《しょほん》の本文を比較し、異同を記すこと。(S)

合巻《ごうかん》 草双紙《くさぞうし》*の一種。名称は数巻を合綴《がってつ》して一冊とする体裁に由来する。十九世紀初頭から明治前期まで続いた。美麗な表紙と口絵・挿絵を持ち、物語性に富む。代表的な作品に『偐紫田舎源氏《にせむらさきいなかげんじ》』(柳亭種彦《りゅうていたねひこ》)など。(S)

校訂本《こうていぼん》 校訂は同一作品の諸本《しょほん》の本文を比較し、誤りを正すこと。校訂本は校訂の作業によって復元した本文を持つ本。(S)

古活字版《こかつじばん》 近世初期、活字印刷によって作られた書物。漢籍や仏書のみならず、嵯峨本《さがぼん》*をはじめ和書も少なからず刊行された。(M)

国書《こくしょ》データベース 国内外に現存する古典籍の書誌情報とデジタル画像を公開する国文学研究資料館*のデータベース。従来の「日本古典籍総合目録データベース」などをもとに二〇二三年三月に統合され、著作レコードは本書刊行現在五十万点を超える。(K)

国文学研究資料館《こくぶんがくけんきゅうしりょうかん》 一九七二年に設立された国立の研究機関。品川区戸越の地にあったが、二〇〇八年に立川市に移転した。二〇〇四年より大学共同利用機関法人人間文化研究機構の一機関となった。共同研究の拠点であり、閲覧業務、各種データベースの提供などのサービスも行う。(K)

古典籍《こてんせき》 江戸時代以前に、日本で書写もしくは出版された書物の総称。近代以降の洋装本と区別してこのように言う。(M)

古筆《こひつ》 主に平安〜鎌倉時代に書かれた詩歌集の名筆。鑑賞用に作成されたため、豪華な料紙《りょうし》*が用いられていることが多い。(M)

古筆家《こひっけ》　江戸時代初期に創設された、古筆鑑定*を専業とする家。初代了佐《りょうさ》から十三代了信《りょうしん》まで、三百年以上続いた。（M）

古筆鑑定《こひっかんてい》　古筆*の真贋《しんがん》や、その筆者などについて鑑定すること。その結果は、折り紙や極《きわ》め札《ふだ》などの鑑定書に記された。（M）

古筆切《こひつぎれ》　古筆*愛好者の需要に応えるため、古筆の一部を切断したもの。鑑賞用として、掛物などに仕立てられた。（M）

胡粉《ごふん》　彩色に用いられる白色顔料。牡蠣《かき》の殻を焼いて粉状にしたものを膠《にかわ》で溶いて用いる。（I）

さ

再刻《さいこく》　→再版《さいはん》

彩色摺《さいしきずり》　→多色摺《たしょくずり》

再版《さいはん》　すでに版行されたものと同じ内容の版木《はんぎ》*を改めて彫り直すこと。再刻《さいこく》と同。そのうち、従来の版面そのものをも再現する場合は覆製（覆刻*）となる。（K）

嵯峨本《さがぼん》　慶長年間（一五九六―一六一五）後半期に本《ほん》阿弥光悦《あみこうえつ》やその門流によって京都の嵯峨で出版された書物。主に平仮名まじりの木活字版《もくかつじばん》*で、良質な料紙《りょうし》*に雲母《きら》で模様を摺ったり、色染した料紙を用いるなど豪華な装丁で作られた。（I）

『釈迦八相倭文庫《しゃかはっそうやまとぶんこ》』　長編合巻《ごうかん》。万亭応賀《まんていおうが》作。全五十八編（弘化二―明治四年〔一八四五―一八七一〕刊）。釈迦《しゃか》の伝記に取材した作品。釈迦と提婆《だいば》達多《だった》の対立を描く。（S）

写本《しゃほん》　人の手によって書かれた本のこと（版本《はんぽん》と対になる語）。写したもののみならず、草稿本なども広く写本に含まれる。（K）

袖珍本《しゅうちんぼん》　小本《こほん》（半紙の四分の一の大きさの本）よりさらに小型の本。特小本（とくしょうぼん・とくこほん）。（S）

修訂《しゅうてい》　版木《はんぎ》*そのもの、またはその一部を補訂すること。技術的には版木を彫り直したり、入《い》れ木《き》*を行ったりする。刊《かん》、印《いん》とともに版本《はんぽん》を理解する上での重要事項。（K）

重版《じゅうはん》　すでに版行された書籍と同内容のものを、その版元《はんもと》*に無断で出版すること。版株《はんかぶ》（版権*）に抵触するため、江戸時代においては固く禁じられていた。（K）

初印《しょいん》　ある書籍が開版《かいはん》されて最初に印刷されたものをいう。厳密に初印と判断するには困難なことが多いが、字の輪郭が明確ながら版木《はんぎ》*に墨が乗り切らずやや薄い独特な版面や、周辺資料などから確定できることもある。（K）

上梓《じょうし》　書籍を出版すること。版木《はんぎ》*に文字などを彫ること。（S）

序刊《じょかん》　刊年を確定できない刊本《かんぽん》について、序が書かれた年が分かる場合このように示す。跋《ばつ》*の執筆年が分かる場合は「跋刊」と書く。（M）

初版《しょはん》　ある書籍が開版《かいはん》された折の最初の版のこと。この版木《はんぎ》*をもとに何度摺っても（印《いん》を重ねても）、版木が同一である限り初版とする。（K）

『白縫譚《しらぬいものがたり》』　長編合巻《ごうかん》。柳下亭種《りゅうかていたね》員《かず》・笠亭仙果《りゅうていせんか》・柳水《りゅうすい》亭種清《ていたねきよ》作。全七十一編（嘉永二―明治十八年〔一八四九―一八八五〕刊）の版本《はんぽん》*が現存。七十二～九十編は活字翻刻《ほんこく》のみが残る。妖術使いの若菜姫を主人公とする伝

奇小説。（S）

嵩山房《すうざんぼう》 江戸の書肆《しょし》・小林新兵衛《こばやししんべえ》。和刻本《わこくぼん》（日本で出版された漢籍のこと）をはじめ、『唐詩選《とうしせん》』に関連する書物を多く刊行したことで知られる。（M）

摺師《すりし》 木版印刷の「摺刷《しゅうさつ》」の工程を行う職人。主に文字を摺る墨摺師と多色摺の絵画を摺る色摺師がある。色摺師は見当《けんとう》（紙の位置を決める目印）を用いて版を重ねる技術で摺刷する。（I）

整版《せいはん》 版木《はんぎ》*に文字や絵などを彫りつけて、上から紙にばれんで擦って印刷されたもの。木版本とも。活字版に対しての語。（K）

節用集《せつようしゅう》 国語辞書。室町時代中期頃に成立したが、江戸時代初期には『節用集《せつようしゅう》』の名で内容が増補・改訂されたものも出版されるようになる。付録が追加されるなど本としての厚みは増加し、家庭百科辞書の性質も兼ね備えた。（I）

早印本《そういんぼん》 ある書籍の摺《すり》（印《いん》）が開《かい》版《はん》からそう隔たっていない時点と判断される本をいう。あくまでも相対的な認定による。後印本《こういんぼん》*に対する語。なお後印本は版木《はんぎ》*の摩滅や摺りの粗さなどから比較的判別しやすい。（K）

た

多色摺《たしょくずり》 二色以上で摺られたもの。（I）→錦絵《にしきえ》

丁《ちょう》 冊子体書物の紙数を数える単位。表裏二ページ分が一丁。「丁を繰《く》る」は「ページをめくる」と同じ動作。（M）

艶墨《つやずみ》 墨汁に膠《にかわ》などを混ぜて製した墨。通常の墨よりも濃く、重厚。（S）

伝称筆者《でんしょうひっしゃ》 古筆《こひつ》*の作者として伝えられている人物。古筆鑑定*の結果に基づくものが多いが、信憑性はあまり高くない。（M）

道中記《どうちゅうき》 土地間を移動した者が、その折の体験や感慨などを記した旅行記。紀行とほぼ同義ながら、具体性、記録性のやや高い文章に対し用いられることが多い。（K）

銅版画《どうはんが》 銅板を用いた版画。下絵に沿って線を彫った銅板にインクを詰め、強い圧力をかけることによって印刷する。（M）

特小本《とくこぼん》 →袖珍本《しゅうちんぼん》

な

肉筆画《にくひつが》 絵師が絹や紙に筆などで描いた絵のこと。「版画」に対して用いる呼称。（I）

錦絵《にしきえ》 明和二年（一七六五）に江戸で流行した大小暦《だいしょうれき》（一カ月が三十日ある大の月、二十九日ある小の月、閏《うるう》月《づき》を示した暦）の会で、多色摺《たしょくずり》*の技術が飛躍的に発展し、色数が増えた鮮やかな版画が制作されるようになった。それ以前は三色程度の「紅摺絵《べにずりえ》」であったが、これと区別して「錦絵」と呼ばれるようになる。（I）

人情本《にんじょうぼん》 十九世紀初頭の末期洒《しゃ》落本《れぼん》や写本《しゃほん》で流通した情話などをもとに、文政年間（一八一八―一八三一）のはじめ頃に成立した小説ジャンル。書型は中本《ちゅうほん》。町家を舞台に、多くは男女関係のドラマを描く。（K）

塗籠本《ぬりごめぼん》 『伊勢物語』伝本《でんぽん》の一系統。章段数は一一五段と、本定家本《ていかぼん》系統（一二五段）より少なく、本

文が大幅に異なる。（I）

は

白話小説《はくわしょうせつ》 口語の語彙や語法を反映した文体である白話で書かれた中国小説。『水滸伝《すいこでん》』など、近世小説に多大な影響を与えた作品も多い。（M）

跋《ばつ》 書物の末尾に附された文章。執筆・編集・刊行の経緯などが記されていることが多い。（M）

版《はん》 刊《かん》と同。整版《せいはん》の場合は版木《はんぎ》*が完成し、そのすべてを印刷し出版することを開版《かいはん》と呼び、以降、同一版木を用い印刷するたびごとに印《いん》*の回は重ねるものの、版は変らない。これに対し、その後版木を彫り直した場合は再版となり、右とは別の版と位置づけられる。（K）

版木《はんぎ》 印刷するために木の板に文字や絵図などを彫りつけたもの。材は桜が多く、通常は板の両面が使用された。本屋の板株《いたかぶ》は原則版木の所持とともにあり、本屋にとっては財産であった。（K）

版権《はんけん》 本屋がある書籍を開版《かいはん》すると板株を有し（一部例外を除く）、同一もしくは類似の内容の書籍を他書肆《しょし》が無断で版行することを阻止できた。この意味で、板株は本屋が有する権利であり財産であるがゆえに売買もされ、時には質入れもされた。（K）

版本《はんぽん》 印刷された本の総称。大きく分けて整版《せいはん》と活字版があり、後者の場合は、木活字《もくかつじ》・金属活字の別がある。江戸時代においては十七世紀半ば以降、出版業の隆盛とともに整版によるものが主流となった。（K）

版元《はんもと》 出版者。版権*を持つ本屋。（S）

袋《ふくろ》 書袋《しょたい》。一枚の紙を貼り合わせて袋状にし、天地（上と下）を開けた状態にしたもの。中に本を収める。（S）

覆刻《ふっこく》 すでに版行された書籍の版面を新たな版木《はんぎ》*に裏返しに貼り付け、それを版下《はんした》として改めて彫り直して、原刻本の版面を再現して出版すること、ならびにその出版物。元の版木が失われたり激しく摩滅した場合などに行われる一方、重版*にもこの技法が用いられた。（K）

文言小説《ぶんげんしょうせつ》 知識階級の書記言語である文言によって書かれた中国小説。白話《はくわ》小説*と区別してこのように言う。（M）

変体仮名《へんたいがな》 元になった漢字（字母《じぼ》）が現行の平仮名とは異なる平仮名。明治三十三年（一九〇〇）の小学校令改正によって、学校教育では用いられなくなった。（M）

彫《ほ》り 整版《せいはん》印刷に用いる版木《はんぎ》*を彫ること。（S）

彫師《ほりし》 版木を彫る職人。（S）

本草書《ほんぞうしょ》 薬物や食物になる動植鉱物に関する学問書。江戸時代初期に渡来した李時珍《りじちん》の『本草綱目《ほんぞうこうもく》』（万暦二十四年〔一五九六〕刊）は、基礎文献として日本の本草学に大きな影響を与えた。（I）

ま

真名本《まなぼん》 漢字仮名交じりで書かれた本とすべて漢字で書かれた本とが存在する作品について、後者のことを言う。（M）

見返《みかえ》し 前表紙の裏。書名（見返し題）や、作者、絵師、版元《はんもと》*、刊年など重要な書誌情報が記載されることが多い。（I）

虫喰《むしく》い 本の表紙や料紙《りょうし》*が虫によって食べられ、穴あき状態になること。（I）

村田春海《むらたはるみ》 国学者。江戸派を牽引した歌人としても知られ、歌文集に『琴後集《ことじりしゅう》』がある。一七四六—一八一一。（M）

名所記《めいしょき》 前代に比して旅をすることが多くなった江戸時代に入り、各地の名所旧蹟を案内した本のこと。おおよそ十七世紀後半に多く版行され、広くは実用的なものから物語風のものまで多様な様式があった。（K）

木版本《もくはんぼん》 →版本《はんぽん》

や

役者絵《やくしゃえ》 歌舞伎役者の舞台姿や日常の姿などを描いた浮世絵。江戸では鳥居《とりい》派・勝川《かつかわ》派・歌川《うたがわ》派の絵師を中心に発展。（S）

読本《よみほん》 近世小説の一種。白話《はくわ》小説*、仏教の勧化本《かんげぼん》、実録、奇談などを基盤として発生。『英草紙《はなぶさぞうし》』（都賀《つが》庭鐘《ていしょう》、寛延二年〔一七四九〕刊）を嚆矢とし、明治初期まで続いた。代表的な作品に『雨月物語《うげつものがたり》』（上田秋成《うえだあきなり》）、『南総里見八犬伝《なんそうさとみはっけんでん》』（曲亭馬琴《きょくていばきん》）など。（S）

ら

落款《らっかん》 書画の制作が完了した際、作者自身が作品の端に記す署名や跋語《ばつご》。また、名や雅号の印影を押捺したものを落款印という。（M）

料紙《りょうし》 書物や絵画の制作に用いる紙。（M）

琳派《りんぱ》 造形芸術上の流派。桃山時代後期の本阿弥光悦《ほんあみこうえつ》・俵屋《たわらや》宗達《そうたつ》を祖として、尾形光琳《おがたこうりん》、酒井抱一《さかいほういつ》などによって発展した。私淑によって断続的に継承されてきた点が特徴的である。（I）

和算書《わさんしょ》 江戸時代（それ以前をも含めることもある）の数学に関する書物。ベストセラーとなった吉田光由《よしだみつよし》『塵劫記《じんこうき》』（寛永四年〔一六二七〕刊）が特によく知られる。（M）

和本《わほん》 日本古来の装訂によって作られた本。装訂の方法はさまざまあるが、江戸時代においては袋綴《ふくろとじ》が最も一般的であった。（M）

[参考文献一覧]

■ 第一部

» **輝く**

『大蒔絵展—漆と金の千年物語』朝日新聞社、2022 年 4 月

» **縁どる**

有澤知世「京伝作品における異国意匠の取材源ー京伝の交遊に注目してー」、『近世文藝』104、2016 年 7 月

» **組む**

岡雅彦「古活字版『曽我物語』の絵組について」、『かがみ』第 32・3 合併号、大東急記念文庫、1998 年 3 月

» **交ぜる**

神作研一「丹緑本『曾我物語』」

https://www.nijl.ac.jp/koten/kokubun1000/1000kansaku3.html

» **白く**

川瀬一馬『増補版古活字版之研究』ABAJ、1967 年

国文学研究資料館影印叢書 7『嵯峨本　方丈記』勉誠出版、2016 年

» **うっすら**

鈴木重三『改訂増補　絵本と浮世絵ー江戸出版文化の考察ー』ぺりかん社、2017 年

佐藤悟「文化前期の地本問屋と文化元年の彩色摺禁令」、『国語と国文学』87-3、2010 年 3 月

» **黒く**

中野三敏『書誌学談義　江戸の板本』岩波書店、2015 年

» **踊る紙面**

木村八重子『草双紙の世界—江戸の出版文化』ぺりかん社、2009 年

» **遺る**

『鷗外全集』第 5 巻、岩波書店、1972 年

山田珠樹「鷗外文庫寄贈顛末」、『小展望』六興商会出版部、1942 年 12 月

» **にらむ**

役者絵研究資料 1『増補古今俳優似顔大全』早稲田大学演劇博物館、1998 年

» **遷る**

小池正胤・宇田敏彦・中山右尚・棚橋正博編『江戸の戯作絵本』(4)、社会思想社、1983 年

» **身体をはる・謎の生物**

小林ふみ子『へんちくりん江戸挿絵本』集英社インターナショナル、2019 年

» **文字絵**

国立国会図書館ミニ電子展示「本の万華鏡」

https://www.ndl.go.jp/kaleido/

» **切り開く**

タイモン・スクリーチ著・高山宏訳『江戸の身体を開く』作品社、1997 年

» **鑑定する**

村上孝介「所謂竹屋本の各書に就いて」、『刀剣と歴史』483、日本刀剣保存会、1975 年 1 月

奈良原和夫「江戸時代前期出版の刀剣書」、『刀剣美術』689、日本美術刀剣保存協会、2014 年 6 月

小松茂美『古筆学大成』第 29 巻、講談社、1993 年

佐々木孝浩・松谷芙美編『書を極める　鑑定文化と古筆家の人々』慶應義塾大学附属研究所斯道文庫、慶應義塾ミュージアム・コモンズ、2022 年

» **窮める**

池内了『江戸の宇宙論』集英社、2022 年

» **夢みる異国**

鈴木重三『改訂増補　絵本と浮世絵ー江戸出版文化の考察ー』ぺりかん社、2017 年

有澤知世「京伝作品における異国意匠の取材源ー京伝の交遊に注目してー」、『近世文藝』104、2016 年 7 月

» **デザインする**

谷峯蔵『遊びのデザインー山東京伝『小紋雅話』ー』岩崎美術社、1984 年

谷峯蔵・花咲一男『洒落のデザインー山東京伝画『手拭合』ー』岩崎美術社、1986 年

■ 第二部

» **古井戸秀夫氏に聞く**

古井戸先生の『歌舞伎入門』岩波ジュニア新書、2002 年

» **揖斐高氏に聞く**

揖斐高校注『市河寛斎・大窪詩仏』、江戸詩人選集 5、岩波書店、1990 年

揖斐高『江戸詩歌論』汲古書院、1998 年

揖斐高『江戸の詩壇ジャーナリズム:『五山堂詩話』の世界』、角川選書 19、角川書店、2001 年

» **原道生氏に聞く**

郡司正勝『かぶきの発想』弘文堂、1959 年

白方勝『近松浄瑠璃の研究』風間書房、1993 年

祐田善雄『浄瑠璃史論考』中央公論社、1975 年

久堀裕朗「近松時代浄瑠璃に描かれる「悪」」、『京都大学國文學論叢』3 、1999 年

■ 用語集

井上宗雄・岡雅彦・尾崎康・片桐洋一・鈴木淳・中野三敏・長谷川強・松野陽一編『日本古典籍書誌学辞典』岩波書店、1999 年

中野三敏『書誌学談義　江戸の板本』岩波書店、1995 年

堀川貴司『書誌学入門—古典籍を見る・知る・読む』勉誠出版、2010 年

身体をはる	踊獨稽古	国立国会図書館	https://dl.ndl.go.jp/pid/8929362	17、19、21
身体をはる	於都里伎	早稲田大学図書館	https://www.wul.waseda.ac.jp/kotenseki/html/bunko08/bunko08_c0388/index.html	5、9、10
笑う	かつらかさね	国立国会図書館	https://dl.ndl.go.jp/pid/1288376/1/1	11
謎の生物	化物大江山	東京都立中央図書館 加賀文庫	https://archive.library.metro.tokyo.lg.jp/da/detail?tilcod=0000000005-00207026	5、7、12、13
謎の生物	箱入娘面屋人魚	東京都立中央図書館 加賀文庫	https://archive.library.metro.tokyo.lg.jp/da/detail?tilcod=0000000005-00054005	10
謎の生物	無益委記	国立国会図書館	https://doi.org/10.11501/9892493	13
謎の生物	化物和本草	大阪大学附属図書館	https://doi.org/10.20730/100379479	13、17、19
謎の生物	龍宮羶鉢木	大阪大学附属図書館	https://doi.org/10.20730/100379485	17
文字絵	新法狂字図句画	立命館大学アート・リサーチセンター	https://www.dh-jac.net/db1/books/results-thum.php?f1=arcBK03-0532&f12=1&-sortField.1=f4a&-max=40&enter=portal&lang=ja	5、14
文字絵	文字の智画	国立国会図書館	https://dl.ndl.go.jp/pid/2533807	7
文字絵	新文字ゑつくし	国立国会図書館	https://dl.ndl.go.jp/pid/1189869	11
文字絵	奇妙図彙	東京大学附属駒場図書館	https://doi.org/10.20730/100345064	8
まねぶ	略画早指南	国文学研究資料館	https://doi.org/10.20730/200015477	6
まねぶ	画筌	早稲田大学図書館	https://www.wul.waseda.ac.jp/kotenseki/html/bunko06/bunko06_01296/index.html	2巻10
まねぶ	小野篁哥字づくし	神戸大学附属図書館	https://hdl.handle.net/20.500.14094/0100407755	3
育てる	菊花壇養種	国立国会図書館	https://dl.ndl.go.jp/pid/2536700	4～6
育てる	画菊	国立国会図書館	https://dl.ndl.go.jp/pid/1288399	6、8、14、16、18、25
切り開く	解体新書	国文学研究資料館	https://doi.org/10.20730/200026112	28
鑑定する	新撰古筆名葉集	早稲田大学図書館	https://www.wul.waseda.ac.jp/kotenseki/html/bunko20/bunko20_00434/index.html	5
鑑定する	古今墨蹟鑑定便覧	早稲田大学図書館	https://www.wul.waseda.ac.jp/kotenseki/html/chi03/chi03_03562/index.html	1巻12
鑑定する	古今銘尽	早稲田大学図書館	https://www.wul.waseda.ac.jp/kotenseki/html/bunko31/bunko31_e0681/index.html	7巻4
鑑定する	古今銘尽合類大全	早稲田大学図書館	https://www.wul.waseda.ac.jp/kotenseki/html/bunko31/bunko31_e0579/index.html	6巻16
窮める	刻白爾天文図解	早稲田大学図書館	https://www.wul.waseda.ac.jp/kotenseki/html/ni05/ni05_02550/index.html	1巻1、19
窮める	遠西観象図説	早稲田大学図書館	https://www.wul.waseda.ac.jp/kotenseki/html/ni05/ni05_02345/index.html	1巻1、33
夢みる異国	木乃花双紙（忠兵衛梅川赤縄奇縁傳古乃花双紙）	関西大学図書館 中村幸彦文庫	https://doi.org/10.20730/100052395	10
夢みる異国	天禄大平記	北海道大学附属図書館	https://doi.org/10.20730/100259313	18
夢みる異国	白縫譚	国文学研究資料館	https://doi.org/10.20730/200009707	398
夢みる異国	桜姫筆再咲	神戸大学附属図書館	https://hdl.handle.net/20.500.14094/0100478586	4
網羅する	薩摩禽譜図巻	国立国会図書館	https://dl.ndl.go.jp/pid/1286923/1/1	9、13、17
網羅する	潮干のつと	国立国会図書館	https://dl.ndl.go.jp/pid/1288344	5、6、8
網羅する	画本虫撰	国文学研究資料館	https://doi.org/10.20730/200014778	7
網羅する	北越雪譜	国文学研究資料館	https://doi.org/10.20730/200019786	9
網羅する	魚貝譜	国立国会図書館	https://dl.ndl.go.jp/pid/8929471	16、32
ひきうつす	光琳畫譜	国文学研究資料館	https://doi.org/10.20730/200010512	6
ひきうつす	昔話稲妻表紙	神戸大学附属図書館	https://hdl.handle.net/20.500.14094/0100404930	3
ひきうつす	骨董集	国文学研究資料館	https://doi.org/10.20730/200020280	111
ひきうつす	近世奇跡考	国文学研究資料館	https://doi.org/10.20730/200020273	10
デザインする	手拭合	国文学研究資料館	https://doi.org/10.20730/200008234	9、11
デザインする	御ひいなかた（当世早流雛形）	お茶の水女子大学図書館	https://doi.org/10.20730/100240198	12
デザインする	雛形曙桜	お茶の水女子大学図書館	https://doi.org/10.20730/100240131	40
デザインする	今様櫛きん雛形	国文学研究資料館	https://doi.org/10.20730/200018399	38、40
デザインする	小紋雅話	国文学研究資料館	https://doi.org/10.20730/200011820	6、19
江戸の艶	風俗四季歌仙・水無月	国立国会図書館	https://dl.ndl.go.jp/pid/9369422/1/1	-
江戸の艶	夜の梅	メトロポリタン美術館	https://www.metmuseum.org/art/collection/search/41057	-
旅する	木曽路名所図会	国文学研究資料館	https://doi.org/10.20730/200017972	216
旅する	岐蘇路安見絵図	国文学研究資料館	https://doi.org/10.20730/200023018	32
旅する	東海木曽両道懐宝図鑑	国文学研究資料館	https://doi.org/10.20730/200021996	44
旅する	続膝栗毛　八篇上	国文学研究資料館	https://doi.org/10.20730/200005575	520
寿ぐ	四時交加	国立国会図書館	https://dl.ndl.go.jp/pid/2533610	6
寿ぐ	御誂向鼠嫁入	国立国会図書館	https://dl.ndl.go.jp/pid/9892551	6、8
寿ぐ	腹之内戯作種本	国立国会図書館	https://dl.ndl.go.jp/pid/9893011	23

※ DOIは、Digital Object Identifierの頭文字で、コンテンツの電子データに付与される国際的な識別子です。ブラウザ等に入力するとコンテンツの所在情報（URI）に変換されます。

デジタル画像出典一覧

テーマ	作品名	所蔵	DOI※・URL	コマ数
輝く	源氏物語蒔絵箱（源氏物語）	国文学研究資料館	https://doi.org/10.20730/200016470	2、4、6、7、8
目を惹く	草双紙書袋表紙貼込帖	国文学研究資料館	https://doi.org/10.20730/200005595	1、18、39、44、48、60、64、68
直す	傾城畸人伝	早稲田大学図書館	https://www.wul.waseda.ac.jp/kotenseki/html/he13/he13_01221/index.html	5 巻 2
直す	店絃緒連弾	早稲田大学図書館	https://www.wul.waseda.ac.jp/kotenseki/html/he13/he13_02378_0235/index.html	19
縁どる	桜姫筆再咲	東京都立中央図書館 加賀文庫	https://doi.org/10.20730/100130952	6
縁どる	志道軒往古講釋	東京都立中央図書館 加賀文庫	https://doi.org/10.20730/100130955	9
縁どる	重井筒娘千代能	東京都立中央図書館 加賀文庫	https://doi.org/10.20730/100130945	6
縁どる	梅のおよし女丹前（梅於由女丹前）	東京都立中央図書館 加賀文庫	https://doi.org/10.20730/100130937	7
縁どる	敵討天竺徳兵衛	国文学研究資料館	https://doi.org/10.20730/200003017	2
縁どる	本朝酔菩提全伝	国文学研究資料館	https://doi.org/10.20730/200010560	3、12
縁どる	青砥藤綱摸稜案	神戸大学附属図書館	https://hdl.handle.net/20.500.14094/0100404923	7
縁どる	昔話稲妻表紙	神戸大学附属図書館	https://hdl.handle.net/20.500.14094/0100404930	8
組む	日本書紀	国立国会図書館	https://dl.ndl.go.jp/pid/1286872	1 巻 3
組む	徒然草	早稲田大学図書館	https://www.wul.waseda.ac.jp/kotenseki/html/he10/he10_00934/index.html	1 巻 39
組む	曾我物語	国文学研究資料館	https://doi.org/10.20730/200003100	8、10
交ぜる	曽我物語	国文学研究資料館	https://doi.org/10.20730/200009147	6
うっすら	昔話稲妻表紙	神戸大学附属図書館	https://hdl.handle.net/20.500.14094/0100404930	9、21
うっすら	阿古義物語	関西大学図書館 中村幸彦文庫	https://doi.org/10.20730/100052406	17
黒く	浮牡丹全伝	早稲田大学図書館	https://www.wul.waseda.ac.jp/kotenseki/html/he13/he13_00186/index.html	1 巻 15、19
彩る	万国舶旗図譜	筑波大学附属図書館	https://doi.org/10.20730/100272013	6、11、14、38、61
みひらく	狂歌百千鳥	国文学研究資料館	https://doi.org/10.20730/200012922	4
みひらく	光琳画譜	国文学研究資料館	https://doi.org/10.20730/200010512	9、12、15、28
撚る	平野国臣紙撚文書	京都大学附属図書館	https://rmda.kulib.kyoto-u.ac.jp/item/rb00014020	8
撚る	平野国臣像	京都大学附属図書館	https://rmda.kulib.kyoto-u.ac.jp/item/rb00014022	-
踊る紙面	六帖詠藻	国文学研究資料館	https://doi.org/10.20730/200032759	248
踊る紙面	修紫田舎源氏	国立国会図書館	https://dl.ndl.go.jp/pid/2605029	4 編上 3
叱られる	御成敗式目絵鈔	北海道大学附属図書館	https://doi.org/10.20730/100240160	10
叱られる	万宝全書	北海道大学附属図書館	https://doi.org/10.20730/100240067	234、286
書き入れる	伊勢物語	国立国会図書館	https://dl.ndl.go.jp/pid/1288258	上 40
見極める	改算記大成	東北大学附属図書館	https://doi.org/10.20730/100234170	45
見極める	改算記大成	東北大学附属図書館	https://doi.org/10.20730/100234186	45、108
見極める	伊勢物語	東京都立中央図書館 特別買上文庫	https://doi.org/10.20730/100190959	3、12
見極める	伊勢物語	東京都立中央図書館 特別買上文庫	https://doi.org/10.20730/100190964	3、12
捺す	諸家蔵書印一覧	国立国会図書館蔵	https://dl.ndl.go.jp/pid/2541127	11
遺る	皐鶴堂批評第一奇書金瓶梅	東京大学総合図書館鷗外文庫	https://iiif.dl.itc.u-tokyo.ac.jp/repo/s/ogai/document/0fab37ab-086c-49b3-98b8-81c0a3e0a56c	12
遺る	新編金瓶梅	早稲田大学図書館	https://www.wul.waseda.ac.jp/kotenseki/html/he13/he13_01969/index.html	2 巻 2、5
遺る	鷗外森林太郎	国立国会図書館蔵	https://dl.ndl.go.jp/pid/1069406	標題 6
信仰する	伊勢参宮名所図会	国文学研究資料館	https://doi.org/10.20730/200008374	211
占う	人相小鑑大全	京都大学附属図書館	https://rmda.kulib.kyoto-u.ac.jp/item/rb00018602	3、31、35、36、37、63
占う	元三大師百籤和解	京都大学附属図書館	https://rmda.kulib.kyoto-u.ac.jp/item/rb00017894	6、7、8、9、10、11
詠む	百人一首像讃抄	早稲田大学図書館	https://www.wul.waseda.ac.jp/kotenseki/html/he01/he01_01324/index.html	6、41、50
詠む	唐詩選画本	早稲田大学図書館	https://www.wul.waseda.ac.jp/kotenseki/html/bunko31/bunko31_e2185/index.html	8
にらむ	古今俳優似顔大全	国立国会図書館	https://dl.ndl.go.jp/pid/1312370 https://dl.ndl.go.jp/pid/1312371 https://dl.ndl.go.jp/pid/1312372	-
遷る	稗史億説年代記	早稲田大学図書館	https://www.wul.waseda.ac.jp/kotenseki/html/he13/he13_01961_0127/index.html	2、6 〜 8、10 〜 15、17 〜 19
遷る	契情お国哥舞妓	早稲田大学図書館	https://www.wul.waseda.ac.jp/kotenseki/html/he13/he13_00661/index.html	1 巻 2、5 巻 18
華やぐ	源氏物語画帖	国文学研究資料館	https://doi.org/10.20730/200014998	9
役立つ	女重宝記	国文学研究資料館	https://doi.org/10.20730/200015493	2、4
嗜む	蔫録	早稲田大学図書館	https://www.wul.waseda.ac.jp/kotenseki/html/na03/na03_01229/index.html	1 巻 30、2 巻 23、24、28、32、3 巻 39、42、43

佐藤 かつら（さとう かつら）

青山学院大学教授　江戸・明治の小芝居、市川九女八《くめはち》、女性の歌舞伎役者などを研究しています。

＊最近「鸚鵡石《おうむせき》」について考える機会があり、まとめて諸本《しょほん》を見ました。意匠がそれぞれに凝っていてとても面白く、江戸の観客も毎回楽しんでいたのかなと感慨深かったです。

佐藤 至子（さとう ゆきこ）

東京大学大学院教授　江戸の戯作、落語などを研究。

＊文亭梅彦《ぶんていうめひこ》作・三代歌川豊国《うたがわとよくに》画『江戸鹿子紫草紙《えどがのこむらさきぞうし》』初編（嘉永４年〔1851〕刊）と一筆庵《いっぴつあん》撰・英泉《えいせん》画『臍茶番《へそちゃばん》』初編（弘化３年〔1846〕刊）。最初に購入した人、その後に手にした人……の長い列の最後に自分がいます。

高松 亮太（たかまつ りょうた）

東洋大学教授　江戸時代の学問と文芸のかかわりを研究中。

＊上田秋成《うえだあきなり》や賀茂真淵《かものまぶち》といった研究対象にしている人たちの手紙。著作からはわからない素顔や考え、裏話などを知ることができます。自分の手中で当時の人たちの息づかいを感じられることが大きな喜びです。

長田 和也（ながた かずや）

公益財団法人五島美術館大東急記念文庫学芸員　洒落本・古川柳が好き。

＊①古活字版『太平記』。改めて永く読み継がれてきた古典であると感じました。②奈良時代の古写経。昔の人々の営みを今に伝えてくれる点が古い書物の魅力ですね。

長谷 あゆす（はせ あゆす）

大阪樟蔭女子大学准教授　井原西鶴の浮世草子など、江戸時代の小説を研究中。

＊関西大学図書館（鬼洞《きとう》文庫）の『辻占独判断《つじうらひとりはんだん》』。江戸時代後期に出版された易占《えきせん》の本で、銭６枚を使って多彩な項目の吉凶を占えます。68 通りの結果解説（絵つき）はとてもユニークで、「読む楽しさ」も味わえる一冊でした。

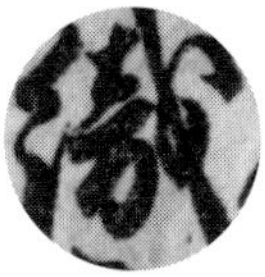

速水 香織（はやみ かおり）

信州大学教授　江戸時代の出版文化・出版物に関する調査研究に取り組んでいます。

＊『永代節用無尽蔵《えいだいせつようむじんぞう》』は、寛延２年（1749）の初版では 100 丁あまりでしたが、その後再編と（主に付録の）増補改訂を繰り返し、嘉永２年（1849）版では 430 丁近くにまでなりました。本当に無尽蔵な本だなあと思います。

韓 京子（はん きょんじゃ）

青山学院大学教授　江戸時代の浄瑠璃や植民地朝鮮在住日本人の浄瑠璃の享受を研究中。

＊旧日本弘道会付属施設図書館であった釜山市立市民図書館所蔵の『伽羅先代萩《めいぼくせんだいはぎ》』、『朝顔日記《あさがおにっき》』、『摂州合邦辻《せっしゅうがっぽうがつじ》』などの抜本《ぬきほん》（稽古本）。植民地期の釜山在住義太夫節愛好家が手に取っていたのだろうと想像。

松永 瑠成（まつなが りゅうせい）

国文学研究資料館特任助教　江戸～大正時代における書籍の出版と貸本文化について研究中。

＊東京古書会館の書窓展で購入した明治 16 年（1883）刊『皆化節用《かいかせつよう》　儒者《じゅしゃ》の肝《きも》つぶし』（2000 円也）。実はタイトルを変えただけで、中身は文化３年（1806）刊の式亭三馬《しきていさんば》作『小野𥶡譃字尽《おののばかむらうそじづくし》』。掘り出し物です。

丸井 貴史（まるい たかふみ）

専修大学准教授　初期読本の分析や白話小説の受容研究に取り組んでいます。

＊天理図書館で、『過目抄《かもくしょう》』という都賀庭鐘《つがていしょう》の読書ノートを見てきました。自筆の本に触れることで、庭鐘の息づかいをほんの少しだけ感じられた気がします。

執筆者一覧（五十音順。所属／研究していること／＊最近手にした和本について）

天野 聡一（あまの そういち）

九州産業大学教授　江戸時代における古典文学の受容を研究中。

＊架蔵の『都名所図会《みやこめいしょずえ》』の挿絵。建物や景物の絵にまず目が行きますが、随所に小さく描かれた人々の姿も魅力的。本を手に取ってじっくり見ていると、絵の中に入り込んでいくような気持ちになります。

有澤 知世（ありさわ ともよ）

神戸大学講師　山東京伝の戯作・考証を研究中。

＊ホノルル美術館蔵『青楼美人合姿鏡《せいろうびじんあわせすがたかがみ》』。3冊セットの内1冊の摺りが超美麗なのに入木《いれき》の跡が残っていることに違和感を覚え、他機関本と比較して、世には出なかった校正摺りではないかと仮説を立てました。大興奮でした。

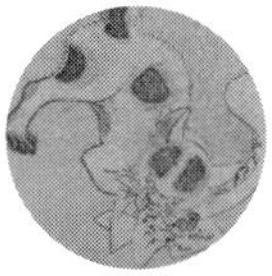

石上 阿希（いしがみ あき）

京都芸術大学准教授　西川祐信《にしかわすけのぶ》の絵本とその受容を研究中。

＊西川祐信画『百人女郎品定《ひゃくにんじょろうしなさだめ》』（享保８年〔1723〕刊）を手に取りましたが、よくよく見ると顔に違和感が。目や鼻がなんとも不格好で、顔だけ彫り直していました。オリジナルを超えることは難しいものです。

稲葉 有祐（いなば ゆうすけ）

和光大学准教授　江戸俳諧を研究。大名・遊女・役者の文芸も気になっています。

＊東京大学総合図書館洒竹《しゃちく》文庫所蔵の『［貞佐点俳諧帖《ていさてんはいかいじょう》］』。二代目市川団十郎はじめ、さまざまな歌舞伎役者・芝居関係者が参加する連句です。点印《てんいん》の有無など、原本を見なければ気づかない発見がたくさんありました。

門脇　大（かどわき だい）

香川高等専門学校講師　怪談・江戸庶民思想を研究中。

＊怪談の伝承地や寺社を巡っています。三河の某寺院にて、大正期の僧侶が遺した資料を拝見しました。独り薄ら笑いを浮かべておりました。

神林 尚子（かんばやし なおこ）

大妻女子大学准教授　幕末・明治期の戯作、舌耕《ぜっこう》文芸などを研究中。

＊『列女《れつじょ》百人一首』（架蔵）。幕末に刊行された異種百人一首の一つで、史伝や説話に基づく百人の女性の和歌と姿絵、略伝が列挙されます。改印《かいいん》（出版検閲印）のある本とない本があり、刊行の経緯も気になっています。

木越 俊介（きごし しゅんすけ）

国文学研究資料館教授　小説・奇談類を研究中。

＊ホノルル美術館リチャード・レインコレクション蔵のお手製の凝った豆本たち。一番小さいMONO消しゴムぐらいのサイズ感に、思わず頬ずりしたくなるのを必死でこらえました。

小財 陽平（こざい ようへい）

明治大学准教授　日本人が作った漢詩文を読んでいます。

＊宇津木静区《うつぎせいく》の『浪迹小草《ろうせきしょうそう》』（明治15年〔1882〕刊）という漢詩集をヤフオク！で購入しました（1000円）。この人は、大塩平八郎の弟子で、乱に反対したため斬殺されてしまいました。

【編者】

日本近世文学会　（にほんきんせいぶんがくかい）

http://www.kinseibungakukai.com/

昭和 26 年 12 月、日本近世文学研究を促進しその発展に資することを目的として設立。研究発表大会の開催、機関誌『近世文藝』の発行（年 2 回）のほか、くずし字の読み方や和本を知ってもらうための「出前授業」を実施している。平成 17 年度から、若年研究者（40 歳以下）に、『近世文藝』登載の論考を対象として、「日本近世文学会賞」を授与している。

【執筆】

［全体統括・はじめに］木越俊介

［第一部］天野聡一、有澤知世、門脇大、長田和也、速水香織、松永瑠成

［第二部 interviewee］揖斐高、久保田啓一、篠原進、延広真治、原道生、深沢眞二、古井戸秀夫

［第二部 interviewer］稲葉有祐、神林尚子、小財陽平、佐藤かつら、高松亮太、長谷あゆす、韓京子

［第二部コーディネイター・用語集］石上阿希、木越俊介、佐藤至子、丸井貴史

【資料撮影（デジタル画像出典一覧以外の国文研本・一部個人蔵本）】

五來孝平

和本図譜《わほんずふ》　江戸《えど》を究《きわ》める

2023（令和 5）年 10 月 28 日　第 1 版第 1 刷発行

ISBN978-4-86766-025-6　C0095

発行所　株式会社 文学通信

〒 114-0001　東京都北区東十条 1-18-1 東十条ビル 1-101

電話 03-5939-9027　Fax 03-5939-9094

メール info@bungaku-report.com ウェブ http://bungaku-report.com

発行人　岡田圭介

印刷・製本　モリモト印刷

ご意見・ご感想はこちらからも送れます。上記の QR コードを読み取ってください。

※乱丁・落丁本はお取り替えいたしますので、ご一報ください。書影は自由にお使いください。